KB233339

상담심리의
이론과 적용

상담심리의 이론과 적용

2003년 3월 15일 초판 1쇄 발행
2003년 3월 20일 초판 2쇄 발행
2008년 3월 10일 초판수정 1쇄 발행
2010년 8월 30일 개정증보판 1쇄 발행
2013년 3월 15일 개정증보판 2쇄 발행

지은이 | 김은정 · 임정섭
펴낸이 | 이찬규
펴낸곳 | 선학사
등록번호 | 제10-1519호
주소 | 462-807 경기도 성남시 중원구 상대원동 146-8
　　　우림2차 A동 1007호
전화 | 02) 704-7840
팩스 | 02) 704-7848
이메일 | sunhaksa@korea.com
홈페이지 | www.sunhaksa.com
ISBN | 978-89-8072-238-9 (93180)

값 12,000원

상담심리의 이론과 적용

김은정 · 임정섭 지음

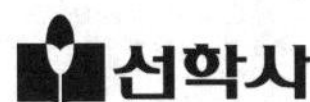
선학사

차례

제 1 장

상담이란 무엇인가?

▶▶ Counseling

상담의 의미

〈표 1-1〉 상담의 의미

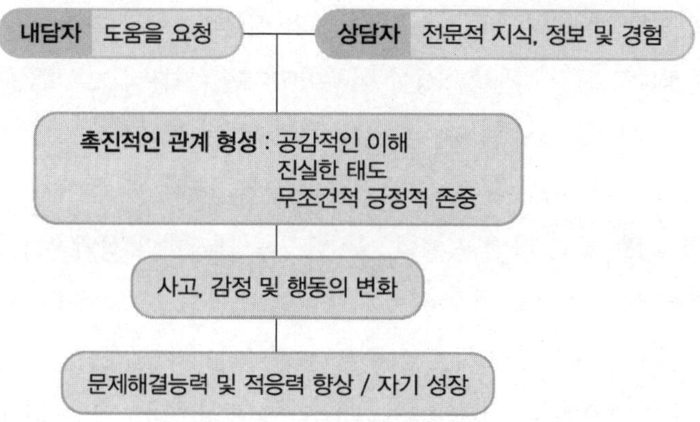

　"상담(counseling)이란 서로 말을 주고받는다는 의미를 포함하고 있으나, 단순히 정보를 교환하고 토의하는 대화, 설교 혹은 토론과는 차이가 있다. 상담이란, 도움을 필요로 하 는 사람(내담자 : client)이 전문적인 경험과 지식을 갖추기 위해 일정한 훈련을 받은 사람(상담자 : counselor)과의 촉진적인 관계형성을 통해서 이루어진다. 이러한 관계를 기초로 개인의 생활 속에서 일어난 당면 문제들을 해결해 나가는 것이며, 더 나아가 개인의 잠재능력을 확인하고 자신에 대한 이해를 증진시킴으로써 개인의 성장을 촉진시키고 적응력을 향상시키는 것이 주요 목표라 할 수 있다. 이 과정에는 개인의 생각, 느낌 그리고 행동 상에서의 변화가 일어나게 되며 이를 기초로 문제의 해결뿐만 아니라 인간적인 성장이 이루어지게 된다.

이장호(1994)는 상담에 대해 다음과 같이 정의하고 있다. "도움을 필요로 하는 사람(내담자)이 전문적 훈련을 받은 사람(상담자)과의 대면관계에서, 생활과제의 해결과 사고, 행동 및 감정 측면의 인간적 성장을 위해 노력하는 학습과정이다." 상담에 대한 이러한 정의에는 상담을 구성하는 세 가지 요소인 내담자, 상담자 그리고 두 사람간의 대면관계가 포함되어 있다. 개인상담에서는 내담자가 한명, 상담자가 한명이고 이 두 사람의 관계 형성이 이루어진다. 이외 집단상담이나 가족 상담인 경우에는 다른 형태의 관계형성이 이루어지지만, 기본적으로 누 수요 구성원들이 서로 마주 대하는 관계가 상담의 주된 부분이다.

상담의 성공 여부 혹은 상담의 효과를 결정하는 데 기초가 되는 것은 바로 이들 간의 관계 형성의 질이다. 즉, 내담자와 상담자가 얼마나 질적으로 좋은 관계를 형성하는 가에 따라 상담의 효과가 달라진다. 그렇다면, 어떤 관계가 질적으로 좋은 관계일까? 바로 상담을 촉진시킬 수 있는 관계가 바로 그것이다. 다른 말로 표현하면, 상담자와 내담자 간의 신뢰로운 관계 확립이라고도 할 수 있다. 이는 상담의 기초 작업이라 할 수 있는데, 마치 건물을 짓기 위해 기초 작업에 공을 들이는 것처럼, 전문적인 상담자는 이 기초 작업에 공을 들이게 된다. 따라서 상담의 가장 기본적인 기법 혹은 면담 기법으로 알려 진 것이 바로 내담자와 상담자 간의 관계 형성에 도움을 주는 것들이다. 이 작업이 적절하게 이루어지게 되면, 이후 상담과정에서 상담자가 이해한 내담자의 문제를 해결하기 위해 사용하는 다양한 전문적인 상담기법의 효과가 증폭될 수 있으며 이는 상담의 성공적인 결과로 이어지게 된다.

상담을 촉진시킬 수 있는 관계 형성을 하기 위해서는 기본적으로 상담자의 중요한 자질 세 가지가 필수적이라고 알려져 있다. 이는 상담자의 기본적인 자질이라고도 불리며, 기본적인 면담기법이라고 한다. 구체적으로 공감적인 이해, 무조건적 긍정적 존중 그리고 진실한 태도가 바로 그것이다. 내담자의 고통스런 감정이나 복잡한 심리적 상태를 마치 자신의 경험인 것처럼 함께 느끼고 이해 할 수 있는 것, 내담자의 행동이나 생각 그리고 부정적인 감정에 대해 상담자 자신의 가치관이나 기존의 사회적 가치관의 잣대로 평가하는 것이 아니라, 내담자를 한 인간으로서 존중하면서 이를 무조건적으로 수용하는 것 그리고 한 인간으로서 상담자가 내담자를 진실되게 대하는 태도는 내담자와의 신뢰로운 관계 구축에 가장 핵심적인 부분이 된다.

내담자와 상담자 간의 신뢰로운 관계형성은 이후 본격적인 문제 해결 과정에 중요한 토대가 된다. 내담자가 호소하는 심리적 불편이나 증상을 줄이거나 없애기 위해서 사용되는 다양한 상담 기법들은 이러한 토대위에서 효과를 발휘하게 된다. 다양한 상담이론에 근거한 상담기법들의 차이는 본격적인 문제 해결과정에서 나타나는 것이며, 관계를 구축하는 과정까지는 여러 상담 이론들의 접근방법에는 큰 차이가 없다. 그만큼, 내담자와 상담자간의 관계 형성과 관련된 기법들은 다양한 상담 접근방법에서 가장 핵심적이면서 공통적인 부분이라 할 수 있다.

상담의 기본적인 요소에서도 나타나듯이, 상담은 일종의 인간관계를 토대로 이루어지는 심리적 문제 해결 과정이라 할 수 있다. 상담에 대한 잘못된 생각 중의 하나가 상담은 심리적인 어려움을 가진 사람들이 문제 해결을 위해 전문가를 만나 진단을 받고 문제 해결 방법에 대한 정보를 일방적으로 제공 받는 것이라는 생각이다. 이는 부분적으로는 맞는 말이지만, 상담이 이루어지는 기본적인 과정이나 상담과정에서 일어나는 다양한 심리적 현상에 대한 오해를 불러일으키게 된다. 상담이란, 심리적 어려움을 가진 사람들이 자신에 대한 깊이 있는 탐색 과정을 통해서 스스로 문제의 원인을 자각하고 이를 해결하기 위한 동기를 높여 가면서 궁극적으로 변화를 모색해 나가는 과정이다. 이 과정에서 상담자는 전문가로서 중요한 정보 제공도 하고 때로는 심리적 지지자 역할도 하고 또한 내담자 스스로 문제해결을 할 수 있도록 전문적인 도움을 주는 조력자 역할을 하게 된다.

전문가는 다양한 심리적 문제의 원인이나 형성 과정 그리고 변화 과정에 대한 이해와 관련된 상담 기법들을 훈련해야 한다. 상담은 앞서 언급한 바와 같이, 내담자와 상담자간의 관계 형성을 기초로 이루어지는 의사소통 과정이므로, 이 과정에서 내담자는 자신을 상담자의 모습에 비추어 객관적으로 살펴보기도 하고 자신의 모습을 전문가인 상담자에게 드러내면서 자신을 정리할 수 있는 기회를 얻게 된다. 이런 일련의 과정이 적절하게 이루어지기 위해서는 상담자는 전문가로서 기본적인 의사소통 혹은 면담 기술을 갖추고 있어야 한다. 특히 상담과정에서 상담자가 지니고 있어야 하는 기본적인 면담 기술들은 상담 장면뿐만 아니라 일상적인 대화 그리고 인간관계에서 신뢰감을 구축하는데 기초가 된다. 구체적으로, 상대방의 말을 경청하는 기술, 상대방의 감정을 공감하는 기술, 상대방을 진실하게 대하는 기법 그리고 상대방을 평가 하지 않고 무조건적으로 존중하고 수용하는 자세 등은 우리가 일상생활에서 맺고 있는 다양한 인간관계 혹은 우리 자신에게 중요한 사람들과의 친밀한 인간관계를 형성하고 유지하는데 매우 필수적인 기술들이다.

상담의 일차적 목표는 개인이 호소하는 증상을 제거 하고 문제를 해결하는 것이다. 더 나아가 상담의 궁극적인 목표는 내담자가 당면한 문제를 해결하는 것에 머물지 않고 자신의 잠재 능력을 확인하고 이를 최대한으로 실현할 수 있도록 도와주어 보다 한 단계 높은 자기 성장을 도와주는 것이다. 또한 이와 관련하여 구체적으로 예방적인 차원에서 문제에 대한 적응 능력을 키워 주고, 가능성에 대한 끊임없는 추구를 할 수 있도록 동기를 부여해 주는 것이다. 전자를 증상 혹은 문제 해결적 목표라고 한다면 후자는 성장 촉진적 목표 혹은 자기 성장적 목표라

할 수 있다. 다양한 상담 접근법이나 상담 기법들은 이러한 상담 목표
에 있어서 서로 차이를 보이고 있다. 예를 들어 어떤 상담 이론에서는
당면한 문제 해결에 초점을 두고 상담이 이루어지는 반면, 어떤 상담접
근에서는 보다 궁극적인 상담 목표를 향해 상담계획을 세운다.

상담이론에 대한 이해

　우리는 평소에 일상생활을 하면서 가까운 친구로부터 혹은 직장 동
료로부터 스트레스나 고민거리에 대한 상담을 요청받는 적이 있다. 이
처럼 상담과정은 우리 일상생활에서 전문가가 아닌 일반 사람들에게도
많이 일어나고 있다. 이러한 일반적인 상담과 여기서 말하는 전문적인
상담의 차이는 무엇일까? 바로 이에 대한 해답은 상담이론에 대한 이
해와 관련이 있다.

　상담이론에 대한 이해는 전문적인 상담자의 역할에서 중요한 부분
이며 일반적인 상담과 구별화된 전문적인 상담을 수행하는데 필수적이
다. 일상적인 상황에서 이루어 지는 고충 상담과정에서 사람들이 흔히
겪는 어려움으로는 다음과 같은 예가 있다. 상대방 친구의 문제에 대해
공감은 되는데, 이것을 어떻게 도와 줘야 할지, 혹은 어려워하는 것이
무엇인지는 알겠는데 이 문제의 원인이 무엇인지를 확인할 수가 없다
거나 또 어떤 경우에는 불편감을 털어 놓은 상대방도 너무 혼란스러워
자신이 무엇을 어려워하는지 조차 확인하기 힘든 상황들이 벌어진다.

상담 이론은 상담을 요청한 내담자가 현재 어떤 상황에 처해있는지 정확하게 이해하는데 도움을 주고 이런 어려움이 어디서 온 것인지 그리고 이를 해결하기 위해 어떤 과정이 필요한지에 대한 중요한 정보를 제공해 준다. 다시 말하면 내담자의 문제에 대한 파악, 원인에 대한 이해 그리고 치료 계획을 구체적으로 수립하는데 상담이론이 중요한 기능을 하게 된다.

상담이란, 상대방에 대한 관심이나 문제 해결을 하고자 하는 동기나 열정만으로는 적절한 기대효과를 볼 수가 없다. 내담자에 대한 진실된 관심과 열정은 상담과정에서 기본적인 상담자의 자세라고 한다면, 각 상담이론에 입각한 다양한 상담 기법들은 상담자의 전문적인 능력을 발휘할 수 있는 도구에 해당된다. 아무리 효과적인 도구라고 하더라도 이를 사용하는 사람이 도구의 기능이나 특징 그리고 사용방법에 대해서 정확히 알지 못한다면, 그 기능의 효과는 기대하기 어려울 것이다. 그리고 그 다음에는 그 도구가 자신의 손에 잘 맞을 수 있도록 연습과 훈련이 필요할 것이다. 마찬가지로, 다양한 상담 기법을 사용하는 사람은 바로 상담자이므로, 상담자는 기법의 정확한 원리와 기법이 적절하게 사용될 수 있는 상황에 대해 정확하게 알고 있어야 할 것이다. 아울러 이런 기법들에 대한 체계적인 훈련과 교육이 뒤따라야 한다.

상담심리학에서 다루어지는 다양한 상담이론들은 일반적으로 다음의 세 가지 내용들을 포함하고 있다. 즉, 인간에 대한 기본적인 관점, 심리적 문제의 원인에 대한 견해, 그리고 문제 해결을 위한 방법들이 각각 포함되어 있다. 인간에 대한 기본적인 관점은 인간의 행동을 이해하는데 취하는 관점이다. 예를 들어 정신분석 이론에서는 인간의 행동은 무의식적 요인에 의해 동기화 되므로 무의식적 요인에 의해 영향을 받는 다는 심리적 결정론을 취하고 있다. 반면, 행동주의 이론에서는 인간의 행동은 환경적 요인 혹은 외부적인 요인에 의해 결정된다는 환경적 결정론을 취하고 있다. 그 외 인본주의적 접근에서는 결정론적인 측면보다는 인간의 계속적인 성장 지향적인 동기를 강조하면서 변화가 능성에 대한 개방적인 견해를 강조한다. 각 이론들은 이러한 인간에 대한 기본 가정에 있어서 서로 차이가 있기 때문에 내담자가 호소하는 심리적 어려움을 이해하는 방식이 서로 다르다.

보다 두드러지는 차이는 문제의 원인을 확인하고 이를 해결하는 방식에서 나타난다. 개인이 호소하는 문제는 동일하다고 하더라도 문제를 바라보는 시각에 따라 문제의 원인과 분석 그리고 해결 방식은 달라진다. 예를 들어, 우울감을 심하게 호소하는 내담자의 예를 들어 보자. 내담자는 우울 증상이 심각한 수준으로 의욕이 저하되어 있고 일상생활에서 즐거움을 거의 느낄 수 없으며, 자살 충동에 휩싸이기도 한다. 정신분석적인 상담에서는 내담자의 이러한 우울증상을 이해하기 위해서 과거 초기 아동기 경험을 탐색하고 본인이 의식하지 못하는 무의식적인 갈등이나 욕구 불만 등에 초점을 두고 분석을 하며, 변화를 하기 위해서도 이러한 무의식적인 측면의 원인을 스스로 자각하게 도와주는 기법들을 사용한다. 한편, 인지적인 상담 접근에서 상담자는 우울증상의 원인을 내담자 개인의 사고방식에 있는 것으로 보고 우울한 감정을 유발하는데 중요한 기여를 한, 개인의 부적응적인 사고방식을 확인하려고 노력한다. 예를 들어, 자신이 중요하게 여기는 사람들이 자신에게 관심을 보이지 않거나 인정해 주지 않을 때, 내담자는 스스로의 존재가치가 흔들릴 정도로 부정적인 영향을 받는 경우가 있다. 이런 상황이 벌어지는 이유는, 다른 사람들과는 달리 내담자는 모든 사람들로부터 인정을 받고 사랑을 받아야 한다는 비현실적이고 융통성이 결여된 생각에 빠져 있기 때문이라고 이해한다. 따라서 인지적 상담에서는 우울 증상으로부터 벗어나게 도와주기 위해서 내담자가 강하게 믿고 있는 부적응적인 신념체계를 변화시키는 것이 중요하다고 본다.

이와 같이 내담자가 호소하는 문제에 대한 이해는 다양한 접근으로 이루어 질 수 있으며, 또한 다양한 원인에 초점이 맞추어져 상담이 이루어질 수 있다. 각각의 상담 이론들은 각기 다른 시각으로 문제를 바라보기 때문에, 어떻게 보면 문제의 모든 원인을 완벽하게 확인하고 이들 원인들을 모두 제거하거나 변화시키는 것은 불가능하다. 단지 각 상담 이론들이 주장하는 것은 다른 원인들에 비해서 특정 요소가 혹은 특정 원인이 가장 중요한 것이라는 것이다. 따라서 어떻게 보면 문제의 각각 다른 측면에 관심을 두고 상담이 이루어진다고도 볼 수 있고 이에 따라 상담의 구체적인 목표도 다를 수밖에 없다.

특정 문제에 대해서 어떤 상담이론에 입각하여 상담을 할 것인가를 결정하는 것은 단순한 문제는 아니다. 즉, 어떤 상담이론이 가장 성공적이며, 효과적인가 라는 질문에 대한 대답을 하는 것은 쉽지가 않다. 그만큼, 각 상담 이론은 각기 상대적인 강점을 지니고 있으며 특수한 접근법과 상담 기법들을 검증해 보이고 있다. 실제적인 상황에서, 만약에 한 전문적인 상담자가 특정 문제를 호소하는 내담자와 상담을 할 때, 이 문제에 대해 어떤 접근을 할 것인가를 결정하게 되는데, 이 결정 과정에서 사용하는 정보는 어떤 것일까? 특정 문제에 대해서는 두드러지게 효과를 보이는 상담기법이 있다고 검증되었다면 이건 중요한 정보가 될 것이다. 한편으로는, 상담자는 전문가이기는 하지만, 모든 상담 이론에 완벽한 전문가가 되기는 어려우며, 개인적으로 자신에게 옳다고 판단되는 인간에 대한 기본 관점이나 기법들이 있기 마련이다. 따라서 상담 전문가들을 훈련하는 과정에서는 기본적으로 여러 가지 다양한 상담기법들을 이해하고 익히는 과정을 거치고 난 후에는 자신에게 특히 잘 맞고 편하게 사용할 수 있고 신뢰가 가는 특정 접근 몇 가지를 자연스럽게 선택을 하게 된다. 그리고 상담 전문가들은 특정 문제에 대한 각 이론의 상대적인 효과성을 무시할 수 없기 때문에, 내담자가 호소하는 문제의 특성에 기초하여 자신이 가장 유능하게 사용할 수 있는 상담이론을 택하게 된다.

한 가지 상담이론은 내담자가 호소하는 문제의 특정 측면에만 부분적으로 혹은 제한적으로 초점을 두기 때문에 다른 상담 이론과 비교해서 상대적으로 제한점이 있기 마련이다. 또한 어떤 상담 이론적 접근에서는 보다 구체적인 원인에 초점을 두는 반면, 어떤 접근에서는 보다 근본적이고 포괄적인 원인에 초점을 두는 차이도 있다. 따라서 상담 이론들 간의 상대적 효과를 평가하기란 복잡한 문제이며, 이를 검증하기 위한 다양한 연구 방법들이 개발되고 있다.

각 이론적 접근의 상대적 효과 검증뿐만 아니라 보다 근본적인 측면을 확인하고자 하는 연구들이 상담 심리학 분야에서 이루어지고 있다. 즉, 상담이 과연 효과가 있었는가에 대한 답을 찾는 작업이다. 상담으로 인한 변화가 분명히 나타났는지 그리고 그 변화가 어떤 요인에 의한 것인지를 구체적으로 확인하는 작업이 이루어진다. 상담 장면에서 실제로 내담자로 하여금 변화를 하게 하는 요인들에는 여러 가지 요인들이 포함된다. 단지 상담 기법이나 구체적으로 계획한 접근 이외에도 다른 예상치 못한 요인에 의해 긍정적인 방향으로의 변화가 일어나는 예를 우리는 가끔 보게 된다. 더 나아가 상담자가 아직 예상치 못한 변화가 일어난다든지 즉, 구체적인 상담 계획에 의한 것이라고 보기 어려운 변화가 실제로 일어나, 내담자가 스스로 상담의 효과를 경험하고 이를 보고 하는 경우도 있다. 혹은 상담자의 계획대로라면 분명히 변화가 일어날 것으로 생각되는 상황에서도 내담자가 스스로 경험하는 변화가 없는 경우도 있다. 이처럼, 상담과정에서 일어나는 다양한 변화는 내담자와 상담자에게 동일하게 지각되지 않는 경우도 있으며 또한 이런 변화가 다양한 요인에 의해 생길 수 있다. 상담심리학 연구에서는 이와 같이 우리가 통제할 수 있는 요인들의 수를 늘려 가면서 궁극적으로 상담에서 일어나는 변화에 대한 예측 능력을 증가시키는 목표로 연구들이 진행되고 있다.

상담의 진행과정

상담은 일반적으로 정기적인 연속적 만남으로 이루어진다. 문제에 따라 상담접근방법에 따라 상담회기의 양적인 차이는 있지만, 기본적으로 상담에서 일어나는 과정은 크게 단계별로 구분될 수 있다. 또한 상담의 단계는 상담이론들 마다 어느 정도 차이는 있지만, 일반적으로 초기, 중기 그리고 종결단계로 구분할 수 있다. 각 단계에서 수행해야 할 중요한 과제와 목표는 아래와 같다.

⟨표 1-2⟩ 상담의 진행단계

단계	주요 과제	상담자의 역할
초기	• 호소 문제에 대한 이해 • 변화와 상담에 대한 동기 확인 • 촉진적인 관계 형성(rapport 형성) • 상담에 대한 구조화 작업	• 경청, 관심, 공감적인 이해 • 수용적 존중과 진실한 태도 • 적절한 정보 탐색 시도
중기	• 문제 해결을 위한 시도 • 변화에 대한 저항	• 구체적인 상담 기법의 적용 • 변화에 대한 저항 다루기
종결	• 행동, 사고, 감정의 변화다지기 • 성장 잠재 능력 및 대처 능력의 증가	• 변화에 대한 자각돕기 • 생산적인 방향으로의 변화 • 동기 부여

1) 초기단계 : rapport 형성

상담의 초기 단계란, 상담자와 내담자간의 첫 만남이 이루어지는 순간부터 이후 몇 회, 평균적으로 5~10회 이내의 과정을 말한다. 초기 단계에서는 우선적으로 내담자에 대한 기본적인 이해과정부터 시작해서 상담자와 내담자간의 신뢰로운 관계 구축과 상담에 대한 준비 작업이 이루어진다.

첫 번째, 내담자의 문제에 대한 이해 과정이다. 내담자 스스로 호소하는 문제는 무엇이며, 문제의 배경에 대한 탐색과 문제 증상의 변화 과정, 그리고 문제에 대해 내담자가 어떻게 대처 했는지에 상세한 정보를 얻는다.

내담자가 호소하는 문제를 듣고, 상담자는 때로는 성급하게 혹은 너무 객관적으로만 문제를 바라보고 판단을 내리는 경우가 있다. 객관적으로 본 문제도 중요하지만, 내담자 스스로 주관적으로 어떻게 경험하고 있는지 그리고 내담자의 표현으로 어떻게 나타내는지를 중요하게 볼 필요가 있다. 또 한편으로는, 내담자가 호소하는 문제가 문제의 본질이 아닌 경우도 많이 있다. 예를 들어, 졸업을 앞둔 대학생이 진로 문제로 고민이 되어 상담을 받으러 왔다. 상담자는 내담자가 처한 상황이나 시기가 내담자가 호소하는 문제와 일치 했기에 쉽게 상담 목표도 정할 수 있었다. 그러나 몇 회 상담을 거치는 동안, 지금 현재 내담자가 힘들어 하는 문제는 진로 문제가 현실적인 사안으로 나타나면서 내담자는 이전부터 드러나지 않고 내재되어 있었던 부모와의 뿌리 깊은 갈등을 심하게 겪고 이로 인한 심리적 불편감을 겪고 있는 것으로 확인되었다. 따라서 내담자의 가장 중요한 문제 혹은 어려움이 무엇인지를 확인하기 위해서는 때로는 심리검사를 사용하기도 하고 여러 회에 걸친 탐색 과정이 필요하기도 하다. 내담자의 심리적 문제는 의식적으로 자각이 되기도 하지만, 스스로 문제가 무엇인지 정확히 모르고 있거나 본질과는 동떨어진 문제를 인식하고 있는 경우가 많기 때문이다.

만약 여러분이 일상생활을 하면서 스트레스가 평소 보다 심하고 스스로 해결하기 힘든 상황에 이르게 되면, 가끔씩 전문가의 도움이 필요하다는 생각을 하게 된다. 반면, 이런 생각을 하는 모든 사람들이 상담 장면에 나타나지는 않는다는 것이다. 그 이유는 무엇일까?

전문가의 도움을 받으면 도움이 될 것이라는 막연한 기대를 하고 있음에도 불구하고, 문제로 인해 심리적인 고통을 받는 사람들은 여러 가지 장애 요인에 부딪치게 된다. 과연 내 문제를 이해해 줄까, 제대로 내 상태를 얘기할 수 있을까? 다른 사람들은 효과를 보더라도 내가 상담 받는다면 과연 효과가 있을까? 등등 여러 가지 질문들을 스스로 하게 된다. 상담을 받으러 가겠다는 결정을 하고 상담자를 처음 대면한 상황에서도 내담자가 경험하는 여러 가지 크고 작은 갈등은 상담 장면에서 쉽게 자신을 드러내기 힘들게 만들 수 있다.

상담자는 "어떻게 오셨습니까?" "뭘 도와 드릴까요?" "어떤 얘기를 하고 싶으세요?" "어떤 점이 힘드세요?" 등 다양한 방식으로 말문을 틀 수 있다. 이에 대한 내담자의 반응에 귀를 기울이면서 내담자가 도움을 요청하는 직접적인 이유를 확인할 수 있다. 내담자는 자신의 어려움을 표현하는 과정에서 앞뒤가 안 맞거나 서로 상충되는 말을 하기도 하고 때로는 추상적인 내용을 표현하기도 한다. 이때 상담자는 좀 더 구체적으로 문제 상황이나 문제에 초점을 맞출 수 있도록 편안한 분위기를 조성하면서 체계적인 질문을 하는 것이 필요하다.

일반적으로 상담의 초기 단계에서는 정보 수집을 위한 과정이 주로 이루어진다. 때로는 상담자가 과도하게 자신의 의도대로 혹은 정보 수집에만 초점을 둔 질문 공세를 하는 바람에, 내담자가 자신이 하고자 하는 얘기를 하기 보다는 상담의 질문에 수동적으로 반응하는 상황이 벌어 지기도 한다. 이런 상황에서는 상담자가 의도하는 정보를 많이 얻었음에도 불구하고 상담과정이 바람직한 방향으로 이끌지 못하고, 내담자는 수동적으로 이끌려 지는 느낌과 상담과정에 대한 불편함을 느끼게 될 것이다.

초기 단계에서 이루어지는 탐색작업은 문제의 발생 배경에 관한 것이다. 예를 들어, 왜 지금 문제가 되어 지금 이 순간에 상담을 받으러 온건지, 이전에도 비슷한 어려움이 있었는지 등이다. 내담자의 문제를 이해하기 위해 우선적으로 상담자가 주의를 기울여야 하는 것 중의 하나가, 왜 하필이면 지금 문제가 되고 지금 상담을 받으러 왔는지를 확인하는 것이다. 내담자들 중에는 최근 언제까지는 별 어려움 없이 잘 적응을 해온 사람들이 많이 있으며, 이전에는 드러난 적이 한 번도 없었던 갈등이나 욕구불만을 최근 들어 표출하는 데는 어떤 배경적인 요인이 있는지 확인해 보는 것은 내담자 문제의 본질을 이해하는 데 중요하다. 특히 이전에는 드러나지 않았던 갈등이 외부적인 혹은 내부적인 촉발 요인에 의해 활성화 되는 이유를 확인하는 것이 중요하며, 이러한 촉발 요인은 일반적으로 개인에게 취약성을 증폭시키는데 기여한다는 것을 인식시키는 작업도 필요하다.

또한 내담자가 예전에 이와 비슷한 어려움을 겪었었는지, 있다면 구체적으로 어떤 어려움인지, 그리고 그 당시에 그 어려움을 어떻게 해결 했는지에 대한 질문이 필요하다. 문제에 대한 대처 노력이 얼마나 성공적이었는지 실패를 했었는지에 대한 질문도 필요하다. 이는 개인의 적응 잠재 능력을 확인하는데 도움이 될 뿐 만 아니라 앞으로 문제해결 방안을 모색하는데도 중요한 정보로 작용한다.

내담자가 상담자를 믿고 자신의 얘기를 솔직하게 드러낼 수 있는 분위기를 조성하는 것이 필요하다. 상담자는 기본적인 신뢰감을 조성하는데 노력해야 하는데 이를 위해서 내담자의 말 한마디 한마디에 주의를 기울이고 억양 및 몸짓 자세등 다양한 비언어적인 정보에 예민하게 주의를 기울이는 것이 중요하다. 이를 통해 상담자의 내담자에 대한 관심을 확인시키고 상담자의 전문성에 신뢰를 할 수 있도록 도움을 주는 것이 필요하다.

이 단계에서는 상담자는 보다 적극적인 자세로 구체적인 정보 탐색에 주력해야 한다. 확인해야 할 정보의 내용은 다음과 같다. ① 당면한 문제 : 현재 경험하고 있는 주요 어려움, 어려움의 발단 및 진행과정, 현재의 상태, ② 문제와 관련된 전반적인 개인력 및 가족력 : 이전의 생활 환경 및 경험, 발달적인 경험들, ③ 개인의 성격 및 대인관계 특성, ④ 개인의 심리적 취약 요인 및 보호요인 : 대처 능력, 자신에 대한 긍정적 지각 정도, 문제에 대한 지각 및 수용 정도, 이에 대한 태도, 사회적지지 정도, 잠재적인 능력, 부정적인 사고방식, 왜곡된 지각 양상 등. 흔히 상담을 질문을 통한 탐색과정으로 생각함으로써 많은 질문을 할수록 더 많은 이해를 할 수 있다고 믿는 경우가 있는데, 더 중요한 것은 어떤 질문을 얼마나 적절하게 하느냐이다. 질문의 목적은 정보수집뿐만 아니라 의사소통의 흐름을 적절한 질문을 통해 유도함으로써 내담자가 스스로 자신에 대한 탐색을 할 수 있도록 동기와 능력을 증진시켜주는 것이다.

둘째, 내담자가 상담하고자 하는 문제에 대한 전반적인 이해가 된 후에는 상담의 성공 여부와도 관련되어 있는 내담자의 상담에 대한 동기를 확인하는 것이 필요하다. 앞서 언급한 바와 같이, 상담은 전문가인 상담자가 해결 방법에 대한 정보를 제공해 주는 것이 아니라 내담자 스스로가 자신에 대한 깊이 있는 탐색 작업을 하고 문제 해결 방법을 모색해 나가는 과정이라고 하였다. 따라서 이 힘들고 긴 과정을 거치기 위해서는 높은 수준의 변화에 대한 동기가 필요하다. 상담자가 어느 정도까지는 변화를 일으키는데 필요한 수준까지 이끌어 줄 수도 있고, 도움을 줄 수도 있지만, 그 이후 과정은 내담자 스스로의 동기부여와 동기의 유지 노력이 매우 중요하다.

상담은 때로는 장기적으로 이루어져 해를 넘겨 지속되기도 하고, 때로는 내담자 스스로가 자신이 이제까지 의식하지 못했던 혹은 깨닫지 못했던 자신 내면의 갈등이나 문제점들이 상담과정을 통해 드러나면서 내담자들은 예기치 못한 상처와 어려움을 겪게 된다. 이 과정에서 상담자가 심리적으로 정서적으로 지지해주고 이를 극복할 수 있게 도움을 주기도 하지만, 기본적으로 변화에 대한 동기 즉, 이런 고통에도 불구하고 자신이 목표하는 변화를 성취하려는 강한 동기가 중요하다. 모든 상담이 상담자가 계획했던 대로 상담을 끝마치고 성공적인 효과를 보는 것이 아니다. 많은 내담자들이 상담을 중도에 포기하거나 상담에 대해 부정적인 태도나 행동을 보이면서 상담을 그만 둔다. 특히 자발적으로 상담을 받으러 온 경우와는 달리, 주위의 권유에 어쩔 수 없이, 강요에 의해 상담에 오게 된 내담자들은 이런 문제로 상담이 제대로 이루어지기가 어렵다. 자신에 대한 강한 방어 행동과 상담에 대한 강한 저항 행동을 보여 내담자 스스로에 대한 탐색작업에서부터 어려움이 발생한다.

내담자의 문제에 대해 아무리 정확하게 분석하고 이해를 하고 있으며, 또 이 문제에 대한 적절한 상담 기술을 가지고 있다고 하더라도 변화에 동기가 아주 낮은 내담자나 상담에 대한 강한 거부감을 표현하는 내담자의 경우에는 상담이 제대로 이루어질 수가 없다. 따라서 상담의 초기 단계에서 또 한 가지 중요한 작업 중의 하나가 바로 상담에 대한 내담자들의 동기를 확인하고 이를 증가시켜주는 것이다. 변화에 대한 동기는 일반적으로 여러 가지 요인에 의해 영향을 받는데, 예로써 지금 현재 내담자가 경험하고 있는 고통이나 불편감의 정도가 높을수록, 부적응의 수준이 높을수록 변화에 대한 동기는 강해지게 마련이다. 또한 긍정적인 방향으로의 상담에 대한 기대, 즉 상담의 효과에 대한 긍정적인 기대와 전문가에 대한 신뢰감이 동기를 증가 시킬 수 있다. 때로는 상담에 대한 동기나 변화에 대한 동기가 비현실적으로 지나치게 높아 오히려 상담에 장애가 되기도 한다. 예를 들어, 상담을 받게 되면 자신이 겪고 있는 모든 문제가 완전히 사라지게 된다든지 혹은 상담을 통해서 전반적인 성격 개조가 가능하다는 것과 같은 비현실적인 기대는 오히려 상담에 대한 실망으로 이어져 중도에 상담을 그만 두게 만드는 요인이 된다. 따라서 현실적이고 적절한 수준의 동기를 상담과정 동안 유지할 수 있도록 도와주는 것이 필요하다. 이는 상담에 대한 정확한 정보와 현실적인 제한점들에 대한 정보를 제공해 줌으로써 가능하다. 그리고 상담의 성공 여부에 대한 책임은 어느 정도 내담자 스스로에게도 있다는 것을 인식시켜 줌으로써 책임감을 가지고 상담에 임하게 하는 것도 도움이 된다.

셋째, 상담의 초기 단계에서 핵심적인 과제는 바로 촉진적인 관계 형성을 하는 것이다. 촉진적인 상담관계란, 내담자가 상담에 몰입하여 생산적인 상담이 진행될 수 있도록 상담자와 내담자가 형성하는 협동적이고 우호적이며 신뢰로운 상담 관계를 말한다. 여기서 생산적인 상담이란 내담자가 스스로 탐색하고 변화하려는 동기를 가지고 자신을 자연스럽게 두려움 없이 드러내고, 자신의 감정과 경험에 솔직해 지면서 상담과정에서 겪게 되는 좌절과 상처를 이겨내고 결국에 목표하는 바를 성취하는 것을 말한다.

일반적으로 사람들은 온화하고 수용적인 분위기에서 자신을 드러내는데 어려움을 덜 느낀다. 반면에 평가를 받는 상황이나 권위적인 분위기에서는 특히 자신의 부족하고 수치스러운 면을 드러내는 것이 꺼려지게 된다. 자신의 문제를 드러내는 것도 쉬운 문제가 아니며 아울러 자신의 문제를 상대방인 전문가가 어떻게 받아들일지 어떻게 평가할지에 대한 예민한 반응들이 나타난다. 내담자들은 자신의 문제를 해결하기 위해 상담 장면에 왔음에도 불구하고 때로는 상담자의 눈치를 보기도 하고 상담자의 평가에 지나치게 예민한 반응을 보인다는 점이다. 그만큼 심리적인 어려움을 겪고 있는 내담자들은 심적으로 약하고 예민한 상태를 보이고 때로는 자신의 이런 약한 모습을 보이고 싶지 않다는 생각에 강한 방어적인 태도나 오히려 자신과 정반대인 강한 모습을 보여주는 등, 여러 가지 방어 행동을 보여주기도 한다. 예를 들어 지나치게 자신만만한 태도나 지나치게 현학적인 언어 표현, 혹은 상담에 깊이 몰입하지 않고 관망만 하려는 행동 모두가 이와 관련이 있다. 촉진적인 관계형성과 관련된 상담자의 태도와 상담기법은 이후 장에서 상세하게 다룰 예정이다.

내담자의 문제를 올바르게 확인하기 위해서는 상담자가 내담자의 입장이 되어 고통과 어려움을 이해해 보려는 노력이 필요하다. 즉, 공감적인 이해 노력이 도움이 되며, 이와 같이 상담자가 이해한 바를 내담자에게 다시 되돌려 얘기해 줌으로써 확인을 하고 이를 통해 내담자는 자신의 문제에 대해 보다 명확한 이해를 할 수 있고 또한 자신의 문제에 대해 관심을 갖고 자신과 같이 이해하고 있는 사람이 있음을 느낄 수 있도록 도와주는 것이 필요하다. 아울러 이러한 공감적인 이해의 분위기와 문제에 대한 파악은 내담자가 자신의 문제 및 상태를 변화하고자 하는 동기를 증가시킬 수 있게 된다.

2) 중기단계 : 문제해결 단계

중기 단계는 초기 단계가 끝날 무렵부터 시작해서 상담의 목표가 어느 정도 달성되기까지의 과정으로 상담에서 중요한 과정이다. 중기 단계의 가장 큰 특징은 초기 단계에 설정하고 계획한 상담의 구체적인 목표를 수행하는 것이다. 초기 단계에서 구축한 신뢰로운 관계형성을 토대로 상담자와 내담자가 함께 합의하고 만든 상담 계획을 체계적으로 수행해 나가는 본격적인 문제해결이 이루어지는 단계로서 상담의 핵심적인 부분이다. 다양한 상담 이론에 기초한 효과적인 상담 기법들이 실제로 적용되어 그 효과를 경험하고 변화과정을 체험하게 되는 생생하고 역동적인 과정이라 할 수 있다. 상담 기법의 선택이나 실제적인 적용에 대한 내용은 이후 각 상담 이론에서 자세하게 다루어질 것이다.

상담의 목표는 궁극적으로 달성하고자 하는 목표와 이를 이루기 위해 사용되는 구체적인 상담 전략적 목표로 나눠진다. 후자는 과정적인 목표라고도 한다. 궁극적인 목표를 달성하기 위해 필요한 일련의 과정적 목표들을 얼마나 체계적으로 계획하고 성공적인 성취를 계속해 나가는 가에 따라 상담의 성패가 달라진다. 또한 중요한 것은 과정적 목표와 궁극적인 목표 간의 연관성을 실제로 체험하면서 지속적인 변화에 대한 동기를 고취시키는 것이다. 예를 들어, 또래와의 관계에서 부적응적인 면을 보이는 학생의 경우, 궁극적인 상담 목표는 또래와의 원만한 관계 형성과 이와 관련된 만족감 획득이지만 이 목표는 한 번에 이루어지는 것이 아니다. 예를 들어 세분화되고 체계적인 목표들의 조합으로 상담과정이 이루어지게 되는데, 또래들에 대한 관심 증가, 또래 관계의 중요성을 인식시키는 것, 또래 관계에서 개인적인 관심을 표현하기 위한 구체적인 행동 기법 훈련하기, 상대방의 반응을 통해 얻을 수 있는 것들을 확인하기, 상대방의 관심에 반응하는 방법 익히기, 상대방과의 갈등을 이해하고 해결하는 방법 익히기 등, 일련의 과정으로 문제 해결 과정이 이루어진다.

상담의 중기 단계인 문제 해결 과정에서는 변화가 실제로 일어나기 시작하는 단계이다. 이 과정에서 나타나는 내담자의 특징적인 행동 중의 하나가 바로 변화에 대한 저항행동이다. 이는 감정적인 행동으로서 여러 가지 형태로 나타나는데, 변화를 겪기 시작하면서 내담자가 경험하는 불편감과 고통, 두려움 및 불안에 대한 반응이라 할 수 있다. 예를 들어, 지나칠 정도로 강박적인 성향으로 생활에 부적응을 보여 상담을 받기 시작한 내담자는 자신의 강박 행동 습관(예를 들어, 시험이나 중요한 일을 앞두고 잠을 설치고 아무리 해도 시간이 짧고 부족할 정도로 지나치게 세부적인 부분에 신경을 쓰고 에너지를 소모하는 행동)이 상담이 진행되는 동안 조금씩 줄어들게 되고, 계획했던 구체적인 행동변화(부족한 부분이 있어도 넘어가는 행동, 시간을 정해 놓고 더 이상 소모적인 에너지 쏟지 않기 등)가 일어나고 있음에도 불구하고 다시 불안에 휩싸이게 된다. 내담자는 이런 새로운 불안감에 대한 방어 행동으로 상담과정에 대해 강한 저항감을 나타내게 된다. 상담이 더 이상 도움이 안 된다는 둥, 행동은 달라졌지만 불안이 더 심해서 견딜 수가 없다는 등의 핑계를 대면서 상담을 그만두고자 하는 행동을 보이기도 한다. 이 경우에는 이런 과정이 모두 변화과정에서 겪게 되는 자연스러운 현상이고 고통이라는 것을 보여 주고 지속적으로 생산적인 방향으로 행동변화를 이어 나갈 수 있도록 도와주어야 한다.

3) 종결단계 : 문제 해결 및 사고, 느낌 및 행동의 변화 다지기

내담자가 호소했던 문제나 증상이 완화되고 변화가 되었다고 해서 상담이 금방 종결되는 것이 아니다. 종결 단계는 초기 단계만큼이나 조심스럽게 다루어 져야 할 단계이다. 일반적으로 상담이 종결되기 전에 종결을 준비하는 과정이 세심하게 이루어진다. 미리 상담에 대한 종결을 제의하고 이에 대해 내담자와 함께 얘기를 하며, 종결에 대한 내담자의 반응을 주의 깊게 받아들이고 이에 대처 하는 노력이 필요하다. 따라서 상담의 종결은 점진적으로 이루어진다고 볼 수 있으며 이런 조심스런 종결의 효과는 상담의 효과를 지속시키는데 도움을 주고 상담의 효과를 증폭시키는데 도움이 된다.

상담자는 종결 단계에서 내담자의 현재 어려움과 이를 유발시킨 원인 및 이를 지속시키는 요인들 간의 관계를 파악하게 하고 이를 변화시킴으로써 문제해결 능력을 증진시키고 전반적인 적응능력을 향상시킬 수 있게 된다. 각 상담 이론들 마다 문제에 대한 원인을 파악하는데 기울이는 초점에 있어서 각각 차이가 있으며 이에 따라 변화를 위한 상담 전략 및 기법들이 달라진다. 변화가 일어난 다음에는 이러한 변화에 대해 내담자의 반응 및 태도에 대한 탐색이 필요하며, 상담이후의 일상생활에 대한 적응을 위해 실제 생활에서의 적응 훈련이 포함되어야 한다. 이런 면에서 점진적인 종결 과정은 적응 능력 훈련 과정 혹은 상담의 효과를 다지는 과정이라고 한다.

상담의 종결 과정에서는 상담의 종결에 대한 내담자의 부정적인 반응을 적절하게 다루어 주어야 한다. 지금까지 거쳐 왔던 상담 과정을 정리하고 미해결된 감정이나 생각들, 특히 상담자나 상담 자체에 대한 부정적인 측면들에 대해 얘기하고 정리하는 것이 필요하다. 또한 상담 장면은 일상적인 대인관계 장면하고는 달라서, 상담 장면에서는 내담자가 어떤 면에서 보호 받고 지지받으며, 안정적이고 수용적인 분위기를 느끼도록 하면서 탐색 작업과 변화 과정을 거치게 된 것이다. 그러나 상담이 끝나고 일상적인 현실로 돌아가게 되면, 이러한 분위기를 똑같이 경험하기가 매우 어렵다. 내담자는 다시 이런 분위기에 적응하지 못하고 상처를 받거나 좌절감을 경험하여 심리적으로 더 취약해 지는 경우가 있다. 또한 상담자에게 어느 정도 부분적으로 의존하고 도움을 받았던 경험에 적응이 되어 스스로 문제를 파악하고 문제 해결책을 찾는데 두려움을 느낄 가능성이 많다. 상담이 진행되는 동안 내담자가 어느 정도 보였던 상담자에 대한 의존성에서 벗어나 스스로 문제 해결 능력에 대한 자신감과 대처 능력 및 잠재 능력에 대한 긍정적인 평가를 스스로 할 수 있게 도와주는 것이 필요하다. 즉, 상담자의 도움이 없이도 독립적으로 적응적인 삶을 살아갈 수 있도록 잠재 능력을 확인시켜 주고 예상되는 어려움과 이에 대한 적절한 대처 행동을 훈련시켜주는 과정도 중요하다.

초기 면접

상담에서의 초기 면접은 '내담자와의 첫 번째 만남'으로서 상담과정에 큰 영향을 미치게 된다. 초기 면접에서 내담자는 상담자에 대한 인간적, 전문적 신뢰 여부를 판단하게 되고 상담자는 내담자가 갖고 있는 문제의 성격을 파악하면서 상담의 방향을 결정해야 하기 때문이다. 특히 초보 상담자의 경우에는 내담자와의 첫 면접을 어떻게 이끌어 나갈지에 대한 긴장과 불안을 경험하게 된다. 초기 면접에서는 내담자의 문제에 대한 기초적인 정보를 수집하는 것만으로는 충분치 않으며 내담자가 편안하고 자유롭게 자신을 표현할 수 있도록 상담에 대한 긍정적인 기대를 갖게 하는 것이 필요하다. 따라서 초기 면접은 ① 상담관계의 준비를 통해 내담자가 자신의 관심사를 자유스럽게 말할 수 있는 편안하고 수용적인 분위기를 조성하고, ② 내담자가 갖고 있는 문제의 배경 요인들을 탐색한 후, ③ 상담에 대한 동기를 확인하고 상담에 대한 기본적인 정보를 제공해 주며, 상담의 목적 및 계획을 적절하게 수립하는 것으로 진행된다.

1) 상담관계의 준비 및 형성

초기 상담관계 형성을 위해서는 특별한 기법을 사용하기 보다는 수용적이고 온화한 태도로서 내담자에게 깊은 관심을 나타내는 것이 중요하다. 아울러 다음과 같은 내용을 다루어 주는 것이 필요하다.

① 자연스러운 화제의 유도 : 어떻게 오셨습니까? 어떤 얘기를 하고
    싶으세요?
② 편안한 물리적인 배치
③ 상담에 대한 부적절한 기대나 태도를 확인 : 일반적인 정보제공,
    과도하고 비현실적인 기대 확인
④ 비밀 보장의 확인

2) 내담자 관심사의 자유스러운 표현 촉진 : 상담자의 경청과 주목

경청이란 상대방의 언어적 및 비언어적 의사소통을 지각하고 이렇게 지각한 내용을 나타내 보이는 것이다. 내담자가 표현한 것에 숨겨져 있는 의미가 무엇인지를 파악하려고 노력해야 하며 비언어적인 행동 및 표현에 대해서도 주의를 기울이고 내담자가 나타내 보이고 싶어 하는 바에 주의를 기울여야 한다. "제가 이해하기로는……" "이 점은 이해가 잘 안되는데…… "라는 식으로 상담자가 내담자를 명확하게 이해하려는 노력을 하고 있음을 전달하는 것이 중요하다.

또한 내담자가 관심 갖고 있는 것을 자유롭게 표현하도록 촉진시키기 위해서는 상담자는 내담자의 반응에 대해 경청하고 주의를 기울이는 것이 필요하다.

3) 문제 및 문제의 배경에 대한 탐색

이 단계에서는 상담자는 보다 적극적인 자세로 구체적인 정보 탐색에 주력해야 한다. 확인해야 할 정보의 내용은 다음과 같다. ① 당면한 문제 : 현재 경험하고 있는 주요 어려움, 어려움의 발단 및 진행과정, 현재의 상태, ② 문제와 관련된 전반적인 개인력 및 가족력 : 이전의 생활

환경 및 경험, 발달적인 경험 들, ③ 개인의 성격 및 대인관계 특성, ④ 개인의 심리적 취약 요인 및 보호요인 : 대처 능력, 자긍심, 자신에 대한 긍정적 지각 정도, 장애에 대한 지각 및 수용 정도와 이에 대한 태도, 사회적지지 정도, 잠재적인 능력, 부정적인 사고방식, 왜곡된 지각 양상 등.

흔히 상담을 질문을 통한 탐색과정으로 생각함으로써 많은 질문을 할수록 더 많은 이해를 할 수 있다고 믿는 경우가 있는데, 더 중요한 것은 어떤 질문을 적절하게 하느냐이다. 질문의 목적은 정보수집뿐만 아니라 의사소통의 흐름을 적절하게 질문을 통해 유도함으로써 내담자가 스스로 자신에 대한 탐색을 할 수 있도록 동기와 능력을 증진시켜주는 것이다.

질문의 유형

① 개방적인 질문 : 내담자의 관점, 의견, 사고 및 감정을 포괄적으로 이끌어낼 수 있다.

예 지난주에는 어떻게 지내셨습니까?

② 폐쇄적인 질문 : 특정한 답변을 이끌어낸다.

예 지난주와는 달라 보이는데 안 좋은 일이 있었어요?

③ 이중적인 질문 : A or B?　　A? and B?

예 상담이 도움이 된다고 생각합니까? 아니면 별 진전이 없다고 생각합니까?

상담이 도움이 된다고 생각합니까?

그리고 자신에 대한 이해를 더 많이 했다고 생각합니까?

➡ 이제까지의 상담에 대해 어떻게 느끼시는지 궁금하네요.

4) 상담의 목적 및 계획에 대한 합의

이 단계에서는 상담에 대한 구조화 작업이 이루어지는데 내담자로 하여금 상담의 과정 및 방향에 대한 긍정적인 기대를 갖도록 하는 것이다. 구조화란 상담과정의 본질, 제한 조건 및 방향에 대해 상담자가 정의를 내려 주는 것이다. 즉, 내담자에게 상담과정의 바람직한 방향을 알려주는 것으로서 이러한 구조화를 통해서 내담자는 상담관계가 합리적인 계획을 갖고 있다는 것을 느끼게 된다. 또한 상담관계에서 내담자의 역할과 상담자의 역할을 분명히 알려주고, 상담을 효과적으로 이끌어가기 위해 이러한 역할에 충실해야 된다는 필요함을 주지시킨다. 그외에도 상담시간의 제한성, 시간 엄수 및 내담자의 행동 규범에 대해 구체적으로 알려주어야 한다. 이러한 적절한 구조화가 이루어지지 않은 경우에는 상담이 마술적인 치료라거나, 즉각적인 도움을 주고 순간적인 기분전환을 위한 가벼운 대화라든지 혹은 진단과 처방을 즉각적으로 해주는 것이라고 잘못 이해를 할 수 있게 된다. 또한 상담과정은 내담자 스스로가 문제해결을 해나가는 과정이고, 상담자는 이를 도와주는 역할을 하는 것이다. 그런데 이러한 상담의 구조화가 이루어지지 않은 채 상담이 진행이 되면 내담자가 상담자에게 모든 문제 해결에 대해 의존을 하고 이에 응해주지 않는 상담자에 대한 불만을 갖게 되면서 상담관계 형성이 깨질 수 있다.

상담에 필요한 다양한 기법들 중에서, 특히 초기 상담 단계에서 필수적인 기법들은 심리 상담과 같은 전문적인 분야뿐만 아니라, 일반적인 대인관계 의사소통 상황에 효과적으로 활용이 가능하므로 중요한 의사소통 기법으로 알려져 있다. 상담의 초기 단계에서는 구체적인 문제에 초점을 맞춘 문제해결 전략을 사용하기 보다는 보다 일반적이고 기본적인 인간관계 형성 혹은 신뢰로운 관계 형성에 필요한 의사소통 기법이 필요하다. 구체적으로, 내담자와 상담자간의 신뢰로운 관계를 형성하기 위한 방법, 상담자의 내담자에 대한 적극적인 관심을 표현하는 방법, 내담자가 표현하기 힘들어 하는 내면의 감정이나 경험들을 읽어 내는 방법 그리고 상담자의 솔직한 경험을 적절하게 전달하는 방법 등이 바로 그것이다. 이러한 상담 기법들은 앞서 강조한 바와 같이, 심리상담 분야뿐만 아니라 친밀한 인간관계 형성, 대인관계 갈등해결 상황, 이외 다양한 관계에 기초한 갈등이나 분쟁 해결 시에 효과적으로 사용된다. 즉, 본격적인 문제 해결 접근을 시도하기 전에 일단 문제해결에 참여한 사람들 간의 신뢰로운 관계를 구축하는 것은 궁극적으로 성공적인 문제 해결을 예측해 주는 중요한 요소가 된다.

초기 상담 및 초보 상담자들이 직면하는 어려움

1) 상담의 시작

처음 상담을 시작할 때는 상담자는 내담자와 가까이 함께 있다는 점을 말로 표현 하도록 노력해야 한다. 예를 들어 "만나서 반가와요." "정기적으로 만나면서 점차 가까워 졌으면 좋겠네요." 라는 식으로 말문을 열 수 있다. 어떤 말을 시작하든지 간에 내담자의 문제보다는 관계형성에 초점을 두어야 한다. 내담자가 상담상황에 대해 불편해 하거나 거북해 하는 경우에는 이에 대한 느낌을 잘 수용해주고 공감해 줄 필요가 있다. 말을 하고 싶지 않다거나 불편해 하는 경우에는 이런 행동에 대한 권리나 태도를 인정해주고 수용해줄 필요가 있다.

2) 불안을 처리하는 문제

어떤 질문을 해야 하고 어떻게 대답해야 하며, 내가 과연 도와줄수 있을까? 혹시 실수를 하면 어떡하나? 다시 상담받기 위해 오지 않으면 어떡하나? 등등의 걱정 등은 내담자의 미래문제에 대한 불확실성과 내담자에게 공감하고 끝까지 도와주려는 상담자의 능력에 대한 불확실성에서 오는 것일 수 있다. 이러한 불안은 상담 초기에서는 자연스러운 것일 수 있으며 이를 감추고 드러내지 않으려는 것보다는 이를 자연스럽게 받아들이고 이를 줄이기 위한 적극적인 노력이 필요하다.

3) 자신의 존재를 인정하고 개방하는 문제

상담자는 두 가지 역할간의 갈등을 겪을 수 있다. 즉, 상담자로서의 전문적인 역할과 한 인간으로서 감정과 생각을 가진 사람의 역할이다. 상담자는 초인간적이 되어야 한다는 비현실적인 기대를 갖게 되면 " 내담자를 전부 이해해야 하고 완전히 공감해야 하며 늘 따뜻함으로 배려해야 한다"는 생각에 사로잡혀 인간적인 자연스러움을 잃게 될 수 있다. 이런 경우 상담자는 매순간 진실된 느낌은 전혀 내보이지 않으면서 내담자에게만 진실되고 솔직한 모습을 강요하는 상황이 벌어지게 된다. 또한 인간적인 역할에 너무 치중하다 보면 상담자와 내담자간의 적정한 거리를 유지하지 못하고 상담자는 내담자에게 자신의 가치관이나 느낌을 강요하게 되고 상담의 초점이 흐려지게 될 수 있다.

이외 직면할 수 있는 상황이나 대처해야 할 요소들은 다음과 같다. 내담자의 침묵에 대한 이해, 내담자가 무리한 요구를 하는 경우, 점진적인 결과를 수용하는 문제, 상담 및 자신의 한계점에 대한 수용, 비현실적인 상담목표를 세우고 이에 매달리는 경우, 조언을 지나치게 삼가

하려는 경우 등으로 이런 상황에 대해 미리 예상을 하고 대처 할 수
있는 방법들을 익히는 것이 필요할 것이다.

♣ 다음 질문에 대한 답을 생각해 보고 다른 구성원들과 토론해 보십시오.

1 상담을 받으면 효과가 있을까? 상담이 오히려 부정적인 효과를 보이는 경우도 있을까?

2 상담의 효과를 결정하는 요인에는 어떤 것들이 있을까?

3 상담은 어떤 사람들에게 효과적일까?

4 좋은 상담자는 어떤 사람이여야 하는가?

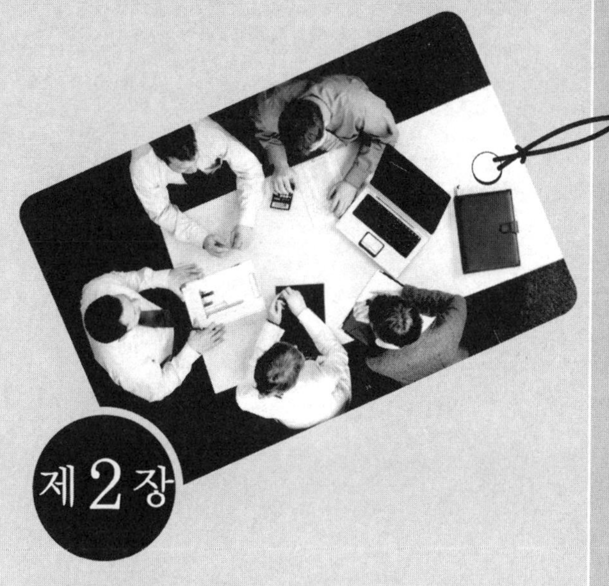

제 2 장

정신분석적 상담

1. 인간행동에 대한 기본 가정
2. 주요 개념
3. 심리적 증상에 대한 이해
4. 정신분석적 상담 과정 및 기법
5. 현대 정신분석 이론: 대상관계 이론
6. 개인심리학적 상담이론

>> Counseling

Sigmund Freud는 19세기 유럽 빅토리아 문화를 산실로 하여 정신분석학을 창시하였다. Freud는 Psychoanalyse, 영어로 Psychoanalysis 라는 용어를 1896년에 처음 사용함으로써 학자들은 이 시기를 정신분석의 공식적인 출발점으로 삼는다. 이 용어는 중요한 의미를 함축하고 있는데, 새로운 학문의 이름으로써 정신분석이라는 말은 ① 인간생활에 미치는 무의식의 영향에 대해 처음으로 밝혀내었고, ② 신체적인 병의 원인이 마음에 있을 수 있다는 점을 표명했으며, ③ 의학적인 모델을 극복하고 본격적으로 심리치료가 시작하게 되었다는 점 그리고, ④ 심리장애를 단순히 현재의 증상과 과거의 외상 경험을 연결하여 이해하던 것을 극복하고 좀더 복잡하고 역동적인 분석과정을 통해 이해하게 되었다는 점이다(윤순임, 1995).

정신분석은 100여 년 동안 인간을 이해하는 중요한 철학적 접근으로서, 그리고 인간의 심리적 문제를 이해하고 치료하는 핵심적인 상담의 이론으로서 확고한 위치를 유지해 왔다. 정신분석의 등장으로 인간의 마음의 병을 과학적으로 접근하는 것이 가능해 지기 시작했으며, 정신분석이론은 그 이론 자체로도 심리학 전 분야뿐만 아니라 상담 및 심리치료 분야에 큰 공헌을 하였고, 무엇보다도 정신분석이론 이후에 출현한 다양한 상담 및 심리 치료 이론들이 대부분 정신분석에 그 뿌리를 두는 것이 많다는 점이다.

정신분석적 상담 이론은 내담자가 겪는 심리적 문제의 의미와 원인을 보다 근본적이고도 심층적으로 이해하려는 시도를 하는 것이 가장 두드러진 점이다. 따라서 상담 장면에서 상담자는 내담자의 심리적 문제를 이해하고 해결하는 데 있어서 개인의 초기 유아기적 경험을 중요시 한다거나 개인의 무의식적인 동기와 갈등을 심층적으로 확인하려고 한다는 점에서 정신분석적 상담은 '뿌리 치료'라 불리기도 한다. 즉 외형적으로 드러나 눈에 보이거나 객관적으로 보여지는 심리적 문제측면

보다는 이러한 어려움을 유발하도록 이끈 심리내적인 근본 원인을 찾아 내담자 스스로 자신의 문제의 심층적인 원인을 자각하게 도와주는 것 바로 그것이 정신분석적 상담의 목표인 것이다. 이러한 특징 때문에 정신분석적 상담은 장기적인 상담으로 진행되는데 개인 내면의 심리적 뿌리를 찾고 그것을 치유하는 데에 그만큼의 노력과 시간이 뒤따르기 때문이다. 이러한 장기간의 분석 작업을 통해 얻게 되는 것은 바로 삶의 방식의 근본적인 변화이다. 자신이 어떠한 삶을 살아왔고, 그것이 현재의 모습에 어떤 방식으로 영향을 미치게 되었는지를 깊고도 철저하게 이해하는 것, 그리고 보다 성숙하게 살 수 있도록 자신의 성격을 근본적으로 변화시키는 것이 정신 분석적 상담을 통해 얻게 되는 결과이다.

정신분석 이론은 상담 및 심리 치료 이론분야에서 뿐만 아니라 인간행동을 이해하는 근간을 이루는 전통적인 심리학적 이론으로서 자리를 잡고 있다. 정신분석이 심리학 전반에 걸쳐 공헌한 바도 크지만 특히 상담이나 심리 치료 분야에 공헌한 바는 매우 두드러진다. 오히려 심리학의 전반적인 이론 분야에서는 시대가 변화되면서 좀 더 과학적인 이론적 접근을 선호하고, 실험적이고 경험적인 접근 방법이 새로이 출현하면서 정신 분석 이론에 대한 평가가 점점 떨어지고 있다고 볼 수 있다. 그러나 상담이나 심리 치료 분야에서는 여전히 인간의 심리 내면적인 측면에 대한 심층적인 분석과 심리적 증상의 근원적인 원인을 중요하게 여기고 이를 끊임없이 탐색하려는 동기가 지속되고 있으며, 그 외 여러 상담이론들의 근간을 마련해 주기도 한다. 또한 프로이드 이론에 대한 현대적인 해석과 평가가 새롭게 이루어지기도 하고, 프로이드가 중요하게 여기는 개념과 인간에 대한 기본 관점에 기초한 다양한 접근들이 출현하고 있다.

정신분석하면 일반적으로 프로이드라는 학자를 떠올리게 되고 복잡하고 어려운 정신 분석과정과 기법들을 떠올리게 된다. 따라서 전문적으로 상담을 공부하는 학자들 사이에서도 훈련하기 힘든 까다로운 상담 기법이라고 알려져 있다. 그래서 다른 상담 이론에 비해 정신분석은 아주 가볍게 흥미위주로 다루어지거나 아니면 아주 전문적으로 힘든 훈련과정을 거쳐야만 수행할 수 있는 상담 기법으로 극단적으로 나눠지기도 한다. 이 장에서는 정신분석에 대한 기본적인 이해를 돕기 위해 주요 개념들을 중심으로 소개할 것이며, 일상생활에서 우리가 유용하게 활용할 수 있는 상담 기법들을 익혀 보려고 한다. 정신분석은 일종의 자신에 대한 심층적인 탐색 과정이고 자신을 이해하는 방법이므로, 일반사람들도 누구나 관심을 갖고 주의를 기울이면 자신의 행동에 대한 이해와 통제의 범위를 확장하는데 효과적인 도움을 얻을 수 있을 것이다.

인간행동에 대한 기본 가정

　일반인들은 정신분석하면 Freud, 무의식, 성적인 욕구, 리비도, 외디푸스 콤플렉스 등을 차례대로 연상한다. 정신분석이론이 일반인들에게 많이 알려져 있는 이유는 심리학뿐만 아니라 다른 학문적 영역에서도 정신분석이론은 많이 활용되고 있으며, 특히 문학, 예술 및 광고 분야에서도 주요 개념들을 적용하고 있다는 점이다. 일반인들은 심리학하면, 정신분석, 정신분석하면 Freud, 꿈, 최면 등을 연상하고 정신분석이론을 대표적인 심리학이론으로 동일시하는 경향도 있다.

정신분석 이론은 개인에 대한 집중적인 심리치료 작업을 통해 나온 것으로서 인간의 행동 내에 작용하는 힘들 간의 상호작용에 초점을 두는데 이들은 바로 동기, 추동 및 욕구들과 이들 간의 갈등을 의미한다. 동기와 추동 및 욕구는 행동에 유사한 영향을 주는 심리적인 요인으로써 각각 다른 의미를 포함하고 있다. 욕구(need)란 뭔가 충족되지 못해 부족한 상태를 말하는 것으로서, 배고플 때는 배고픔 욕구를 느끼게 되고 외로울 때는 친애 욕구를 된다. 즉, 심리적 혹은 생리적인 만족이 결핍된 상태를 의미한다. 이에 비해 추동은 이러한 욕구가 생길 때 이 욕구를 충족시키고자 내부로부터 생겨나는 에너지를 말한다. 보다 직접적인 행동으로 연결될 수 있는 에너지 혹은 원동력이 바로 추동인 것이다. 마지막으로 동기는 이러한 욕구와 추동보다는 좀 더 포괄적인 개념으로써 전반적으로 개인의 행동을 방향 지워주고, 행동을 하게끔 원동력을 발휘하고, 지속적으로 행동을 해나가게끔 하는 심리적 에너지를 말한다. 행동은 내적인 동기를 직접적으로 표현하기도 하고 혹은 숨긴 채 표현되기도 한다. 사람들은 동일한 행동을 통해서 서로 다른 동기를 충족시키기도 하며, 한 개인 내에는 다양한 동기가 존재한다(Pervin & John, 2001). 예를 들어, 먹는 행동은 배고픔 욕구를 충족시킬 수 있지만, 동시에 애정에 대한 욕구도 상징적으로 충족시켜주기도 한다.

Freud가 말하는 인간 행동에 대한 기본적인 가정

① 심리적 결정론 : 모든 행동에는 원인이 있다.

② 무의식적인 동기 : 모든 행동은 본능적인 에너지에 의해 동기화된다.

Freud는 인간의 모든 행동에는 원인이 있다고 보았다. 즉, 사람들의 모든 행동, 감정 및 생각에는 원인이 있으며, 우연에 의한 경우는 없다는 것이다. 우리가 흔히, 우연히, 어쩌다가, 별 생각 없이, 의미 없이 한 행동이라고 말하는 경우에도 이와 관련된 원인이 존재한다는 것이다. 단지 우리가 이런 원인을 쉽게 찾기 힘들어서 그리고 원인이 외현적으로 드러나지 않기 때문에 우리는 특별한 이유가 없다고 생각한다는 것이다.

일상생활에서 자주 일어나는 실수 행동이나 실언의 예를 들어 보자. 중요한 약속을 잊어 버렸다거나, 좋아한다고 표현해야 하는 상황에서 기분 상하게 하는 감정표현을 하는 경우, 그 외에도 분명히 들은 정보를 까맣게 잊어버리고는 전혀 들은 적이 없다고 하여 주위 사람들을 의아하게 하는 경우 등이다. 의식적으로 생각하고 판단해 보면, 도저히 그런 실수를 할 리가 없는데, 그런 실수를 연거푸 범하게 되면, 한번쯤 곰곰이 생각해 볼 필요가 있다. 예를 들어 어떤 취업을 앞둔 대학생이 중요한 면접 일시를 잊어버리고 하루 종일 아무 일도 하지 않으면서 집에서 시간을 보내고는 나중에서야 이를 확인하고는 소스라치게 놀라는 경우, 친구 중에 어떤 친구하고 약속만 하면 일이 생기거나 약속을 펑크내는 일이 여러 번 생기는 경우 등 우리의 일상생활에서 이런 예들이 많이 나타난다.

Freud에 의하면, 우리가 이성적으로 이해하기 힘든 상황에는 우리가 의식하지 못하는 원인이 존재한다는 것이다. 다르게 표현하면, 우리는 우리가 의식하지 못하는 어떤 힘에 의해 행동하고 느끼고 생각을 한다는 것이다. 즉, 우리의 행동, 사고 및 감정을 지배하는 의식하기 힘든 힘이 존재한다.

심리적 결정론은 또 다른 측면에서도 나타난다. 개인의 성격 형성에는 초기 아동기 경험 특히 유아기적 경험이 결정적인 역할을 한다는 점이다. 따라서 개인이 현재 보이는 여러 가지 행동 특성, 습관 및 특이한 심리적 특성의 기원을 그 개인의 유아기적 경험에서 찾아 볼 수 있다고 보았다. 예를 들어, 성취욕구가 지나치게 높아 이로 인한 상대적 좌절감을 오랫동안 심하게 겪어온 한 40대 회사원은 최근 분석적인 작업을 통해, 자신의 어린 시절 특정한 경험이 현재 자신의 어려움과 관련이 있음을 자각하게 되었다. 이처럼, 유아기적 특이한 경험이나 특히 충족되지 못한 욕구불만 및 미해결 갈등이 현재 개인의 심리상태에 결정적인 역할을 한다는 것이다.

인간행동에 대한 두 번째 가정은 바로 무의식적 동기에 관한 것이다. 우리의 행동에 가장 지대한 영향을 주는 것은 무의식적인 힘이며, 이러한 힘이 우리를 특정 방향으로 나아가게 하고 특정한 강도의 행동과 감정 표현을 하게 만든다. 무의식적인 동기는 인간이라면 누구나 가지고 태어나는 일종의 선천적인 본능적 동기이다.

Freud의 성격 이론은 본능이론이라고 불리울 정도로 본능은 인간행동의 원천이다. 본능(instinct)과 함께 항상 따라다니는 개념이 바로 추동(drive)이다. 본능이란 성격의 기본적 요소이며, 개인의 행동을 특정한 방향으로 나아가게 하고 추진하는 일종의 동기이다. 본능이나 추동은 둘 다 넓은 개념의 동기에 포함된다. 그러나 본능은 동기와 관련된 선천적인 에너지를 말하는 반면, 추동은 욕구(need)와 직접적으로 관련이 있다. 즉, 우리가 어떤 동기가 충족되지 못해 결핍된 상태가 되면 이를 충족시키기 위한 일종의 에너지가 내부에서 발생하게 되는데, 이것이 바로 추동이다. 따라서 추동은 결핍상태를 의미하는 욕구와 직접적인 관계가 있다.

Freud는 본능을 두 가지로 구분하였다. Freud는 인간의 가장 기본적인 무의식적 동기를 삶의 본능과 죽음의 본능으로 나누었다. 삶의 본능은 인간의 생존을 위해 필요한 다양한 욕구 즉, 식욕, 성욕등과 같은 생물학적인 욕구를 충족시키는데 기여한다. 삶의 본능에 의해 유발된 에너지를 리비도(libido)라고 한다. 이러한 리비도가 어떤 특정 대상이나 사람에게 집중되어 있는 현상을 부착(cathexis)이라고 부르는데, 이는 Freud의 심리성적 발달단계를 확립하는데 기초가 되며, 개인의 특정한 성격 발달과정을 이해하는데 도움이 된다. 죽음 본능은 삶의 본능과 상반되는 개념으로서 인간의 죽음이나 파괴행동도 인간의 본질적인 동기임을 나타내주는 개념이다. 죽음 본능과 관련된 가장 두드러진 행동 성향이 바로 공격성이다. 개인의 죽음 본능은 공격적인 행동으로 표출되어 자신뿐 아니라 타인을 해치고 심리적인 상처를 입히고자 하는 행동으로 나타난다. 삶의 본능에 비해 죽음의 본능은 이후에 많은 논쟁을 불러일으킬 정도로 비판을 많이 받은 개념 중의 하나이다. 삶의 본능과 죽음의 본능은 함께 나타나기도 하는데, 예를 들어, 음식을 먹는 행동은 일종의 식욕과 관련된 행동으로서 삶의 본능과 관련이 있지만, 동시에 음식을 먹어 치우고 없애 버리는 파괴적인 본능과도 관련성이 있다. 특히 이상행동으로 폭식행동을 보이는 사람들은 음식을 먹는 행위 자체가 식욕을 충족시키기 위한 것이 아니라 자신 및 자신이 처한 상황 혹은 특정 대상에 대한 공격적인 동기와 더 밀접한 관련이 있다고 볼 수 있다.

본능이 개인의 행동에 미치는 영향은 단순하고 직접적이지 않다. 단순히 특정 욕구를 충족시키기 위해 에너지들이 작동되기도 하지만, 이러한 욕구들은 여러 가지 요인들에 의해 제지당하고 억눌리고 또는 다양한 우회적 방법으로 표현되기도 한다. 따라서 개인의 특정한 욕구는 개인에게 여러 가지 다양한 갈등을 불러일으키므로, 개인의 행동이란, 단순한 욕구의 표현이 아니라 매우 역동적인 면의 산물이라 할 수 있다. Freud의 이론을 정신 역동이론이라고 표현하는 이유가 바로 여기에 있다.

주요 개념

1) 세 가지 의식 수준

Freud가 가정하는 인간의 세 가지 의식 수준은 바로 의식, 전의식 그리고 무의식이다. 이 세 가지 의식수준은 흔히 빙산에 비유된다. 의식은 우리가 지금 현재 의식적으로 자각하고 있는 현상을 말한다. 무의식은 이와 반대로 우리가 의식하지 못하는 부분으로서 우리 의식의 가장 밑바닥에 깔려 있는 경험이나 기억자료들이다. 무의식은 정신분석에서 가장 핵심적인 개념으로서 우리가 의식하지는 못하지만 우리의 행동, 생각 및 감정을 지배하는 중요한 힘이다. 전의식은 의식과 무의식의 중간 영역으로서 지금 이 순간 의식하고 있지는 않지만, 조금만 노력하면 의식으로 떠올릴 수 있는 기억 자료들이 존재하는 곳이다.

이 세 가지 영역 중 우리가 의식할 수 있는 부분은 흔히 하는 표현으로 빙산의 일각에 불과하다. 즉, 우리가 의식하면서 행동하고 사고하고 느끼는 것은 아주 일부분에 해당되며, 오히려 우리가 의식하지 못하는 힘에 의해 좌우되는 경우가 상대적으로 많다는 의미이다.

개인의 무의식이 가장 잘 드러나는 것이 바로 꿈이다. 따라서 꿈은 무의식으로 가는 왕도라고도 불린다. 최근에 꾼 꿈들을 한번 머릿속에 떠올려 보자. 현실에서 그렇게 바랐던 소망이 꿈속에서 실현되기도 하고, 상상하기 힘든 황당한 상황이 꿈속에서 벌어지기도 하고, 앞뒤가 맞지 않는 말도 안 되는 이야기들이 전개되기도 하고, 때로는 도대체 왜 그런 꿈을 꾸게 되었는지, 왜 꿈속에 그 사람이, 혹은 그런 대상이 나타났는지 이해를 할 수 없는 경우도 있다. 이처럼, 꿈은 비현실적이고 비논리적이고 이해하기 힘든 부분이 많은데, 바로 이것이 무의식이 갖고 있는 특성이다. 꿈속에 나타나는 개념들이 이해가 되지 않고 서로 무슨 관련이 있는지 자각하기 힘든데, 어떤 경우에는 간단한 분석 과정을 거치게 되면 의외로 뭔가 의미 있는 자료를 확인할 수 있다. 즉, 자신이 의식하지는 못했지만, 특정한 소망이나 욕구가 존재하고 있음을 확인하고는 이와 관련된 자신의 행동들을 분석해 보게 된다. 졸업을 앞둔 대학생이 겉으로는 자신만만해 하는 행동을 보여 그런 줄로만 알았는데, 최근에 미로 속에서 한참을 헤매는 꿈을 연이어 꾸게 된다. 아버지에 대한 강한 적대감이 무의식 속에 잠재되어 있는 아들은 겉으로는 매우 순종적인 아들의 모습을 보임에도 불구하고 꿈속의 아버지는 생소한 남으로 나타나거나 사고를 당해 처참한 모습으로 나타난다. 이때 아들은 자신이 그런 내용의 꿈을 꾸었다는 사실만으로도 소스라치게 놀라며 불안해하게 된다. 이 불안은 겉으로 표현하거나 의식하기 힘든 것이다. 따라서 나름대로 이런 감추고 싶은 남모르는 불안을 여러 가지 방법으로 처리하고자 하는데, 이 과정에서 다양한 이상 행동이나 이상 성격이 형성될 수 있다.

　이와 같이 개인의 무의식적 욕구는 꿈을 통해서 상징적으로 혹은 왜곡되어 표현된다. 이처럼 무의식적인 욕구가 꿈에서라도 그대로 표현되는 것이 아니라 왜곡되고 상징화되는 이유는 우리들의 꿈이 만들어 지는 과정에도 일종의 검열 작업이 이루어진다고 볼 수 있다. 너무 적나라한 표현이나 너무 직접적이고 강한 욕구의 표현은 꿈이긴 하지만, 어느 정도 자제되고 삭제되는 경우가 있다. 때로는 이러한 검열 작업이 강하게 이루어져서 우리가 꿈의 내용을 이해할 수가 없을 정도가 되며, 분석적인 작업을 통해서만이 그 꿈의 의미를 파악할 수 있는데 이런 경우는 대부분 현실몽과 대비되는 것으로 잠재몽(latent dream)에 해당된다.

세가지 의식 수준

① 의식

② 전의식 : '이용가능한 기억' 으로서 조금만 노력하면 곧 의식할
수 있는 경우

> 예 지난 주 친구와 나누었던 대화 내용, 며칠 전에 가봤던 장소
> 등에 대한 기억

③ 무의식 : 의식 밖에 존재하는 충동과 욕구

2) 성격의 기본적인 구조

Freud는 성격을 구성하는 주요 요소로 이드(Id), 자아(Ego) 그리고
초자아(Superego)를 나누었다. 이 세 가지 요소는 개인의 역동적인 성격
을 구성하는데 기여하며, 각각의 독특한 특성과 기능을 하는 것뿐만 아
니라 이 세 가지 요소가 특정한 형태로 결합이 될 때 개인의 특유한
성격 특성이나 행동이 드러나게 된다.

이드는 성격의 가장 원시적인 부분으로서 모든 본능의 저장소이다.
이드는 기본적으로 본능에 의해 기능하며, 이와 관련된 욕구가 즉각적
으로 충족되는 방향으로 행동하게 만든다. 따라서 성격의 생물학적인
구성요소라 할 수 있다. 이드는 일차 과정(primary principle) 과 쾌락의
원리(pleasure principle)를 따른다. 마치 어린 아이가 배고프거나 몸이 불
편하면 문제가 해결되기 전까지 참지 못하고 울거나 짜증을 내는 것처
럼, 이드는 즉각적인 욕구 충족을 기본 원칙으로 한다. 아울러 이드는
쾌락의 원리를 따르므로 자신의 욕구 충족에 초점을 두며 현실적인 여
건이나 조건의 영향을 받지 않는다.

자아는 성격의 집행자로서 성격의 심리적 구성요소라 할 수 있으
며, 현실 원리(reality principle)에 기초하여 작동한다. 자아는 욕구 충족을

위해 적절한 대상과 환경조건이 마련될 때까지 현실상황이나 여건을 탐색하고 욕구 충족을 위한 에너지 발산을 지연시키도록 한다. 자아는 보다 고차적이고 인지적인 정신과정에 기초하여 현실적이고 논리적인 사고와 계획을 수반하는 이차과정(secondary process)에 의해 작용한다. 따라서 현실의 여건을 고려한 판단이나 합리적인 의사 결정을 원칙으로 한다. 자아의 가장 중요한 기능은 이드와 초자아 사이에서 중재역할을 하는 것이다. 자아는 이드의 충동적이고 즉각적인 욕구 충족의 시도를 현실적 여건에 맞춰 지연시키기도 하고 다른 방법으로 우회적으로 표출하도록 도와주기도 한다. 아울러 초자아의 기본적인 가치체계나 틀에서 벗어나지 않는 범위에서 이드의 적절하고 합리적인 욕구 충족을 도와준다. 예를 들어, 상대방에 대한 강한 적대감을 표현하고 싶을 때, 자아는 개인으로 하여금 상대방의 감정 상태를 살피게 만들고 시간을 두고 감정이 누그러 질 때 까지 기다리게 하며, 적절한 표현 방법을 머릿속으로 생각하게 만든다. 자아가 적절하게 기능한다는 의미는 인간의 가장 기본적인 본능을 따르면서 이를 가장 현실적이고 합리적인 방식으로 표현하여 인간의 기본적인 욕구를 충족시킬 수 있는 능력이 있다는 것이다. 아울러 개인이 속한 사회나 집단의 내면화된 규범에 어긋나지 않는 적응적인 행동을 할 수 있다는 의미이다. 따라서 건강한 성격 혹은 적응적인 성격을 논할 때는 세 가지 구성 요소 중 자아의 기능을 가장 중요하게 꼽는다. 한편, 자아는 실리적이고 합리적이고 매우 현실적인 면이 강하므로, 자아가 지나치게 작동되는 경우, 개인은 과도하게 계산적이고 실리를 지나치게 추구하는 인간적인 감성이 결여된 행동을 보여 비인간적인 혹은 지나치게 냉정하다는 평가를 받기도 한다.

초자아의 기능은 양심과 자아이상(ego-ideal)의 영역으로 나눌 수 있다. 양심은 쾌락을 추구하는 이드의 원욕 충동을 억제하게 하고, 또 한

편으로는 자아가 보다 높은 가치체계인 초자아에 주의를 기울이게 함
으로써 규제를 가하는 기능을 한다. 이런 면에서 초자아는 성격의 사회
적 구성요소로서 일명 도덕적 가치관 혹은 양심이라고 한다. 즉, 옳고
그름과 같은 가치 판단이나 행동 규범들은 어릴 때부터 부모에 의해
아동이 내면화하는 일종의 가치체계이다. 아이가 착한 행동을 했을 때
는 칭찬을 해 주고 잘못을 했을 때는 벌을 주게 되는데, 이를 통해 아
이는 부모의 칭찬을 받을 수 있는 행동을 계속적으로 추구하는데 이는
개인의 자아이상이라는 가치체계로 내면화가 된다. 뿐만 아니라, 그릇
된 행동을 하지 않으려고 하고 규범에서 벗어나지 않으려는 노력은 양
심이라는 가치체계를 항상 의식한다는 것을 말한다. 따라서 초자아는
양심과 개인이 추구하는 자아이상(ego-ideal)에 따라 작동된다. 자아이상
은 이상적이고 완벽학 목표를 추구한다(Edwards, 1987). 초자아는 항상
이상적이고 완벽한 것을 추구하므로 때로는 현실적인 여건이 따라 주
지 않음에도 불구하고 초자아가 강하게 작동되는 바람에 어떤 경우에
는 지나칠 정도로 성인군자처럼 행동하거나, 혹은 자신의 행동에 대해
죄책감을 심하게 느끼고 심한 좌절감에 시달리게 만들 수 있다.

  중요한 것은 이 세 가지 구성 요소들의 결합과정이다. 이 결합과정
은 매우 역동적이며, 이런 역동적인 변화에 따라 개인의 행동 양상이
달라 질 수 있다. 역동성(dynamics)이란 긴장을 해소하려는 이드의 충동
과 이 충동을 억제하거나 저지시키려는 세력들 간의 계속적인 상호작
용과 충동을 말한다(Mischel, 1999). 예를 들어 때로는 이드가 강하게, 때
론 자아가 강력한 중재 기능을 하거나 혹은 초자아가 거의 지배적인
경우도 있다. 상황에 따라 혹은 개인의 심리적 에너지의 변화에 따라
이러한 변화가 나타날 것이다. 이외에도 개인에게 있어서 특정한 결합
형태가 오래 지속되어 고정된 패턴으로 자리잡게 되는 경우도 있는데
이는 개인의 성격을 가장 잘 드러내 주는 면이 될 것이다.

성격의 세 가지 구성 요소

① 이　드 : 1차 과정 (성적인 욕구와 공격적인 욕구에 기초)

　　　　　　　쾌락의 원리 (욕구의 즉각적인 충족 및 해소)

② 자　아 : 2차 과정 (지각, 학습 및 기억등의 인지적 과정에 기초)

　　　　　　　현실의 원리 (욕구의 지연이 가능하고 적절한 해소 방안 모색)

③ 초자아 : 양심과 자아이상

　　　　　　　내면화된 가치체계

3) 이드, 자아 및 초자아간의 상호 관계

Freud에 의하면, 이드는 선천적으로 타고나는 에너지 혹은 동기인 반면, 자아는 나이가 들면서 개인이 현실적 요구에 부응하면서 점진적으로 발달하며, 또한 초자아는 개인이 속한 사회적인 가치체계를 내면화하는 과정에서 생겨나는 것이다. 이 세 가지 성격구조가 일단 발달이 되면, 정신적인 에너지는 이드뿐만 아니라 세 가지 구성 요소들 사이를 이동하게 된다. 즉, 이 과정에서 자아의 기능이 매우 중요한데, 자아의 기능은 바로 이드의 욕구, 현실의 욕구 그리고 초자아가 강요하는 제약 간의 중재역할을 하는 것이다.

내적 갈등(intrapsychic conflict)은 성격의 한 측면의 목표가 다른 측면의 목표와 충돌할 때 발생한다. 대부분의 내적 갈등은 이드가 즉각적인 만족에 대한 압력을 가하기 때문에 일어나지만 다양한 형태의 갈등이 존재한다(Rangell, 1988).

이와 같이 다양한 갈등은 어떻게 해결이 가능할까? 내적 갈등의 해결 방법은 크게 세 가지로 나뉜다(Libert & Libert , 1988). 첫째, 충동을 제거하기, 둘째 욕구를 직접적으로 표현하기, 셋째 욕구의 방향을 바꾸기이다. 이 중 첫째와 둘째의 가능성은 거의 희박하다. 오히려 이와 같이 욕구가 직접적으로 표현될 가능성이 높아지면, 자아는 이에 대해 압력을 느끼고 심리적 불안을 경험하게 만들 것이다. 따라서 방향을 바꾸거나 우회적으로 혹은 왜곡하여 표현하는 보다 안전한 방법을 택하는데, 이는 자아가 경험하는 불안을 줄이기 위한 방법이라고 할 수 있다.

〈표 2-1〉 성격 측면들 간의 갈등

갈 등	보 기
이드 대 자아	작지만 즉각적인 보상을 택할 것인가 아니면, 크지만 지연된 보상을 택할 것인가의 갈등(만족 지연)
이드 대 초자아	돈을 많이 받았거나 적게 받았을 경우, 차액에 대한 결정과 관련된 갈등
자아 대 초자아	현실적인 행동(새빨간 거짓말하기)과 현실적 대가를 치러야 하는 비현실적 기준(항상 사실만 말하기)간의 갈등
이드와 자아 대 초자아	약한 상대의 공격에 대항을 할 것인지 혹은 다른 쪽 뺨을 내밀 것인지의 갈등
이드와 초자아 대 자아	외도와 도덕적 신념간의 갈등 속에서 어떤 현실적인 행동을 할지에 대한 결정(피임법 사용에 대한 독실한 카톨릭 신자의 갈등)
자아와 초아자 대 이드	갖고 싶지만 돈이 없어 훔치려고 하는 충동과 그럴 수 없다는 생각 간의 갈등(벌 받을 가능성, 발각될 가능성이 높을수록 갈등이 증가될 것임)

출처 : Robert M.Libert / Lynn Langenbach Libert : Personality,(1998)

4) 불안과 방어

불안은 우리 누구나가 경험할 수 있는 일상적인 경험의 일부이다. 불안의 원천은 외부에서 올 수도 있고 내부적인 요인에 의해 불안이 유발될 수도 있다. 불안의 원천에 따라 세 가지 유형, 즉 현실적 불안, 신경증적 불안, 및 도덕적 불안으로 나뉠 수 있다.

현실불안이란, 객관적으로 현실적으로 불안을 야기할 만한 상황이나 요소가 존재하는 경우에 경험하는 불안이다. 신경증적 불안은, 이드와 자아간의 갈등으로 발생하는 것으로서 이드는 충동을 표출하려고 하고 자아는 이에 대해 현실적인 제약을 가하고자 한다. 이때 자아의 제약에도 불구하고 이드의 충동이 의식화되는 것에 대한 위협을 느낄 때 우리는 불안을 경험한다. 아버지에 대한 적대적인 감정 표현을 하고 싶은 욕구가 매 순간 느껴질 때, 혹은 머릿속에 수시로 떠오르는 말로 꺼내놓기 힘들 정도의 성적인 공상과 이와 관련된 행동의 충동이 느껴질 때, '이러다가 나도 모르게, 이러다가 정말로 그러는 것을 아닐까? 내가 스스로 자제를 못하면 어쩌나' 하는 생각은 사람들로 하여금 불안을 느끼게 한다. 마지막으로 도덕적 불안은 초자아로부터의 처벌을 받을까봐 위협을 받는 경우, 심한 죄책감과 수치심을 느끼는 경우를 말한다.

우리가 일반적으로 일상생활에서 경험하는 두려움과 정신분석에서 말하는 불안은 차이가 있다. 두려움은 현실에 대한 객관적인 두려움이라는 것이다. 반면, 불안은 현실적인 원인이나 대상이 없음에도 불구하고 혹은 있다고 하더라도 그 정도의 불안을 야기 시키지는 않을 정도의 자극에 대해 과도한 심리적 반응을 보이는 경우는 심리적 요인이 개입된 불안 경험이라고 할 수 있다.

이와 같이 정신 분석에서 말하는 불안의 예로는 감염에 대한 지나친 불안으로 하루에도 수십 번씩 손을 씻는 행동을 보이는 환자, 실패에 대한 불안 때문에 시험 상황에서 심한 부적응 행동을 보이는 학생 등을 들 수 있다. 누구나 감염을 걱정하거나 염려하기는 하지만, 심하게 손을 씻어야 될 정도로 불안이 심하지는 않다. 또는 누구나 시험상황에서 긴장하거나 실수할까봐 걱정을 하지만, 이런 걱정이 시험을 아예 포기하거나, 시험을 아주 망쳐 버리는 행동으로까지 이끌지는 않는다.

5) 자아의 방어기제

자아의 주요 기능이 바로 이드와 초자아간의 갈등을 중간에서 중재해 주는 역할이다. 이 주된 역할과 관련된 자아의 기능 방식이 바로 방어기제(defense mechanism)이다. 사람들은 성격의 기본적인 구조들 간의 생겨나는 역동적인 현상 즉, 갈등 상황에서 유발되는 불안을 경험하는데 이러한 불안으로부터 스스로를 보호하고 불안을 완화시키기 위해서 방어기제를 작동시킨다.

방어기제가 작동하는 기본 원칙은 두 가지이다. 첫째는 방어기제는 무의식적으로 작동된다는 점이고 둘째, 현실이나 자신의 욕구를 부정하거나 이를 왜곡시켜 표현하는 방법을 쓴다는 것이다. 방어기제가 현실상황에서 개인이 경험하게 되는 불안이나 스트레스를 약화시켜주는 기능을 한다는 면에서 개인의 적응에 도움이 되는 긍정적인 면이 있다. 반면, 이를 과도하게 사용하거나 상황에 부적절한 방어기제를 무리하게 작동시키고 이를 지속시켜 나가는 경우에는 부적응적인 양상을 유발하게 된다. 실제로 여러 가지 다양한 심리적 증상들이 특정한 방어기제의 작동와 관련이 있을 정도로 심리적 문제를 이해하는데 도움이 되는 중요한 개념이다. 아울러 상담 과정에서도 이러한 융통성이 부족하고 부적절하고 과도한 방어기제를 자신이 쓰고 있다는 것을 자각하게 도와주고 이를 더 이상 사용하지 않도록 도와주는 과정이 중요하게 다루어진다.

방어기제의 종류는 크게 첫째, 충동이나 욕구를 원천 봉쇄하는 방법과 둘째, 충동이나 욕구를 왜곡시켜 강도를 약화시키는 방법으로 나뉜다. 전자의 분류에 속하는 것은 억압과 부인 방어가 대표적이다. 후자의 분류에는 합리화, 승화 전위 등의 방어기제가 속한다.

각 방어기제의 특징과 관련된 내용은 다음 표와 같다.

〈표 2-2〉 방어기제의 종류

억압	원치않는 것들을 의식하지 않으려고 하거나 기억하지 않으려 하는 것 자신을 학대하는 부모에 대한 강한 적대감을 자각하지 못하는 경우 죄의식을 유발하는 성적 욕구를 의식하지 못하는 경우
부인	명백한 증거에도 불구하고 사실이 아니라고 인정을 거부하는 것 부모보다 먼저 사고로 세상을 떠난 자식의 죽음을 인정하지 않으려는 것 담임선생님이 교무실로 오라는 친구의 얘기를 여러 차례 듣고도 이를 듣지 않았다고 하는 것
승화	예술 등 창작활동이나 스포츠 등으로 충동이나 욕구를 해결하는 것 타인에 대한 공격적 욕구가 스포츠 활동으로 표현되는 경우 전위 예술가의 활발한 창작 활동에 숨겨진 성적 공격적 욕망
전위	대상을 바꾸어서 욕구와 충동을 표현하는 것 회사에서 상사에게 꾸중을 들은 가장이 집에 와서 애꿎은 식구에게 화풀이 하는 경우 한강에서 뺨맞고 종로에서 화풀이하기
합리화	수용하기 어려운 자신의 감정이나 사고 및 행동을 정당화하는 것 시험 성적이 형편없을 때, 출제방식을 운운하며 핑계 대는 것 여자 친구에게 차인 남자가 자신의 이상형이 아니어서 오히려 잘됐다고 하는 경우
투사	상대방에 대한 자신의 감정이나 욕구를 상대방의 자신에 대한 것으로 바꾸는 것 자신의 드러내기 힘든 성적 충동을 상사의 유혹행동에 대해 비난하는 것으로 표현하는 경우 자신이 라이벌로 느끼는 친구에게 자신의 불편한 맘을 '너 나 신경쓰여하지?'라는 말로 표현하는 경우
반동형성	자신의 욕구나 감정과 반대되는 행동이나 표현을 하는 것 미운애 떡하나 더주기 자신이 불편해 하는 사람의 부탁은 절대 거절하지 못하는 경우
주지화	자신의 경험을 감정을 배제한 채 이성적으로 이해하고 행동하려하는 것 자신의 고통을 마치 다른 사람의 문제인 것처럼 객관화시켜 말하거나. 거창한 철학적 궤변을 늘어놓으며 자신의 고통스런 감정을 감추려는 경우

심리적 증상에 대한 이해

Freud는 인간에 대한 두 가지 기본 관점, 즉 정신적 결정론과 무의식을 토대로 심리적 문제를 이해하고 심리적 증상의 형성 과정을 설명하였다. 앞서 살펴 본대로 세 가지 성격 구조들은 서로 각각 다른 기능하고 추구하는 바가 다르다. 이들 간에 생겨나는 마찰과 갈등은 심리적 문제의 원천이 되는 불안을 일으키게 된다. 이드는 본능적 욕구를 직접적으로 충족시키려 하고, 자아는 현실에 비추어 이를 저지하려한다. 초자아는 이드와 자아가 이상과 도덕에 위배되는 행위를 하는지 항상 감시한다. 이러한 갈등이 심리적 문제의 근원이 된다. 이때 중요한 것은 자아의 역할이다. 성격 구조들 간의 갈등을 중재하고 조정하는 역할을 수행할 수 있는 것은 자아이고 자아가 이런 역할을 적절하게 수행하는 경우에는 문제가 두드러지지는 않는다. 그러나 스트레스나 이외 심리적 에너지가 고갈된 상태에서 자아의 힘이 약해지게 되거나 혹은 더 이상 자아의 능력으로는 이러한 갈등을 해결하거나 이에 저항하기가 어려워 질 때가 있다. 이때, 내면에 감춰진 갈등들이 외현적인 행동이나 감정 등으로 표출하게 되어 사람들은 일종의 심리적 문제를 경험하게 되는데, 이것이 바로 개인이 고통스러워하는 심리적 증상이다.

이와 같이 정신분석에서 말하는 증상 형성이란, 무의식적 충동에 대한 자아의 방어가 효율적이지 못할 때 무의식적 충동에 대처하기 위해 심리적 증상을 형성하는 것을 말한다. 예로써 스트레스를 받을 때마다 혹은 자신도 의식하지 못하는 인정과 애정을 얻고자 하는 강한 무의식적 욕구가 충족되지 못했을 때, 자아는 이러한 강한 욕구 좌절에 대처 하지 못한 채 기능 수행을 포기하기에 이르거나 혹은 신체적인 증상을 표현함으로써 주위사람들의 관심을 얻고자하는 방법을 택하게 된다. 이러한 과정이 반복되면서 내담자는 특정 상황이나 특정 심리적 상태에서 습관적인 증상을 형성하여 표현하게 된다. 의식적으로는 마치 아무런 이유 없이 몸이 아프다거나 마비 증상이 온다고 생각하지만, 이는 무의식적인 욕구 좌절을 해결하기 위한 하나의 방편으로 형성된 증상이라고 볼 수 있다.

정신적인 역동성이란 욕구 및 충동으로 인해 유발된 긴장을 감소하려는 에너지와 이를 개인적인 면에서 혹은 사회적인 면에서 수용 가능한 형태나 강도로 변형시킬 수 있도록 도와주는 방어기제 간의 끊임없는 갈등을 말한다. 이 변형 과정에서 에너지는 상이한 대상들로 교체되고 서로 다른 방향으로 방향을 잡게 되고, 다양한 방어기제에 의해 영향을 받게 된다(Mischel, 1999). 예를 들어, 숨기고 싶은 욕망이나 두려움이 방어기제에 의해 적절하게 통제되지 못한 경우에는 일상생활에서 말실수나 행동을 통해서 자신도 모르게 슬그머니 드러나게 된다. 혹은 꿈속에서 이와 관련된 상징적인 의미를 보여주는 대상이나 상황이 나타나기도 한다. 뱀에 대한 두려움을 심하게 보이는 공포 증상은 기본적으로 성적 갈등을 반영할 가능성이 있으며, 이와 같이 특정 갈등과 관련된 내용은 특히 꿈속에서는 여러 가지 다양한 상징적 개념으로 표상되어 나타난다. 따라서 이것이 지니고 있는 상징적인 의미는 분석적인 작업에 의해 밝혀지게 된다.

의식 상태에 붙잡아두기에 너무 위협적이거나 고통스러운 경험들은 대부분 무의식 상태로 잠재되어 있게 된다. 공포스럽다거나, 극도로 창피하거나, 너무나 고통스러웠던 심리적 경험들은 계속해서 기억하기보다는 차라리 잊어버리는 것이 편하다. 즉, 기억에서 지워 버리는 것이다. 더 이상 의식적으로 떠올려지지 않거나 자각되지 않게끔 만들 수만 있으면 사람들은 계속해서 무서워하거나 창피해 하거나 혹은 괴로워할 필요가 없다. 하지만 사람들이 지워버리고자 했던 기억들은 완전히 사라지지는 않는다. 그러한 기억들은 무의식의 저장고 속에 남아 있으면서 스트레스가 너무 심하거나 심리적인 에너지가 부족할 때 더 이상 의식 밑에 감춰지지 못한 채 부실하고 약한 방어벽들 사이로 드러나게 마련이다. 사람들이 겪는 심리적 문제는 무의식이 작용한 결과로서 바로 이런 상황에서 나타나는 것이 개인의 심리적 증상이다.

〈표 2-3〉 신경증적 불안 형성 과정

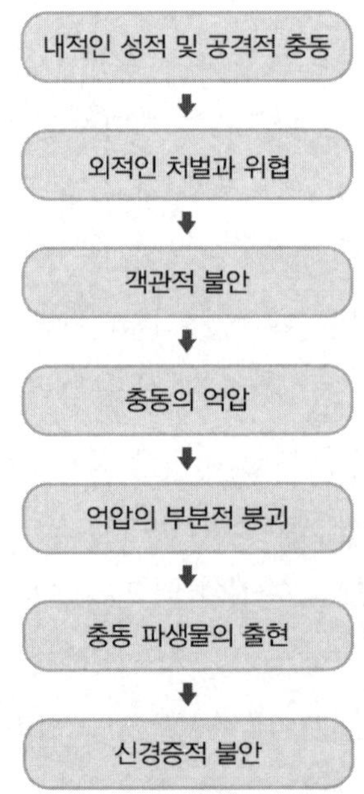

예를 들어, 아동의 공격적이거나 성적인 충동을 만족시키려는 직접적인 시도는 외적인 처벌이나 위협에 직면하게 된다(예를 들어, 지금까지 받아왔던 애정을 잃게 되거나, 부모의 강한 처벌 등). 따라서 이들은 객관적인 불안을 유발하게 된다. 아동은 이러한 충동으로 인해 부모의 사랑을 잃

을까봐 두려움에 떨게 되고 이에 따라 자신의 이러한 충동을 두려워하게 된다. 이러한 두려운 상태가 고통스럽고 견디기가 어렵기 때문에 방어기제를 이때 아동은 작동시켜 억압을 하게 된다. 하지만, 자아가 완벽하게 혹은 제대로 충동을 제어하지 못하게 되면 충동은 여전히 존재하게 되고 부분적으로 억압의 기능이 상실된다. 제어되지 못하는 충동의 잔재들은 개인으로 하여금 위험신호로서 불안을 경험하게 되고 이 과정에서 신경증적인 불안 증상이 형성된다.

4

정신분석적 상담 과정 및 기법

1) 상담의 목표

심리적 증상은 무의식의 활동 결과이며 정신분석은 무의식에 대한 개인의 자각을 중요시 한다. 개인이 자신의 무의식을 자각하게 되는 과정은 단순하지가 않으며 복잡하고 많은 에너지가 요구된다. 또한 우리가 무의식을 의식으로 떠올리지 않는 이유 중의 하나가 자신의 수치스러운 부분이고 사회적으로 수용되기 어려운 욕구나 충동, 그리고 자신을 불안하게 만드는 욕구나 충동이기 때문이다. 따라서 마치 심리내면적인 장막을 걷게 되면 누구나가 자신이 받아들이기 힘든 욕구나 충동 그리고 해결되지 않는 갈등들이 존재하고 이런 요소들이 자신을 통제한다는 것을 알고는 불안해하고 이를 받아들이기 어려워한다. 치료적인 경험을 통해 이러한 저항과정을 견뎌 내고 해결한 경우에는 내담자들은 더 이상 무의식에 지배당하지 않고 자신이 스스로 견딜 수 있는 한도 내에서 조금씩 그리고 지속적으로 자신의 무의식의 소리에 귀를 기울이려는 노력을 멈추지 않게 된다.

정신분석적 상담의 목표는 자아의 기능을 강화하여 심리적 증상과 관련된 정신적 갈등을 해소하는 데 있다. 즉, 강화된 자아의 힘으로 증상과 관련된 정신적인 원인을 해결함으로써 심리적 문제를 해소하는 것이다. 겉으로 드러난 문제만 해결하는 것이 아니라, 원인으로 작용하는 무의식적 갈등에 대한 해결을 시도한다. 다르게 표현하면, 정신분석적 상담의 목표는 간단히 말해서 무의식의 의식화 작업이라고도 한다. 자신도 모르는 채로 자신의 감정이나 행동, 생각 등에 영향을 미치는 무의식적 요소들을 의식으로 끌어올림으로써 더 이상 무의식이 왜곡된 방식으로 현실에 영향을 미치지 못하게 하는 것이다. 정신분석의 목표는 원인이 되는 무의식적 갈등을 해소함으로써 심리적 증상을 치유하는 것에 그치지 않는다. 더 나아가 자아의 기능을 강화하고 자신으로 하여금 불안을 느끼게 하고 다양한 심리적 증상형성에 기여하는 무의식적인 욕구나 충동을 끊임없이 자각하려는 노력을 하도록 도와주어 궁극적으로 자신의 모습에 대한 진정한 이해를 할 수 있게 도와주는 것이다.

2) 상담의 진행 과정

정신분석적 상담에서 상담자는 내담자로 하여금 과거의 경험과 그때그때의 감정들을 거리낌 없이 자유롭게 털어 놓도록 격려한다. 아무리 사소한 것이라도, 앞뒤가 논리적으로 맞지 않는 말이라도 의식적으로 가리거나 제지 하지 않은 상태에서 내담자의 마음에 떠오르는 것은 무엇이든지 말하도록 하는 것이 중요하다. 이것이 바로 정신 분석의 주요한 상

담 기법인 자유연상 기법이다. 이 과정에서 상담자는 내담자의 증상과
관련된다고 여겨지는 무의식적 자료들을 하나씩 이끌어낸다. 아울러 의
식으로 떠올라 있는 중요한 무의식적 자료에 대해 관심을 가지고 내담자
스스로가 탐색하게끔 도움을 주며 때로는 현재 내담자의 심리적 증상과
관련된 원인과 결과들에 대한 의미를 해석해 주기도 한다. 이러한 해석
을 통해 내담자는 이제까지는 몰랐던 무의식의 내용들을 이해해 나가게
되며, 이렇게 얻은 통찰은 증상을 극복하는 주요한 원동력이 된다. 내담
자가 무의식에 대한 통찰을 이루어 나가기까지의 과정은 오랜 시간을 필
요로 한다. 따라서 정신분석적 상담은 다른 형태의 상담에 비해 장기적
으로 진행되는 경우가 일반적이다. 정신 분석 과정에서 내담자는 자신의
증상에 대한 심리적 원인으로서의 무의식적인 갈등이나 욕구를 받아들
이는데 여러 가지 장애 요인들이 존재하며, 이러한 요인들은 이후의 탐
색이나 분석 작업을 중단시키기도 한다. 내담자는 상담 장면에서 자신이
드러내는 감정이나 표현에 대해 스스로 의아해 하고 이를 이해하지 못하
고 불안해한다. 또한 내담자는 무의식적인 요인에 대한 해석의 결과를
받아들이지 않으려고 저항을 하기도 하고 상담자와의 관계에서 자신의
해결하지 못한 갈등이나 감정을 표출하여 상담자-내담자 간의 신뢰로운
관계 형성을 위협하기도 한다. 이와 같이 정신분석적 상담을 진행하는
과정은 역동적이고 변화와 위기의 연속이기도 하고 때로는 지루한 탐색
작업으로 여러 차례의 상담회기가 지나가기도 한다. 따라서 다른 상담이
론에 대한 이해와 상담 기법들을 훈련하는 것에 비해 시간적으로 많은
투자를 하고 관련된 집중적인 교육 훈련 과정이 필요하기도 하다.

3) 상담자와 내담자와의 관계

정신분석적 상담과정에서 내담자와 상담자간의 관계에서 특징적으

로 나타나는 현상이 바로 전이(transference) 현상이다. 이는 상담자와 내담자와의 관계를 기초로 이루어진다. 전이란 내담자가 과거의 중요한 인물들에게 느꼈던 감정이나 생각을 상담자에게 투사하는 현상이다. 즉, 내담자는 상담자를 마치 이전에 자신이 중요하게 느꼈던 관계 속의 인물 혹은 상대인 것처럼 인식하고 이전에 그 사람과의 관계에서 겪었던 경험이나 해결하지 못한 갈등 그리고 욕구 불만들을 표현하는 것이다.

본격적으로 상담이 진행됨에 따라 내담자의 활발한 자유연상과정과 탐색 과정을 거치고 나면 내담자의 어린 시절의 경험과 갈등들이 무의식 속에서 서서히 의식의 표면으로 떠오르기 시작한다. 따라서 내담자는 신뢰와 불신, 독립과 의존, 사랑과 증오 등 여러 가지 상반되는 감정에 대한 과거의 갈등들을 회상하게 되고, 그 때의 감정들을 상담자를 대상으로 해서 재 체험하게 된다. 이 순간이 바로 전이현상이 일어나는 순간이다. 이러한 전이 현상은 내담자의 무의식이 의식의 표면으로 올라오고 있음을 보여주는 매우 중요한 증거이다.

예를 들어, 어렸을 때 지나치게 권위적인 아버지, 혹은 차가웠던 어머니에게서 느꼈던 부정적인 감정이나 충족되지 못한 욕구들은 상담자에게 그대로 옮겨져 내담자는 마치 그 상대가 상담자인 것처럼 동일한 감정과 갈등을 표출하게 된다. 이와 같이 상담장면에서 특히 자신과 신뢰로운 촉진적인 관계 형성을 하고 있는 상담자와의 관계에서 내담자는 이런 무의식적인 정보들을 드러내게 된다. 이 무의식적 정보들은 이전에도 무의식 저 편에 숨겨져 있었지만, 여러 가지 불안을 유발시키는 장애 요인들이나 불안정한 관계 속에서는 표출되지 못한 자료들이다. 또한 이는 언제가는 표출되어 적절하게 다루어져 해결을 필요로 하는 무의식적인 자료라는 점에서 중요하다.

정신분석적 상담의 목표가 무의식의 의식화 작업이라고 한다면, 상담과정에서 이러한 무의식적인 자료가 보다 더 많이 드러나게 되고 내담자를 통해서 표출되어야 하는 것은 당연하다. 따라서 정신분석적 상담 과정에서 전이 현상을 상담자가 의도적으로 촉진시켜야 하고 활성화시켜야 할 필요도 있다. 이런 전이 현상이 보다 활발하게 나타날수록 개인이 스스로 의식하지 못하고 있는 내면의 무의식적인 정보를 더 많이 얻을 수 있으며 분석의 자료가 더 풍부해 진다는 것이다.

그렇다면, 어떻게 하면 전이현상을 활성화시킬 수 있을까? 이는 상담자의 역할이나 자세와 무관하지 않다. 때때로 상담자는 상담 장면에서 혹은 내담자와의 관계에서 거울 역할을 한다고 한다. 거울은 사람들이 자신을 스스로 비춰 볼 수 있는 도구이다. 거울이 개인의 모습을 왜곡시키지 않고 그대로 비춰 주기 위해서는 맑고 투명한 것이라야 할 것이다. 또한 개인이 자신의 모습을 두려움 없이 비춰 볼수 있는 용기가 생기려면, 신뢰롭고 수용적인 분위기의 관계 형성이 중요할 것이다. 따라서 상담자는 이러한 신뢰로운 관계 형성의 분위기를 형성하고 내담자가 드러내는 갈등이나 감정들을 주의 깊게 살펴보고 전이 현상이 일어나고 있는지를 빨리 간파해야 한다.

이 과정에서 상담자가 맑은 거울의 역할을 하기 위해서는 상담자 스스로 나름대로 지니고 있는 심리적 갈등이나 욕구에 대한 이해가 우선되어야 한다. 상담자도 인간이기에 심리적인 문제로부터 완전히 벗어날 수는 없을 것이다. 중요한 것은, 상담자 스스로 자신의 미해결 문제나 갈등에 대해 자각하고 있는지의 여부이다. 이것이 중요한 이유는, 전이 현상에 대한 상담자의 반응과 성공적인 치료과정에의 활용과 관련이 있다. 때때로 내담자가 상담자를 대상으로 표현하는 전이 반응들에 대해 상담자가 적절히 반응을 보이지 못하는 경우가 있다. 예를 들어, 내담자가 오래 전 권위주의적이고 강압적인 부모에서 겪었던 상처와 좌절감이 아직 해결되지 않는 문제로 갖고 있다면, 이 내담자는 상담자와 신뢰롭고 수용적인 관계 형성을 토대로 이런 무의식적인 문제들을 조금씩 드러내기 시작할 것이다. 구체적으로 상담과정에서 보이는 상담자의 지시적인 표현이나 직접적인 충고나 제언에 대해 과도하게 거부반응을 보이거나 혹은 무시해 버리는 행동이 나타날 수 있다. 또 반대로, 다른 사람들과의 관계에서 다른 일상생활이나 업무 수행 장면에서는 거의 보이지 않는 지나칠 정도로 수동적이고 복종적인 태도를 상담 장면에서 특이하게 보이는 경우도 있다. 이런 이례적인 태도나 행동은 상담자에게만 제한적으로 보이는 것으로 일상생활에서 쉽게 드러나지 않았던 모습이다. 상담자에게 내담자가 과도하게 저항을 보이거나 화를 내는 반응은 이전에 쌓였던 일종의 감정이 드러난 예라고 이해될 수 있다. 이런 상황에서 때때로 상담자는 이러한 전이 현상을 간파하지 못한 채, 상담 장면에서 내담자가 보이는 실제 반응으로 지각하는 경우에 어려움이 발생한다. 마치 자신에 대해 내담자가 개인적으로 부정적인 감정이나 갈등을 표현하는 것처럼 지각하게 된다. 전이 관계라는 것은 실제적으로 존재하는 현실적인 관계가 아니라 가상적으로 내담자가 지각하는 관계이다. 따라서 실제하지 않는 관계나 상대방에 대한 감정을 대면한 상담자에게 간접적으로 표출하는 것이 바로 전이 현상이다. 문제는 상담자가 이를 전이 현상으로 받아들이지 않고 마치 실제적인 상대인 자신에 대한 현실적인 감정이라고 이해하게 되면, 상담자 스스로도 내담자에게 불편한 마음을 경험하게 되고 이는 기본적인 상담자-내담자간의 관계형성을 위협하기도 한다.

전이 현상은 긍정적인 전이 현상과 부정적인 전이 현상으로 구분되는데, 상담자에 대한 긍정적인 감정이나 표현을 드러내든, 반대로 부정적인 반응을 보이던 간에 이는 둘 다 상담에 중요한 자료 즉, 분석 작업에 사용되는 무의식적인 자료가 된다. 반면, 내담자가 상담자를 대상으로 표현하는 전이 경험이나 표현과는 상반되는 개념이 바로 역전이 현상(counter-transference) 이다. 이는 상담자가 자신이 이전에 해결하지 못한 욕구나 갈등을 내담자와의 관계에서 표출하는 것을 말한다. 상담은 내담자의 문제 해결을 위해 이루어지는 과정이므로 상담자의 이러한 역전이 경험이나 역전이 관계 형성은 상담과정을 방해하는 요인이 된다. 일단 이러한 상황이 벌어지면, 상담자 스스로가 개인적인 슈퍼비젼을 받거나 다른 상담자에게 내담자를 의뢰하는 것이 적절한 방법이다.

4) 상담의 주요 방법

(1) 자유 연상

자유 연상이란 마음에 떠오르는 생각, 감정, 기억들을 아무런 수정도 가하지 않고 자유롭게 이야기하도록 하는 것이다. 자유 연상은 정신분석적 상담 기법 중에서도 핵심적인 것인데, 자유 연상을 하는 동안 전통적인 상담 장면에서 내담자는 보통 긴 안락의자에 눕고 때로는 최면기법을 사용하기도 한다. 반면, 근래에 와서는 이런 물리적인 상황이 갖춰지지 않은 상황에서도 내담자가 편안한 자세로 상담자와 마치 대화를 하듯이 매 순간 자신의 떠오르는 감정이나 생각들을 자유롭게 얘기할 수 있도록 분위기를 조성한다. 상담자는 내담자로 하여금 주의가 분산되어 생각과 감정이 자유롭게 떠오르는 것이 방해 받지 않게 하기 위해서 차분하게 들어 주고 오랜 침묵으로 기다려 주기도 한다. 자유 연상을 해나가는 과정에서 내담자의 현재 증상과 관련된 과거의 경험이나 기억들이 차츰 드러나게 되며, 상담자는 이를 통해 내담자의 증상이 무의식적으로 어떤 의미를 지니는지를 이해할 수 있게 된다.

(2) 해석

해석은 상담자가 꿈, 자유 연상, 저항, 전이 등의 의미를 내담자에게 지적하고, 설명하고, 가르치는 것이다. 이러한 상담자의 해석을 통해 내담자는 이전에는 몰랐던 무의식적 내용들을 차츰 의식적으로 이해하고 받아들일 수 있게 된다.

해석과정에서 철저하게 지켜야 할 수칙은 해석의 적절한 시기와 강도이다. 그리고 또 덧붙이자면, 무엇을 먼저 해석할 것인가의 문제로서 해석의 대상에 대한 우선순위를 정하는 것이다. 첫째 아무리 정확하고 분명한 해석 작업을 자신 있게 수행할 수 있다고 하여도 내담자가 이를 받아들이고 이해할 수 있는 자각의 수준이 준비되지 않으면 오히려 부작용이 더 크다. 즉, 해석과정에 대해 강한 반발과 저항을 보이기 마련이다. 그리고 해석의 강도는 의식의 수준에 가장 높이 올라와 있는 것부터 시작하여 점점 강도를 증가시켜 가면서 심층적인 무의식적인 자료를 다루는 것이 안전하다. 때때로 실제 상담 과정에서 내담자의 핵심적인 갈등과 이를 방어하기 위해 내담자가 두드러지게 사용하고 있는 방어 기제 중 어떤 것을 먼저 해석하고 다룰 것인가에 대한 결정을 해야 하는 순간이 있다. 이 경우는 일반적으로 내담자가 사용하고 있는 주된 방어기제부터 우선적으로 다루어 주는 것이 순서이다. 그 이유는 방어기제를 다루기 전에, 즉, 내담자 스스로가 자신이 어떤 이유에서 이런 방어적인 방법을 쓰는지 혹은 자신이 이전에 의식하지 못했던 사실에 대해 알기도 전에 내담자의 심층적인 문제영역을 다루게 되면, 내담자는 평소에 쓰고 있던 무의식적 방어 기제를 더 강하게 작동시키고 해석과정에 대해 자신을 더 강하게 봉쇄하기 때문이다. 따라서 기본적으로 자신의 방어기제에 대한 통찰을 어느 정도 하게 되면, 그 이후의 보다 심층적인 분석 작업이 의외로 자연스럽게 이루어지는 경우가 많다. 해석의 주요 대상은 자유 연상 자료, 꿈, 전이 및 저항 현상 등이다.

■ 전이의 해석 : 내담자는 상담자와의 관계에서 무의식 속에 묻어두었던 생각이나 감정들을 전이라는 치료적 관계를 통해 무의식적으로

드러낸다. 따라서 상담자는 내담자가 상담자에게 보이는 태도나 행동을 간과해서는 중요한 정보를 놓치게 된다. 내담자가 상담자를 어떻게 대하는지, 상담자에 관해 어떠한 생각과 감정을 가지고 있는지를 주의 깊게 관찰하여 그것이 내담자의 문제를 이해하는데 어떤 중요한 의미를 지니는지를 분석해 나가야 한다.

앞서 언급한 대로, 전이적 관계에서 발생하는 현상들과 실제적이고 현실적인 관계에서 일어나는 현상을 정확히 구분하는 것은 쉽지가 않다. 예를 들어 실제로 상담자가 내담자에 대해 차갑게 대하거나 지시적인 태도를 취했다면 내담자가 보이는 상담자에 대한 거부적인 태도나 감정은 합리적이고 실질적인 반응이지 이는 전이 현상이 아닌 것이다. 따라서 상담자는 기본적으로 자신의 심리적 갈등이나 문제 그리고 순간순간 자신의 심리 상태나 스트레스 무의식적인 요건에 대한 끊임없는 지각 노력이 기본적으로 중요하다. 자신의 심리적 문제와 내담자의 전이 현상이 함께 엇물려 작용을 하게 되면, 내담자의 문제를 정확하게 파악하고 판단하기 어려우며 이는 잘못된 해석으로 이어지게 될 가능성이 있다.

▶ 저항의 해석 : 저항이란 내담자가 상담에 협조하지 않는 모든 행위를 말한다. 상담 시간에 연락도 없이 상담을 하러 오지 않거나 상담 과정에서 아무런 의미도 없는 말만 되풀이 하거나, 중요한 내용은 빠뜨리고 사소한 이야기만 하는 것 등이 그 예이다. 정신분석 상담에서는 이러한 저항행동이 내담자의 심리적 측면을 이해하는데 큰 의미를 지닌다고 본다. 저항을 한다는 그 자체가 뭔가 드러내고 싶지 않은, 혹은 불편한 맘이 있다는 것인데, 이를 직접적으로 표현하지 않고 이와 같이 저항행동과 같은 간접적인 행동을 취한다는 것은, 한편으로는 내담자 스스로도 이러한 불편감이나 문제의식을 하지 못한다는 것을 의미한

다. 또 한편으로는 어느 정도 자각을 하고 있지만, 이를 직접적으로 표현하는 데에는 현실적으로 그리고 심리적으로 주저하게 만드는 불안요소가 있다는 것을 의미한다.

하기 싫은 일을 해야 할 때, 가고 싶지 않은 곳에 가야할 때 사람들은 온갖 핑계를 다 대서 끝내 하지 않으려, 혹은 가지 않으려 한다. 사람들은 현실을 알게 되었을 때 고통스러울 것이라는 것을 미리 예상하게 되면 차라리 모르는 채로 지내려 한다. 정신분석에서 내담자가 보이는 저항행동도 이와 유사하다. 고통스런 상황을 회피하거나 아니면 자신의 감정이나 경험과는 상반되는 혹은 다른 경험들을 표현하는 것이 바로 그 예이다. 무의식 저 밑에 깔려 있었던 숨겨진 내용들을 인식하는 것은 내담자에게 매우 고통스런 일이다. 그 이유는 대부분의 무의식적인 자료들이나 무의식적이고 원초적인 인간의 모습은 마치 이성적으로 이해하기 힘들고 받아들일 수 없는 수치스럽고 강한 반감을 불러일으키는 충동들로 무장되어 있는 모습과 같기 때문이다. 자신에게 여러가지 원초적인 충동과 욕구들, 다른 사람에 대한 원망과 적개심, 그리고 무력감과 소외 등이 있다는 것을 아무런 주저 없이 받아들이기는 힘들다.

내담자의 고통스런 무의식적 자료가 의식의 표면으로 올라오고 있다는 것은 이를 막고자 하는 시도나 행동을 통해서 간접적으로 확인될 수가 있다. 상담에 대한 협조는 고통스러운 무의식에 직면해야 함을 의미하며, 반면에 상담에 대한 비협조는 고통스러운 무의식을 직면하지 않으려는 내담자의 태도를 반영하는 것이다. 따라서 상담자는 내담자가 보이는 저항의 의미를 이해하고, 이러한 저항행동의 원인을 파악하여 문제를 해결해 줘야한다. 그리고 이 과정에서는 내담자가 자신의 무의식적인 자료들에 대해 적절한 수준의 용기를 가지고 대항 할수 있는 심리적 힘과 자아의 강도를 키워 주는 것이 중요하다.

5

현대 정신분석 이론 : 대상관계 이론

현대 정신 분석이론은 대상관계(object relation) 이론이라고도 불린다. 이를 기본적으로 정신분석적인 주류에 포함시키는 이유는 기본적인 개념과 가정이 정신분석적인 뿌리에 근거하고 있기 때문이다. 즉, 초기 유아기 동안의 경험이 이후 성격 발달이나 특히 대인관계와 관련된 다양한 심리적 특성을 결정하는데 중요한 역할을 한다고 가정하기 때문이다. 대상관계란 자신과 자신에게 중요한 인물인 대상과 관계 형성을 이루어 이를 지속시켜 나가는 과정에서 경험하는 심리적 현상들을 말한다. 특히 유아가 출생하여 처음으로 특정대상과 일관적으로 지속적인 관계를 형성하는 것은 주로 자신을 돌봐주는 어머니와의 관계이다. 대상관계 이론에서는 유아기의 어머니와의 애착관계의 질이 성인기 대인관계 성향을 결정하는 것뿐만 아니라 다양한 심리적 증상의 원천이 되기도 한다고 주장한다(Bowlby, 1980).

유아기의 애착관계 형성은 그 시기의 아동의 심리적 안정감을 제공해 주는데 도움을 주어 그 시기의 중요한 발달 경험이나 과제를 적절하게 수행해 나갈 수 있도록 도움을 준다. 그리고 유아는 돌봐주는 중요한 사람(대표적으로 어머니)과 애착관계를 통해 자신과 타인에 대한 개념을 형성하게 된다. 이 개념은 일종의 특정 대상에 대한 심리적 표상으로써 꽤 일관성있게 지속되는 것이 특징이며, 이것이 이후의 여러 가지 심리적인 갈등이나 문제의 원천으로 작용을 할 가능성이 있다.

<표 2-4> 애착관계에 기초한 대인관계 유형구분

	자신	타인	대인관계 유형(애착유형)
안정된 애착관계	긍정적	긍정적	안정형
불안정한 애착관계	긍정적	부정적	무시형
	부정적	긍정적	몰입형
	부정적	부정적	두려움-회피형

첫 번째, 안정형은 가장 심리적으로 이상적인 유형으로 특히 이 유형은 유아기 때 부모와 안정적이고 질적으로 좋은 애착관계를 경험한 것을 토대로 자신에 대한 긍정적 그리고 타인에 대한 긍정적인 개념을 형성한 예이다. 이 유형은 자신에 대한 가치감과 존중감 그리고 유능감을 강하게 느끼는 동시에 타인에 대한 관심과 배려 그리고 타인에게 편하게 의지하고 도움을 요청할 수 있는 대인관계에서 기본적인 신뢰감 형성에 문제가 없는 사람들이다.

두 번째, 무시형은 일명 독불장군 형이라고 명명할 수 있다. 이 유형은 자신에 대한 긍정적인 태도가 타인에 대한 부정적인 태도로 인해 과도하게 갖춰진 유형이라 할 수 있다. 즉, 타인을 믿지 못하며, 남에게 의지하고 도움을 요청하는 것을 과도할 정도로 꺼려하는 사람들이다. 오로지 자신의 능력을 키우는데 에너지를 쏟으며 최소한의 필요한 인간관계로 제한을 하고 관계를 맺는 것이 특징이다. 이들에게는 인간관계의 본질에 대해 실제적인 체험을 통해 깨달을 수 있는 기회가 제공되는 것이 필요하다. 인간관계에서 도움을 주고받는다는 것이 어떤 의미이고, 도움을 줌으로써 자신에 대한 존중감과 가치감에 대한 태도의 변화를 경험해 보는 것도 필요하다.

세 번째 형은 몰입형이라고 하는데 이 유형은 지나칠 정도로 대인관계에 몰두하는 것이 특징이다. 이 유형은 주위의 모든 사람들과 항상 좋은 관계를 유지하려고 에너지를 집중시킨다. 그 이유는 이들에게 있어서 대인관계나 혹은 자신에게 관심을 가져 주는 인물들은 실질적으로 자기 스스로보다 더 중요한 요소이기 때문이다. 이들은 자신에 대한 가치를 스스로의 기준에 근거하여 평가하는 것이 아니라 자신이 중요하게 여기는 혹은 자신이 관계 맺고 있는 상대방의 반응이나 인정에 의해 이루어지므로 이들과의 관계를 긍정적인 방향으로 이끌어 가는 노력이 그 무엇보다 중요하다. 이들에게는 자신에 대한 긍정적인 태도와 가치를 수용할 수 있도록 도움을 주고 자신의 욕구와 감정에 대한 가치를 중요하게 여기도록 하는 것이 필요하다. 지나칠 정도로 상대방에 대한 배려에 신경을 쓰고 상대방의 욕구가 우선적이고 자신의 욕구를 억누르는 성향은 장기적으로 욕구불만이 쌓이게 만들고 이는 부적절한 대상에게 부적절한 감정으로 표출될 가능성이 있다.

마지막 유형은 두려움-회피형인데, 일명 안전거리 확보형이다. 이 유형은 자신이 홀로 설 수 없을 정도로 자신감이 부족하고 유능감이 부족하기 때문에 주위에 누군가 의지할 사람이 항상 필요하다. 그러나 문제는 그런 욕구가 있음에도 불구하고 자신의 부정적인 자아 개념과 가치감으로 인해 상대방이 자신을 싫어 할까봐, 자신을 떠날까봐 항상 두려움에 시달리는 유형이다. 이런 두려움은 상대방과 친밀한 관계 형성을 의식적으로 피하게 만들고 항상 일정한 심리적 거리를 유지하면서 다가 갈까 말까를 망설이는 행동을 보인다. 더 가까이 다가갔다가는 거부에 대한 불안감이 증가되므로, 어려워 주저하게 되고 또 상대방이 다가 오더라도 안전거리가 확보되지 않아 오히려 뒤로 물러서 안전거리를 스스로 마련하는 행동을 취하게 된다. 이들은 상처 받는 것을 두려워하는 사람이지만, 아이러니컬하게도 상처를 실제로 겪어 보지도 못한 사람들이 많다. 그 이유는 거절을 당하기도 전에 그런 상황이 벌어지기도 전에 지레 겁을 먹고 불안해하면서 그런 상황을 회피하기 때문이다. 따라서 이들에게는 그런 상황을 피하지만 말고 어느 정도의 적절한 현실적인 경험을 통해서 대인관계에서 겪을 수 있는 심리적 상처를 이겨 낼 수 있는 심리적 면역성을 키워주는 것이 필요할 것이다.

6

개인심리학적 상담이론

1) 인간행동에 대한 기본 가정

아들러(Alfred Adler)는 의사로서 우연한 기회에 프로이드를 만나게 되고 정신분석학회에서 활동하다가 프로이드와 계속적인 마찰로 학회를 탈퇴하게 되었고 그와 함께 학회에서 이탈한 사람들이 주축이 되어 개인 심리학회를 만들었다. 인간의 일차적인 추동으로 리비도라는 성을 강조한 정신분석학적 입장에 반대하며 우월성 추구와 열등감이라는 개념을 도입하여 정신건강에 적용하였다.

아들러는 인간은 불완전한 존재로서 누구나 어떤 측면에서 열등감을 느끼고 있다고 가정하였다. 인간의 열등감은 유약한 영아 때의 경험을 통해 시작되며, 사회적 존재로서의 인간은 다른 사람들과의 비교를 통해 자신이 떨어지거나 부족하다고 느낄 때 열등감을 경험한다. 이러한 열등감은 개인에게 극복해야 할 동기로서 작용하며, 인간이 자기완성을 이루기 위해서는 자신이 느끼는 열등감을 극복하는 것이 중요하다는 것을 강조하였다. 열등감은 모든 사람들이 갖고 있는 것이고, 자기완성을 위해 필요한 것으로서 개인은 자신의 부족한 점을 받아들이고 그것을 극복하려는 의지를 갖는 것이 중요하다고 하였다. 만약 개인이 자신의 열등감에 사로잡혀 열등감의 지배를 받는다면 그것은 열등감 콤플렉스 상황이 된다.

아들러는 인간을 전체적, 현상학적, 사회적, 목적론적 존재로 가정하였다. 인간은 전체로서 사회 속에서 의미를 부여하며 살아가는 존재이며, 자신이 경험하고 있는 현재의 상태에서 순간순간 주관적으로 선택하는 현상학적 존재이다. 인간은 사회적 관심을 받기 위해 노력하며, 현재를 바탕으로 미래지향적인 삶의 목적을 향해 노력하는 목적론적 존재이다.

아들러는 무의식을 강조한 프로이드와는 다르게 의식의 힘을 강조하였다. 인간은 스스로가 자신을 개발하고 운명을 형성하며, 사회적 맥락에서 끊임없이 변화하고 발전하는 존재이다. 인간은 각기 독특한 인지적 구조를 갖고 스스로를 창조해 가며 자신이 갖는 열등감을 극복하여 자기완성을 추구하는 존재이다. 인간은 자신의 운명을 위해 선택하는 존재이며 그러한 선택에 책임을 져야 한다.

2) 주요개념

(1) 생활양식

생활양식은 개인이 삶을 영위하면서 생각하고, 느끼고 행동하는 것, 이 모든 것의 근간이 되는 기본 전제와 가정을 포함하고 있다. 예컨대, "나는~~이다. 내 친구들은~~하다. 그러므로 나는~~다"로 표현되는 것을 의미한다. 인간은 어릴 때부터 열등감을 경험하고 이를 어떤 방법으로든 보상하려고 한다. 열등감을 극복하기 위한 개인의 독특한 노력들이 생활양식을 나타낸다. 개인의 생활양식은 그가 생각하고 느끼고 행하는 모든 것의 기반이 되므로 생활양식이 형성되면 개인의 외부세계에 대한 전반적인 태도가 결정되며 일생을 통하여 유지되게 된다.

아들러는 생활양식을 사회적 관심과 활동수준을 두 축으로 네 가지 유형으로 범주화하였다. 사회적 관심은 개인이 자신의 이익보다는 사회발전을 위해 다른 사람과 협력하는 정도를 의미하며, 활동수준은 인생과제를 다루는데 있어 개인이 보여주는 에너지의 양을 의미한다. 활동수준이 약하여 무기력하고 우유부단한 사람이 있는가 하면 지속적으로 왕성하게 활동하는 사람도 있다. 사회적 관심과 활동수준에 따른 생활양식의 네 가지 유형은 지배형(ruling type), 기생형(getting type), 회피형(avoiding type), 사회적 유용형(socially useful type) 등이다. 사회적 유용형은 바람직한 유형이고 이외 세 가지 유형은 바람직하지 않은 유형이다.

◈ 지배형 : 부모가 힘을 통해 자녀를 지배하고 통제할 때 나타나는 생활양식이다. 가부장적 가족문화나 유교문화에서 아버지가 독재적으로 가정에서 힘을 휘두르는 경우에 많다.

◈ 기생형 : 부모가 자녀를 지나치게 과잉보호할 때 나타나는 생활양식이다. 부모가 자녀의 독립심을 길러주지 못하였기 때문에 스스로 자신의 문제를 해결하려는 의지가 없이 부모만을 바라보며 살아가는 것이다.

◈ 회피형 : 부모가 자녀를 키울 때 그들의 기를 꺾어 버리게 되면 모든 일에 자신감이 없이 적극적으로 직면하는 것을 피한다. 이러한 사람들은 어떠한 시도도 하지 않고 불평만 하게 되고 사회적 관심이 떨어져 혼자 남게 된다.

◈ 사회적 유용형 : 높은 사회적 관심과 높은 수준의 활동을 보이는 사람이다. 심리적으로 성숙되어 있고 건강한 사람이며, 자신과 타인의 욕구를 동시에 충족시키면서 인생과제를 완수하기 위해 다른 사람들과 협동한다.

(2) 허구적 최종목적론

아들러는 프로이드의 결정론적인 설명을 대신하기 위해 허구적 최종목적론을 제시하였다. 인간은 현재를 바탕으로 미래지향적인 삶의 목적을 향해 노력하는 존재이며 인간의 행동은 최종 목표에 대한 개인의 관점으로 이해될 수 있다고 보았다. 인간의 행동은 과거 경험에 의해 좌우되는 것은 아니며 허구적 목적에 따라 만들어진 미래에 대한 기대에 의해서 좌우된다는 것이다. 개인의 허구적 목적을 이해한다면 그가 무엇을 진실로 수용하게 될 것인지, 어떻게 행동할 것인지, 어떠한 해석을 내릴 것인지 등을 설명할 수 있게 될 것이다.

(3) 열등감

인간은 태어날 때 완전히 기능하는 능력을 갖고 있지 않기 때문에 모든 사람들이 특정한 열등감을 느끼며 살아간다. 특히 인간은 사회적 존재로서 다른 사람들과 비교를 하게 되는데 이 과정에서도 지속적으로 열등감을 느끼게 되고 자기완성을 이루기 위해서는 열등감을 극복해야 한다는 것을 깨닫는다. 개인이 자신의 부족한 점을 인정하고 이러한 열등감을 우월성 추구를 위해 사용하면 바람직한 생활양식을 가지게 되어 심리적 건강을 가질 수 있으나 열등감에 사로잡혀 우월성 추구에만 집착하게 된다면 열등감 콤플렉스에 빠지게 된다. 열등감 콤플렉스에 빠진 사람은 주어진 문제를 사회적으로 유용한 방식으로 해결하기에 충분한 능력을 갖고 있지 않은 사람들이다. 아들러는 열등감 콤플렉스의 원인을 기관열등감, 과잉보호, 양육태만 등 세 가지로 제시하였다.

▪ 기관열등감 : 개인이 부모에게서 물려받은 자신의 신체에 대하여 어떻게 생각하는 가와 관련된 것이다.

▪ 과잉보호 : 부모가 자녀를 얼마나 독립적으로 키우느냐 혹은 의존

적으로 키우느냐에 관한 것이다.

▶ 양육태만: 부모가 자녀들에 대해 얼마만큼의 사랑과 관심을 주었는가와 관련된 것이다.

(4) 우월성 추구

인간이 열등감을 극복하고 미래지향적인 삶의 목적을 향해 노력하도록 만드는 것에 대해 아들러는 우월성의 추구라는 선천적인 경향성을 가정하였다. 우월성의 추구는 개인이 문제에 직면하였을 때 부족한 것은 보충하고, 낮은 것은 높이고, 무능한 것은 유능한 것으로 만드는 경향성이다. 이는 개인이 환경을 적절히 다스리고 모든 행동을 안내하는 동기의 역할을 한다. 모든 개인은 자신의 성취나 성숙을 추구하는 일정한 노력을 하게 되는데 이것은 우월성의 추구라는 선천적인 경향성이 있기 때문이다. 아들러가 제안한 건강한 삶이란 사회적 관심을 가진 바람직한 생활양식을 바탕으로 한 우월성 추구라고 하였다.

3) 상담과정과 기법

아들러는 상담을 하기 위해 오는 내담자의 주요한 문제들은 세 가지 측면에서의 결여, 즉 사회적 관심의 결여, 상식의 결여, 용기의 결여라고 하였다. 내담자들은 사회적 관심과 상식, 결여가 부족하여 문제를 안고 있기 때문에 상담의 목표는 내담자에게 이 세 가지를 불어 넣어 바람직한 삶을 영위하도록 해주는 것이다. 상담자들은 상담을 통해 내담자의 생활양식을 파악하고 생활양식을 바람직한 방향으로 바꾸도록 해주어야 한다. 아들러 식 상담에서는 용기를 잃고 낙담한 내담자에게 용기를 불어 넣어 주는 격려치료가 가장 핵심이다. 내담자들이 어떤 어려움에도 좌절하지 않고 포기하지 않도록 격려하고 또 격려하는 것이 매우 중요하다.

- ▶ 격려 : 내담자의 기를 살려주는 중재기법중 하나이다.
- ▶ 마치~~처럼 행동하기 : 내담자에게 마치~인 것처럼 행동하도록 하게 하여 내담자가 행동이 실패할 거라고 믿는 것 때문에 두려워하는 행동을 하도록 도와준다.
- ▶ 자기모습의 파악 : 내담자가 자신의 목표를 이해하고 변화하려고 노력함에 따라 자신들이 열망하는 변화된 행동을 하기 위해서 자기 모습을 있는 그대로 파악해 보는 것이다.
- ▶ 단추 누르기 기법 : 내담자가 유쾌한 경험과 유쾌하지 않은 경험을 번갈아 가면서 생각하도록 하고 각 경험과 관련된 감정에 관심을 가지도록 하는 것이다.
- ▶ 수프에 침 뱉기 : 상담자가 내담자의 어떤 행동의 목적과 기대를 인식하게 되면 그 행동이 손해되는 행동이라는 것을 내담자에게 보여주어 더 이상 그 행동을 하지 않도록 하는 것이다.

<u>애착 유형에 대한 평가 : 나는 어떤 애착 유형일까?</u>(Bartholomew, 1999)

♣ 다음 4개의 항목 중에서 자신을 가장 잘 표현해 주는 항목을 한 가지만 골라 표시하십시오.

1 다른 사람들과 감정적으로 가깝게 지내는 것이 쉽다.

내가 다른 사람들에게 의존하고 다른 사람들이 내게 의존하는 것을 편안하게 느낀다.

혼자 지낼까봐 혹은 다른 사람들이 나를 받아주지 않을까봐 걱정하지 않는다.

2 다른 사람들과 감정적으로 가깝게 지내지 않는 것이 편안하다.

독립심을 느끼고 자기 충족감을 느끼는 것이 매우 중요하기 때문에 다른 사람들에게 의존하지 않고 남들도 나에게 의존하지 않은 것이 더 좋다.

3 다른 사람들과 아주 감정적으로 가깝게 지내는 것을 원하지만, 종종 다른 사람들이 내가 원하는 만큼 가까워지는 것을 주저하는 것 같다.

친밀한 관계를 맺지 못하고 있는 것이 불편하지만 때때로 내가 그들을 중요하게 느끼는 만큼 나를 중요하게 여기지 않을까봐 걱정이 된다.

4 다른 사람들과 가깝게 지내는 것이 불편하다.

감정적으로 친밀한 관계를 맺고 싶지만, 다른 사람들을 완전히 신뢰하거나 그들에게 의존하기가 어렵다.

다른 사람들과 가까워지게 되면 상처를 받을까봐 걱정이 된다.

■ 나의 애착관계 유형은 ?

① 안정형 (secure attachment)　　　　② 무시형 (dismissing)

③ 몰입형 (preoccupied)　　　　④ 두려움–회피형 (fearful-avoidant)

<u>**친밀한 관계에서 내가 보이는 심리적 특성은?**</u>(Hazen & Shaver, 1990)

♣ 다음 질문에 대한 답을 생각해 보고 다른 구성원들과 토론해 보십시오.

전혀 그렇지 않다				아주 그렇다
1	2	3	4	5

____ **1** 다른 사람들에게 의지하는 것이 어렵다.

____ **2** 내가 필요로 할 때 사람들은 결코 곁에 있어주지 않는다.

____ **3** 다른 사람들에게 의지하는 것이 편안하다.

____ **4** 내가 필요로 할 때 사람들은 곁에 있어 줄 것이다

____ **5** 나는 다른 사람들을 완전히 신뢰하기는 어렵다고 생각한다.

____ **6** 내가 필요로 할 때 누군가 곁에 있어도 그 사람에게 항상 의지할 수 있을
것 같지는 않다.

____ **7** 버림받는 것에 대해 걱정하지 않는다.

____ **8** 상대방이 정말로 나를 사랑하지 않을까봐 종종 걱정된다.

____ **9** 다른 사람들은 내가 원하는 만큼만 마지못해 가깝게 지내는 것 같다.

____ **10** 상대방이 나와 함께 있기를 원지 않을까봐 종종 걱정된다.

____ **11** 나는 어떤 사람과도 모든 면에서 완전히 일치되길 원한다.

____ **12** 무엇이든지 일치되기를 원하는 나의 바램 때문에 때때로 사람들이 도망
가 버린다.

____ **13** 다른 사람과 가까워지는 것이 비교적 쉽다.

____ **14** 어떤 사람과 너무 가까워지는 것에 대해 걱정하지 않는다.

____ **15** 다른 사람과 친하게 지내는 것이 다소 불편하다.

____ **16** 어떤 사람과 너무 친해지면 나는 불안해진다.

____ **17** 나에게 의지하는 누군가가 있는 것이 편안하다.

____ **18** 사람들은 종종 내가 편안하게 느끼는 것 보다 더 가까워지길 원한다.

18문항 중 1,2,5,6,7,15,16,18번의
답은 1→ 5, 2→ 4, 3→ 3, 4→ 2, 5→ 1 로 변환

■ 가까운 사람들과의 관계에서

① 나의 의존성 정도는 ? : 1+2+3+4+5+6

② 나의 불안 정도는 ? : 7+8+9+10+11+12

③ 나의 친밀성의 정도는 ? : 13+14+15+16+17+18

• 친밀성 점수가 가장 높은 경우 :

타인과 친밀한 관계를 맺고자하는 욕구도 강하고 타인과의 친밀한 관계형성에 대해 편안하고 안정감을 경험하고 있는 사람임. 안정된 애착관계

• 불안 점수가 가장 높은 경우 :

친밀한 관계를 맺고자 하는 욕구는 강하지만, 타인의 거부나 거절에 대한 불안이 높아 가까이 다가가지 못하고 거리감을 두는 사람임

• 의존성 점수가 가장 높은 경우 :

가까운 사람들과의 관계에서 편안하게 의지하고 기댈 수 있으며, 타인에 대한 신뢰감이 높은 사람임

안정적인 애착관계를 보이는 사람들은 주로 친밀성 점수와 의존성 점수는 높고 상대적으로 불안점수는 낮은 사람들이다.

1 우리 일상생활에서 무의식의 존재를 확인할 수 있는 경우는 어떤 것이 있을까?

2 심리적 결정론을 지지해 주는 증거들을 모아 보세요.

3 심리적인 불편감을 동반하는 부정적인 정서인 불안에 대처하는 방법에는 어떤 것이 있을까?

4 우리 일상생활에서 볼 수 있는 방어기제에는 어떤 것이 있는지 예를 들어 보세요.

5 최근에 혹은 오래 전부터 자주 그리고 한 번씩 꾸게 되는 꿈을 한 두가지 머릿속에 떠올려 보고 어떤 상황에서 주로 꾸는 지 어떤 심리 상태에서 자주 꾸게 되는 꿈인지를 분석해 보세요.

6 초기 아동기 때 경험이나 기억들이 현재 자신에게 주는 의미를 탐색해 보세요. 초기의 기억들 중 가장 두드러진 것을 세 가지 정도 적어보고(기억들을 기록할 때는 무슨 일이 있었는지 뿐만 아니라 그것에 대해 어떻게 생각했는지도 기록해 보세요) 현재 경험하고 있는 어려움과 관련지어 보세요.

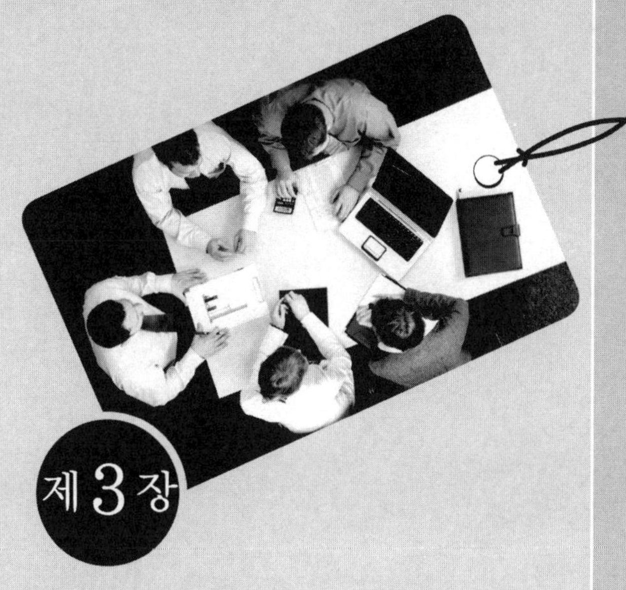

제 3 장

인간중심적 상담

Counseling

인간중심적 상담 이론은 1940년대에 칼 로저스(Carl Rogers)에 의해 창시된 상담 이론이다. 이 이론의 원래 명칭은 비지시적 상담이었는데, 이론이 발전해 나가는 과정에서 1970년대까지는 내담자 중심적 상담으로 불렸고, 그 이후로는 인간중심적 상담으로 명칭이 바뀌었다. 인간중심적 상담 이론은 문제해결을 위한 구체적인 상담기법보다는 내담자에 대한 상담자의 태도를 더 중요시한다. 그 이유는 인간중심적 상담이론이 나름대로 독특한 인간관에 기초하고 있기 때문이다.

인간중심적 이론에서 그려지고 있는 인간은 정신분석 이론에서처럼 자신도 모르게 무의식에 의해 지배받는 것, 심리적 결정론에 입각한 인간행동에 대한 이해와는 차이가 많다. 이 견해에 의하면 인간은 자기를 실현할 수 있는 기본적 동기와 능력을 선천적으로 가지고 태어난다고 가정한다. 단지 살아가는 과정에서 그러한 능력이 발휘되는데 장애 요인이 생기거나 이를 충분히 발휘하지 못하게 만드는 개인적인 요인 때문에 그것이 실현되지 못할 뿐이라는 것이다. 또한 이 이론에 따르면, 인간은 과거에 얽매여진 존재가 아니라 미래를 추구한다. 즉, 과거의 경험을 통해 이미 형성되었다기보다는 인간은 자신의 가능성과 잠재력을 발견하고 실현할 수 있는 능력이 있으므로 그 무엇이든 될 수 있는 형성 과정 중에 있는 존재라는 것이다.

인간의 잠재 능력과 가능성에 대한 이 같은 믿음은 이 이론의 핵심을 이루는 것으로 철학적인 믿음은 인본주의 철학과 현상학적인 관점에 두고 있다. 이러한 믿음이 상담에서 내담자를 향해 발휘될 때 바로 '내담자 중심적 상담'이 되며, 거기에서 한 걸음 더 나아가 인간 전반에 대한 믿음으로 확대될 때 '인간 중심적 삶의 철학'이 되는 것이다(최정훈, 1991).

인간에 대한 이러한 관점은 단지 인간중심적인 상담의 근간을 이루는 것 뿐만 아니라 기본적으로 다양한 상담접근에서 모든 상담자가 지녀야 할 기본적인 자질과 자세로 이해되고 있다. 따라서 이 이론은, 모든 상담에서 상담자가 지녀야 할 기본적인 태도의 중요성을 강조하고 구체적으로 이러한 태도와 자질을 갖추기 위한 상담자의 노력과 시도에 대한 상세한 정보를 제공해준다. 이런 의미에서 인간 중심적 상담 이론에 대한 이해와 기법의 훈련은 상담에 관심을 가지고 이를 훈련받고자 하는 사람들에게는 상담 기법의 입문에 해당되는 과정이라고 할 수 있을 정도로 중요한 부분이다.

인간본성에 대한 기본 가정

1) 인본주의적 관점 : 선천적인 실현 가능성

칼 로저스의 인간에 대한 기본적인 관점은 인본주의적이다. 구체적으로 인간은 본질적으로 선하며 개인의 잠재 능력을 실현하고자 하는 경향성을 선천적으로 타고났다는 가정이다. 따라서 개인을 이해하는 과정에서 병리적이고 부적응적인 측면 보다는 잠재 능력을 개발하고 실현하는 과정에 대한 관심이 필요하다고 강조하였다.

모든 사람들은 이미 태어나는 순간부터 자신이 되고자 하는 그 무엇도 될 수 있는 가능성과 잠재력을 가지고 있다는 것이다. 어떤 사람이 현재 시점에서 좌절을 겪고 있다 하더라도, 그것은 가능성이나 잠재력이 부족해서가 아니라 자신의 가능성이나 잠재능력을 발견하지 못하고, 또한 여러 가지 장애 요인에 의해 실현하지 못했기 때문이라고 본다.

실현 경향성을 심리적 문제를 이해하고 치료하는데 적용시켜 보면, 인간은 본래부터 부적응상태를 극복하고 정신적 건강 상태를 되찾을 수 있는 잠재 능력을 갖고 있다는 것으로 이해할 수 있다. 따라서 인간 중심적 상담에서 상담자는 전문적인 기법을 동원해서 내담자의 문제를 해결해주는 것이 아니라, 내담자 스스로가 자신의 문제를 해결해 나가도록 촉진해주는 역할을 한다. 왜냐하면 문제 해결능력은 이미 내담자의 잠재 능력에 포함되어 있기 때문이다.

인본주의 혹은 인간 중심적 상담이론에서 추구하는 자아실현이란 과연 구체적으로 무엇을 말하는가? 로저스를 포함한 여러 이론가들에 의하면 자아 실현한 사람들의 특징으로는 다음과 같은 것을 들 수 있다.

〈표 3-1〉 자아 실현한 사람들의 특징

• 현실에 대한 효율적인 지각	• 사회적 관심
• 자신, 타인 및 자연에 대한 수용	• 원만한 대인관계 및 대인관계 기술
• 자발성, 단순성 및 자연스러움	• 민주적인 성격 특성
• 문제 중심적인 대처 방식	• 수단과 목적의 구별
• 초연함	• 철학적인 유머 감각
• 끊임없는 신선한 인식 노력 및 시도	• 창의성
• 절정 체험(peak experience)	• 문화동조에 대한 저항

그 외에도 인본주의 심리학자인 아브라함 매슬로우(Abraham Maslow)가 말하는 욕구의 위계 중 가장 상위에 위치하는 것이 바로 자아실현의 욕구이다. 따라서 자아실현을 성취하지 못한 사람들은 주로 결핍에 의해 동기화되어 욕구의 낮은 위계에 해당되는 욕구충족에 급급하여 안정지향적인 생활을 하려고 하는 반면에, 자기실현을 한 사람들은 존재가치 혹은 성장 동기에 의해 지배를 받게 되어 결핍된 부분의 충족을 넘어서서, 안정된 생활이나 균형을 깨뜨리면서 성장을 끊임없이 추구하는 것이 특징이다.

2) 현상학적 관점 : 현상학적 체험의 중요성

현상학의 기본가정은 우리가 사상을 어떻게 지각하고 이해하는 가에 따라 우리의 행동이 결정된다는 것이다. 따라서 개인의 성격 및 행동에 대한 이해는 개인의 주관적인 경험을 확인함으로써만이 가능해지며 다르게 표현하면 개인의 현상학적인 장 혹은 현상학적인 자아를 이해해야만 가능해진다고 주장한다.

여기서 현상학적 장(phenominological field)이란 과거가 아닌 현재 지금 이 순간(here and now)에 개인이 주관적으로 경험하는 세계를 말하며, 현상학적 자아(phenominological self)란 개인이 '나' 라고 부르는 현상학적인 장의 부분이다. 개인은 현재 자신의 현상학적인 장 속에서 자신에 대한 의미와 가치를 발견하는 것이 중요하며 과거 경험에 얽매어 힘들어 하거나 그것의 영향을 과도하게 인식하는 것은 오히려 앞으로의 자기 성장에 저해가 될 뿐이다. 특히 지금-여기에서 사람들이 발견하는 의미가 그 개인이 원래부터 가지고 태어난 실현 경향성과 부합하는 것일 때 발전과 성장이 가능하다. 반대로 지금-여기에서 발견하는 의미가 실현 경향성과 일치하지 않게 되면 심리적 문제가 발생하게 된다.

이와 같이 로저스는 이러한 관점에 기초하여 철저하게 상담과정에서 개인 중심적인 접근을 취한다. 즉, 개인에 초점을 맞추고 개인의 특유하고 개인적이며 주관적인 체험에 중요성을 둔다. 개인이 경험하고 자신이 겪은 객관적인 경험이나 상황보다는 개인이 주관적으로 현재 체험하는 것들이 개인에게 더 의미가 있고 가치가 있다고 보기 때문이다. 또한 개인은 연속적이고 지속적인 개인의 주관적인 체험을 통해 자아를 형성하고 이를 인식한다.

주요 개념

1) 긍정적 자아 개념의 확립

로저스는 심리적으로 혹은 정신적으로 건강함의 척도로 긍정적인 자아 개념의 획득을 중요하게 꼽고 있다. 개인이 성장하면서 지속적으로 체험하고 획득하는 주관적인 경험들은 이러한 개인의 자아 개념의 확립에 중요한 역할을 한다. 건강함의 척도인 긍정적인 자아 개념의 형성을 위해서는 개인의 성장과정에서 경험하는 관계 형성을 통한 특정한 경험이 필수적이라고 강조하였다.

인간은 누구나가 긍정적인 자아 개념을 갖고자 하는 욕구를 지니고 있다. 자아 개념은 단기간의 경험을 통해 확립되는 것이 아니라 오랜 기간 동안의 세상 경험을 통해 이루어지며, 일단 개념이 확립이 되면 꽤 오랫동안 유지되는 성향이 있다. 자아 개념의 형성에 영향을 주는 요인으로는 개인적인 성취 경험, 유능감, 자신감들이며, 타인들의 자신에 대한 평가나 태도에 의해서도 중요하게 영향을 받는다. 주위 사람들로부터 긍정적인 평가를 받을 수 있는 가능성은 자신을 둘러싼 주위 사람들에 대한 존중과 배려가 있을 때 증가될 수 있다.

또한 개인의 자아 개념이 개인의 행동이나 적응과정에 중요한 의미를 지니는 이유는 일반적으로 사람들은 자신이 갖고 있는 자신의 자아 개념에 따라 행동하는 성향이 있으며, 때로는 자신의 자아 개념을 충족시키는 방향으로 행동을 하기 때문이다. 따라서 개인이 긍정적인 자아 개념을 갖게 되면, 끊임없이 자기 성장 욕구를 충족시키고 자아실현을 향해서 동기부여를 할 수 있지만, 부정적인 자아 개념을 갖고 있는 경우는 이러한 성장을 위한 노력이 어려워지게 된다. 따라서 쉽게 좌절하고 자신의 부정적인 평가에 그대로 적응해 버리고 변화에 대한 동기를 증가시킬 수가 없다.

인간 중심적 상담에서는 기본적으로 누구나가 성장 잠재능력을 타고 났지만, 단지 이를 방해하는 개인적인 요인이나 외부적인 요인들 때문에 실현되지 못하고 있다고 주장한다. 따라서 개인이 심리적 문제나 증상으로 부적응적인 면을 보일 때, 개인이 가지고 있는 잠재 능력 발휘를 막고 있는 요인으로 부정적인 자아개념이 존재 한다는 것을 확인하게 되면, 구체적인 문제 해결을 위한 작업 보다는 근본적으로 부정적인 자아 개념을 긍정적인 방향으로 회복하고 변화시키는 쪽으로 상담적인 노력을 집중시킨다. 특히 이러한 노력은 주로 내담자와 상담자감의 관계 형성의 경험을 통해 이루어진다.

2) 가치의 조건

아이들은 자라면서 수도 없이 자신의 행동을 평가받는 상황에 놓이게 된다. 아이들에게 있어서 이러한 평가 상황은 중요한데 아이들의 행동에 따라 주위에서 제공되는 반응은 달라지고 구체적으로 칭찬을 받을 것인지 벌을 받을 것인지는 판단하는 사람이 행사하는 중요한 기준 혹은 가치의 조건에 달라진다.

가치의 조건(conditions of worth)이란 가치가 있고 없음을 규정짓는 외적인 조건들을 말한다. 외적으로 규정된 조건들에 들어맞을 때 가치가 있는 것이며, 반대로 그러한 조건들에 부합되지 않으면 가치가 없다는 말이다. 아이들이 자신에 대한 가치감 혹은 자아 개념을 발달시켜 나가는 과정에서 결정적으로 중요한 것은 바로 어른들에 의해 부여된 가치의 조건들이다. 아이들은 자신도 의식하지 못한 사이에 이런 가치 조건들에 아이들은 길들여지는 것이다. 사회적으로 이미 정해진 행동 규범이나 가치관에 근거하여 판단하고 반응을 하는 것은 아이들을 바르게 교육시키고 사회 구성원으로서 사회의 가치관을 내면화시킨다는 점에서 중요하다.

한편, 아직 아이가 정규 교육을 받기 전이라 사회적 가치관이나 행동 규범에 익숙하지 않은 상황에서는 대부분의 아이들은 자신의 욕구에 따라 주로 행동하게 된다. 유아의 이런 행동에 대해 일반적으로 부모들은 자신이 성인으로서 내면화된 가치 기준이나 판단의 잣대로 아이의 행동을 판단하고 이에 반응을 한다. 문제는 아이는 아직 이것이 왜 나쁜 것인지 이해를 할 수 있거나 이를 학습하지 않은 상황에서 이런 경험을 하게 된다는 점에 있다. 또한 다른 한편으로는 유아나 아이들은 부모로부터 혹은 자신이 중요하게 여기는 사람들로부터 인정을 받고자 하는 욕구는 두드러지게 강한 상태이므로 이런 가치관이 내면화되기도 전에 부모의 판단에 근거한 평가에 따르고 이에 적응해 나간다. 어떻게 보면 쉽게 가치관이 확립되는 것처럼 보일지는 모르지만, 이런 경우에는 어른에 의해 주입된 가치체계를 내면화시키는 결과를 초래하게 된다. 즉, 아이들은 자신의 욕구의 가치나 중요성을 인식하고 존중하기 이전에 부모가 기대하는 행동이나 가치관들을 먼저 수용하게 된다. 또한 부모 입장에서는 부모의 가치기준에 맞는 아이의 행동은 수용하고 이를 벗어나는 행동에 대해서는 무시하거나 벌을 주게 된다. 이런 과정은 자칫 아이로 하여금 자신의 욕구가 중요하다는 인식 보다는 벌 받지 않기 위해 외부적으로 주어진 가치의 조건에 자신을 맞춰나가려는 노력부터 하게 만든다. 자기 존재에 대한 가치감과 자신의 욕구를 스스로 존중하는 것은 인본주의적 관점에서 매우 중요한 부분이며, 긍정적인 자아개념을 형성하는데 기초가 된다.

3) 자기와 경험의 불일치

로저스에 의하면 심리적 적응의 본질은 개인이 자아와 체험간의 일치를 이룰 때라고 한다. 로저스는 심리적으로 완전하게 기능하는 사람들로서 자신의 체험과 자아를 적절하게 일치시키는 사람 그리고 자신의 체험에 개방적이고 순간순간에 충실한 사람들을 꼽았다.

앞서 사람들은 성장 과정에서 어른들의 가치 조건에 부합하는 방향으로 자기를 형성해 나간다고 하였다. 여기에서 중요한 것은 그러한 가치 조건들이 사람들이 원래 가지고 태어난 가능성과 잠재력을 실현하는데 어떤 방식으로 작용하는가이다. 가치 조건과 개인의 실현 경향성이 일치되어 잘 조화를 이룬다면, 아이들에게 있어서 이보다 더 좋은 성장 토양은 없을 것이다. 아이들은 이런 성장을 촉진하는 분위기 속에서는 마음껏 자신의 가능성과 잠재력을 발견하고 실현해 나갈 수 있게 된다. 어떤 외적으로 주어진 가치 조건에 따라 욕구의 표현이 가능하거나 불가능한 것이 아니라, 기본적으로 자신이 되고자 하는 목표에 따라 자기를 표현하고 만들어나가면 되는 것이다. 이런 과정에서 어른들의 역할은 이런 노력이나 시도가 좌절되지 않게끔 지지해주고 동기를 부여해주는 것이다. 스스로의 가치에 대해 중요한 인식을 잃지 않도록 도와주는 것이 중요하다. 이와 같이 개인의 성장 동기 및 욕구를 존중해 주는 것, 수용해 주는 것 그리고 나아가 지지하고 격려해주는 것이 아이들의 잠재력을 실현하는데 중요한 밑거름이 된다. 이와는 반대로 아이들이 자신이 진정 하고 싶은 것과 일치하지 않는 방향으로 외적인 가치 조건들이 강하게 작용하게 된다면 상황은 달라질 것이다.

예를 들어, 부모가 못이룬 꿈을 자식이 이뤄주길 바라면서 아들이 의사가 되길 원하는 부모는 어릴 때부터 끊임없이 의사가 되길 원하는 바람과 기대 즉, 아버지의 가치 조건을 아들에게 부여하게 된다. 아들은 자신의 장래 희망이 의사라는 말은 너무나 자연스럽게 마치 스스로도 원하는 것인 양 얘기하곤 했다. 그래야 부모의 기뻐하는 반응을 기대할 수 있기 때문이다. 자신이 커가면서 스스로 흥미를 느끼고 가치를 느끼게 된 것은 컴퓨터 게임을 만드는 일임에도 불구하고 부모가 그런 일을 하는 것을 좋아하지 않는다는 것을 명확하게 알고 있었던 아들은 결국은 자신의 유일한 즐거움의 원천을 포기하고 의사가 된다. 그러나 그 이후의 생활이 만족스러울 리가 없다. 결과는 자아와 자신이 실제로 체험하는 경험이 일치하지 않기 때문에 나타나는 부정적인 경험이다.

대부분의 경우, 사람들의 자기 개념은 부모들이 부여한 가치 조건에 의해 크게 영향을 받는다. 즉, 자라나는 아이들에게 부모의 가치 조건들을 부여하게 되면 아이는 그러한 가치 조건에 맞는 자기 개념을 발달시킨다는 것이다. 그러나 외적으로 부여된 가치 조건에 따라 살아가게 되면 자기 개념과 경험 간에 불일치가 생기기 쉽다. '지금-여기'에서 경험되는 것들(예를 들어, 게임을 제작하는 것에 대한 주관적인 체험, 만족감과 흥미)이 자기 개념(예를 들어, 의사가 되어 부모의 기대를 충족시키고자 하는 것)과 불일치되는 경험을 하게 된다. 이러한 불일치 경험이 많아질수록 '지금-여기'에서 개인이 실제적으로 경험하는 것들은 중요하지 않은 것으로 무시되거나 잃게 되며, 이러한 과정이 반복될수록 자신의 경험을 개방적으로 받아들이고 충분히 체험할 수 없게 되며 결과적으로 자아실현의 가능성이 줄어들고 심리적 문제와 부적응 현상이 두드러지게 된다.

심리적 문제에 대한 이해

　사람들은 선천적으로 많은 잠재능력과 높은 가능성을 타고났으면서도 왜 모든 사람들이 이를 실현하지 못하는 것일까? 로저스는 자아실현의 실패는 심리적 부적응으로 이끌게 되고 자아실현이 이루어 지지 않는 가장 큰 원인으로 사람들이 살아가는 동안 자신의 경험을 있는 그대로 받아들이지 못하고 왜곡하거나 부정하는 것으로 보았다.

　로저스에 따르면, 사람들의 심리적 문제는 스스로 타고난 가능성과 잠재력을 발견하지 못하고 외적으로 부여된 가치 조건들에 맞춰 느끼고 경험하려고 할 때 생겨난다. 즉, 외적으로 부여된 가치 조건에 따라 형성된 자기 개념이 지금-여기에서의 경험을 부정하고 왜곡하게 되면 심리적 문제가 발생한다는 것이다. 다시 말해서 외적으로 부여된 가치 조건에 따라 형성된 자기 개념이 자신의 긍정적이고 성장지향적인 동기와 힘을 약화시킴으로써 심리적 문제가 발생하게 된다는 것이다. 따라서 잠재력 실현과 자아실현이 이루어지는 과정과 비교하여 심리적 증상이 유발되는 과정은 아래와 같이 설명될 수 있다.

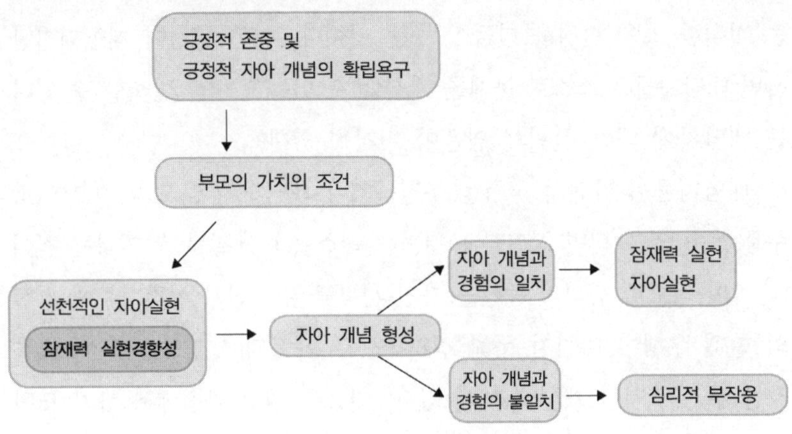

4

상담 진행 과정 및 상담 기법

1) 상담의 목표

인간중심적 상담의 목표는 내담자가 자기를 실현하도록 돕는 것이다. 대부분의 상담 이론들이 내담자가 호소하는 심리적 문제를 해결하는데 초점을 맞추는 것과는 달리 인간 중심적 상담은 인간 즉, 내담자 자체에 초점을 맞춘다. 내담자가 현재 당면한 문제를 해결하는 것에 초점을 맞추거나 문제 해결로 그치는 것이 아니라 현재 문제들과 앞으로의 문제들을 스스로 극복할 수 있도록 내담자들의 성장 과정을 촉진시켜 주는 것이 주된 상담 목표이다. 이러한 목표를 수행하기 위해 가장 중점적으로 진행되는 상담과정은 바로 성장을 촉진시키는데 도움이 되는 적절한 양육 환경을 만들어 주는 것이다. 이런 환경이 제공되기만 하면 내담자들은 스스로 문제를 해결할 수 있는 능력을 발휘할 수 있다는 내담자에 대한 신뢰와 믿음이 기저에 있다.

내담자들이 자신의 경험을 부정하거나 왜곡하지 않고 있는 그대로 수용할 수 있게 되면 심리적 문제는 자연스럽게 해결될 수 있다는 것이다. 일반적으로 심리적 증상을 가진 사람들은 자신의 성취기준에 자신의 현재 수행이 미치지 못해 심리적으로 좌절되어 있고 자신에 대한 강한 부정적 자아 개념에 빠져 있다. 이들은 성장 과정에서 가치 조건에 물들여져 위축되고 왜곡된 자기 개념을 보다 현실적인 자신의 주관적인 경험에 맞춰 확장시키고 융통성 있게 변화시켜야 할 필요가 있다. 이런 변화 과정에서 내담자는 현실의 장에서 체험하게 되는 모든 경험들을 위협이나 불안감 없이 자신의 것으로 받아들일 수 있다. 바로 지금-여기에서 진행되는 모든 내적인 경험들을 왜곡 없이 수용할 수 있을 때, 비로소 내담자는 이제까지는 보지 못했던 자신의 순수하고 진실된 모습을 발견할 수 있게 된다. 자신의 진실한 모습을 발견하고 거기에서 중요한 가치를 발견하기 위해서는 자신에게 부여된 가치 조건들로부터 벗어나야 한다. 이 과정에서 주된 역할을 하는 사람은 바로 상담자로서, 상담자는 내담자의 변화를 위한 촉진적인 노력을 이끌어내야 한다. 구체적으로 상담자는 아무런 가치 조건도 부여하지 않고 내담자를 있는 그대로 존중하고 수용함으로써 내담자에게 부여된 가치 조건들을 없애나간다.

상담자는 이러한 촉진적인 분위기를 형성하기 위해서 특징적인 관계 형성에 주력을 한다. 개인의 성장에 영향을 주는 관계의 특성으로는 ① 무조건적인 긍정적인 존중 : 평가 혹은 판단 없이 개인을 전적으로 수용하는 것, ② 공감적인 이해 : 개인의 사적인 경험세계를 이해하고

의사소통하는 것, ③ 진솔성 : 한 개인의 유기체 경험을 정확하게 의사
소통하는 것 그리고 관계에서 성실하고 정직한 것 등이다. 이는 인간
중심적 상담 기법의 핵심이며, 뿐만 아니라 기본적인 상담 관계 형성에
필요한 필수적인 상담 기법으로 알려져 있다.

2) 상담의 진행과정

인간중심적 상담은 기본적으로 내담자의 문제를 이해하기 위해서
내담자 개인의 주관적 체험과 경험에 주의를 기울인다. 내담자가 과거
에 어떤 경험을 했고 최근에 어떤 부정적인 생활사건을 겪었는지 객관
적으로 조사하는 것은 내담자의 문제를 이해하는데 별로 도움이 되지
않는다. 동일한 상황을 경험했다고 하더라도 두 사람의 주관적인 체험
은 극단적으로 다를 수 있다. 개인적으로 경험하는 주관적인 체험은 개
인이 지니고 있는 자아 개념이나 자아가 추구하는 목표와 비교되고 이
러한 비교과정에서 개인이 특이하게 경험하는 갈등이나 어려움들을 이
해하려고 상담자는 노력한다.

뿐만 아니라, 상담과정에서 내담자가 순간순간 어떤 경험을 하는지
에 주의를 기울이고 이러한 개인적인 경험이나 표현에 대한 이해를 바
탕으로 내담자의 현상학적인 세계를 이해하고자 한다. 내담자가 어떤
경험을 드러내고 어떤 감정을 표현하더라도 그 경험과 감정은 소중하고
가치로운 것이며, 존중받고 수용되는 분위기를 조성하게 되면, 내담자
의 이러한 자기 노출과정은 점차적으로 활발해지고 깊이를 더해 간다.

상담자는 내담자가 자신의 내면에서 진행되는 경험과 접촉할 수 있
도록 돕는데 상담의 초점을 맞춰야 한다. 이를 위해 상담자는 내담자의
현재의 의식 내면에서 진행되고 있는 감정을 반영해주는 것이 중요하
다. 여기에서 반영이란 내담자의 마음에서 일어나는 갖가지 감정들을-

내담자는 이를 명확히 자각하지 못하는 경우가 대부분이다-거울로 비추듯이 내담자에게 보여주는 것이다.

이러한 과정에서 내담자는 자신의 감정과 생각 그리고 경험들로 이루어진 자신의 현상학적인 장을 보다 확장시켜 나가고 중요성을 인식하게 된다. 이전에 자신의 경험을 가치의 조건에 따라 외부적으로 주입된 자아의 모습에 따라 왜곡시키고 부인했던 모습을 자각하게 되면, 더 이상 자신의 진실된 모습에 대해 외면하지 않고 이를 직시하고 긍정적으로 받아들이려는 노력을 스스로 하게 된다. 따라서 내담자가 호소하는 혹은 직면한 문제에 대해서 이런 스스로의 변화 노력에 의해 자발적으로 문제 해결 방법들이 모색되며, 현실적인 방안들이 선택되므로 해결가능성이 실질적으로 높아진다. 따라서 이러한 변화는 단지 문제 해결의 차원이 아니라 인간의 근본적인 성장 과정인 자아실현과 잠재력 개발의 동기를 촉진시켜 주는 과정으로써 상담의 장기적인 변화를 일으킬 가능성이 높다.

3) 상담자와 내담자와의 관계

상담자가 내담자에게 성장을 촉진하는 양육 조건을 제공하면 내담자는 이제까지 자신을 구속했던 가치 조건들에서 벗어나 자신의 경험에 새로운 의미를 부여해 나가게 된다. 따라서 상담자가 제공하는 양육 조건은 인간중심적 상담의 핵심이라 할 수 있으며, 그것은 내담자를 대하는 상담자의 태도, 즉 상담 관계를 통해 발현된다. 상담자가 어떠한 태도로 내담자와 관계를 맺어 나가느냐 하는 것이 내담자가 문제를 해결하고 심리적 성장을 이루는 데 핵심적 관건이 된다. 로저스는 긍정적 성격 변화를 이루는 필요충분조건으로 다음과 같은 세 가지의 상담자 태도를 강조했다. 진실성, 무조건적 긍정적 존중, 그리고 공감적 이해가 바로 그것이다. 여기에서 필요충분조건이란 어떤 결과가 일어나기 위해서는 어떤 조건들이 반드시 필요하며, 그러한 조건들이 충족이 된다면 기대하는 결과는 충분히 일어난다는 것을 의미한다. 따라서 로저스는 내담자의 심리적 문제의 해결과 인간적 성장을 위해서는 상담자의 이러한 세 가지 태도들이 필요하며, 상담자가 내담자와의 관계에서 이러한 세 가지 태도를 일관적으로 유지해 나갈 때 내담자의 긍정적인 성격 변화는 충분히 일어난다고 가정한다.

(1) 공감적 이해

인간중심적 상담자는 진실성과 무조건적 긍정적 존중의 태도를 유지하되, 보다 적극적으로 내담자에게 귀 기울이고 내담자의 반응을 되돌려 주는 것이 필요한데 이것이 바로 공감적 이해를 통해 내담자와 소통하는 것이다. 이런 의미에서 공감적 이해는 인간중심적 상담의 핵심적인 기법이다. 공감적 이해는 지금-여기에서 나타나는 내담자의 감정과 경험을 상담자가 민감하고 정확하게 이해하는 것을 뜻한다. 즉, 내담자의 현재의 내면적 감정을 그것이 마치 상담자 자신의 감정인 것처럼 느끼는 것이다. 내담자는 비록 자신의 감정이지만 그 의미가 제대로 이해되지 않았던 내담자의 감정은 상담자의 공감적 이해를 통해 비로소 진정한 의미가 드러나게 된다. 이런 점에서 공감적 이해는 내담자가 자신에 대한 진정한 경험과 접촉을 확대시켜 나가도록 하는 데 도움이 된다. 이제까지 부정되고 왜곡되어 왔던 자신의 모습을 있는 그대로 보고 느끼고 수용하도록 하는 데 공감적 이해가 큰 도움이 되는 것이다. 공감적 이해를 잘하기 위해서는 상담자가 내담자의 입장에 서보는 것이 중요하다. 상담자의 가치관이나 사고방식에 근거하여 반응하게 되면 내담자의 주관적인 경험을 이해하기가 어렵다. 또한 공감적인 이해는 내담자에 대한 일종의 깊은 관심의 표현이다. 내담자가 꺼내 놓기 어려워하는 문제들이나 감정들에 대해 귀 기울려 들어 주고 궁금한 점을 질문하고 확인해 나가는 과정에서 내담자는 상담자의 진실된 관심을 느낄 수 있고 자신이 이해 받고 있다는 경험을 하게 된다.

상담자에게는 심정적으로 그리고 인간적으로 자신과 내담자를 동일한 입장에 설 수 있도록 하는 풍부한 정서적 상상력이 필요하다. 그러한 상상력을 동원해서 내담자의 마음의 세계를 있는 그대로 관찰하고 경험하는 것이 공감적 이해의 첫 걸음인 셈이다. 이 과정에서 상담자 자신의 감정이나 생각들이 개입되면 공감적 이해가 힘들어진다. 상담자로서는 자신의 처지와 입장은 그대로 유지한 채로 내담자의 입장이 되어 보고 느낀 것의 의미를 상담자로서 내담자에게 전달해 주어야 한다. 이런 의미에서 상담자의 진정한 공감적 이해는 내담자의 주관적 감정 세계를 경험하되 자신의 개인적인 의견이나 감정을 덧붙이지 않고, 내담자의 감정에 동참하되 거기에 함몰되지 않는 것을 의미한다. 거기에서 나아가 공감적 이해는 내담자가 자신의 경험에 대한 접촉과 이해를 넓혀나감으로써 진정한 자기를 있는 그대로 발견할 수 있도록 성장지향적 방향성을 유지해야 한다. 이러한 공감적 이해를 통해 내담자는 자유로운 자기 탐색과 이해, 그리고 자기 수용과 성장의 길로 나아갈 수 있게 된다.

(2) 무조건적 긍정적 존중

사람들은 누구나 자신이 긍정적인 존재로 인정받고 존중받고자 하는 욕구를 갖고 있다. 자신을 긍정적인 존재로 여길 수 있기 위해서는 다른 사람으로부터 긍정적인 인정과 사랑, 수용, 존중을 받는 것이 필요하다는 데서 문제가 생기게 마련이다. 가치 조건은 사람들의 심리적 생존을 위해 불가피한 측면도 있다. 그런데 문제는 그러한 가치 조건들이 경험에 대한 개방적 자세와 진실한 자기의 발견, 그리고 건전한 성장과 발달을 저해하는 쪽으로 작용하기가 쉽다는 것이다. 사람들은 대개 다른 사람으로부터 인정이나 수용을 받기 위해 자신을 숨기거나 왜곡한다. 왜냐하면 자신을 있는 그대로 느끼고 표현하는 것은 기존의 가치 조건들에 부합되지 않을 수 있으며, 이에 따라 부모를 비롯한 중요한 타인들로부터 거부와 부정적인 평가를 받고 싶지 않기 때문이다. 상담자는 내담자가 심리적 생존을 위해 어쩔 수 없이 지니고 있었지만 실질적으로 자신을 성장시키는 데 걸림돌로 작용했었던 가치 조건들로부터 벗어날 수 있도록 도와야 한다. 가치 조건의 해제에 있어서 핵심적인 것은 무조건적 긍정적 존중이다. 여기에서 긍정적 존중이란 내담자를 한 인간으로서 긍정적인 존재로 대한다는 것을 의미한다. 한 인간으로서 내담자들은 어떤 수치스러운 문제나 사회적으로 수용받기 힘든 상황에 빠진 경우라도 내담자의 감정과 경험을 있는 그대로 존중되고 수용되야 하는 것이다. 무조건적이란 말은 내담자를 긍정적인 존재로 존중을 하되, 조건부적이 아니라는 것이다. 따라서 무조건적 긍정적 존중이란 "나는 당신이~할 때에만 괜찮은 사람으로 인정하겠다" 혹은 "너가-행동하니까 엄마는 널 사랑해, 좋아해"가 아니라 "나는 당신의 모습을 있는 그대로 존중하겠다" 혹은 "엄마는 네 모습 그대로를 사랑해"라는 태도와 같다. 즉, 내담자를 상담자의 가치 조건에 비추어 판단하거나 평가하지 않고, 그가 무엇을 말하고 느끼든 또한 그가 어떠한 행동을 하든 내담자라는 인간은 가치롭고 존중받을 만하다는 태도를 일관되게 유지해야 한다.

인간중심적 상담 이론에서 강조하는 무조건적 긍정적 존중이란 내담자라는 인간에 대한 끊임없는 관심, 조건을 달지 않는 긍정적 수용을 뜻한다. 상담자가 이런 태도를 일관되게 유지할 때 내담자 또한 기존의 가치 조건으로 부터 벗어나게 되며, 따라서 자신을 있는 그대로 느끼고 표현할 수 있는 자유로운 존재가 될 수 있다. 이렇게 되면 심리적 문제의 해결은 물론이고 이제까지 숨겨지고 왜곡되어 왔던 가능성과 잠재력이 발현되게 되어 내담자는 자기성장으로의 의미있는 과정을 동기를 갖고 시작하게 되는 것이다.

(3) 진솔성

진솔성이란 상담자가 내담자를 대함에 있어서 인간적으로 진실되게 솔직한 태도를 보인다는 것이다. 진실성에는 다음의 두 가지 측면이 있다. 첫째는 내담자를 대하면서 상담자가 무엇을 경험하는가이다. 이는 긍정적이기도 하고 부정적이기도 한 다양한 것일 수 있다. 예를 들어 호감, 매력, 관심, 짜증, 귀찮음, 애처로움, 흥분, 지루함 등이 그 예이다. 그 내용이 어떤 것이든 간에 상담자는 내담자를 대하면서 드는 생각이나 느낌에 대해 솔직하고 충실해야 한다. 그것을 더하거나 빼지 않고, 있는 그대로 느끼고 경험하는 것이 중요하다. 둘째는 내담자에게 무엇을 표현하는가이다. 이는 내담자와의 관계에서 느낀 것을 상담자가 표현하는 문제로서, 이때 진실성은 내담자에 대해 진솔하게 느껴진 것을 관계에서 있는 그대로 표현하는 것을 말한다. 예를 들어, 내담자에 대해 느껴지는 것들 중 긍정적인 내용만 표현하고 부정적인 내용은 숨겨버리는 것은 진솔한 태도가 아니다. 물론 상담관계에서 상담자가 경험한 내담자에 대한 부정적인 경험이 강하게 전달 될 때는 상담관계를 위태롭게 하는 경우도 있다. 이처럼 진실성에는 양면성이 존재하기도 한다. 진실성의 의미를 올바르게 이해하지 못하면 진실성은 자칫 상담 관계를 위태롭게 하는 것으로 결말이 날 수도 있다.

진솔성의 중요성은 자기와 경험 간의 불일치를 줄여나가는 데 밑거름이 된다는 점에 있다. 앞서 설명한 대로 심리적 문제의 발생과 인간적 성장의 지연에는 모두 자기 개념과 들어맞지 않는 감정이나 경험을 있는 그대로 수용하지 않고 부인하거나 왜곡하는 심리적 과정이 개입되어 있다. 즉, 경험과의 진솔한 접촉이 차단되어 있는 것이다. 따라서 상담자가 내담자를 진실하고 솔직하게 대하는 태도를 일관되게 유지하게 되면 내담자 또한 그것을 거울삼아 자신의 경험에 대해서도 진솔한 반응을 보일 것이다. 따라서 상담자의 진실성은 내담자의 진실성을 촉진시키기 위한 모델이 되고 자극 요인이 되어 내담자 자신의 경험에 대한 개방과 접촉을 촉진하는 것으로 작용한다. 내담자에 대한 상담자의 부정적 감정의 표현은 내담자의 성장에 긍정적인 기여할 수 있다는 확신이 필요하기도 하다. 상담자 자신의 경험이 왜곡되어 있거나 자신의 심리적 문제가 미해결된 상태에서 부정적인 감정들을 충동적으로 표현하는 것은 당연히 상담에 부정적인 영향을 주게 된다. 따라서 기본적으로 상담자의 진실성은 어느 정도 상담자의 인격적 성숙을 전제로 한다. 촉진적인 관계 형성에 필수적인 이 세 가지 상담 기법은 이후 장에서 다시 소개 되어 이와 관련된 구체적인 면접 기법들을 익히게 될 것이다.

인생 곡선 그리기

〈인생 곡선 그리는 방법〉

A4 용지를 가로로 펼쳐놓은 다음 중앙에 선을 하나 긋는다. 선의 왼쪽 끝에 점을 찍고 5라고 적는다. 오른쪽 끝에 점을 찍고 현재 자신의 나이를 적는다. 그런 다음 5세 때부터 현재까지 자신이 살아오면서 기억나는 것을 일곱 가지만 생각해 내고 그 기억한 것이 일어났던 나이 때를 중앙선에 표시한 다음 그 밑에 기억한 내용을 간략히 적는다. 일곱 가지의 기억을 회상하였다면 중앙선과 A4용지 위쪽면 중앙에 줄을 가로로 긋는다(선의 왼쪽에 100이라고 적는다). 아래쪽에도 위쪽과 같이 선을 긋는다(선의 왼쪽에 -100이라고 적는다). 기억 내용에 상관없이 자신이 표시한 나이 때에 자신의 삶의 질이 어떠하였는지 점수를 매긴 다음 해당점수에 점을 찍는다. 일곱 개의 점을 서로 연결시키면 자신의 인생곡선이 그려진다. 인생곡선을 그리는 요령은 위로 올라갈수록 긍정적인 경험, 만족스런 경험을 했다는 의미이고 밑으로 내려갈수록 부정적인 불만족스런 경험을 했다는 의미이다. 이 기준은 철저하게 주관적인 기준으로서 객관적인 평가와는 독립적이다. 인생곡선을 위와 같이 그린 다음, 인생 곡선의 정상점에 해당되는 시기에 구체적으로 어떤 경험을 했는지 기록해 보십시오. 이 경험이 바로 절정 체험에 해당되는 것입니다. 개인의 절정 체험을 자세하게 탐색 해보면, 개인의 가치관, 인생관, 인생의 방향등에 대해 확인할 수 있을 것입니다.

♣ 인생 곡선에 대한 평가가 끝난 다음에는 다음 질문에 대해 <u>스스로 답해</u> <u>보십시오.</u>

1 만약 5~10년 후에 인생 곡선을 그린다면, 이번에 그린 인생 곡선과 동일한 곡선이 나올까요? 달라진다면, 그 이유는 무엇일까요?

2 자신의 절정체험의 주된 내용은 무엇입니까?
이를 통해 확인할 수 있는 것은 무엇입니까?

<u>**자기 성장에 촉진적인 관계형성 경험확인하기**</u>

　지금까지 살아오면서 자신이 경험한 인간관계 중에서 가장 의미 있었던 관계를 떠올려 보십시오. 구체적으로 자신의 가장 좋은 능력이나 잠재력을 발휘할 수 있도록 해 주었거나, 자신의 성장과 성숙을 촉진시킨 대인관계를 기억에 떠올려 보고 구체적으로 누구와의 어떤 관계였으며, 어떤 영향을 받았는지 정리해 보십시오.

<u>**자기 성장에 촉진적인 관계형성 경험확인하기**</u>

<u>ideal self와 real self 간의 적절한 조화 이루기</u>

이상적인 자기 : 자신이 되고 싶어하는 것, 자신이 획득하고자 하는 것

실제 자기 : 현실에서 나타나는 실제적인 자신의 모습

각각의 모습을 구체적으로 그려 보고 이들 간의 일치성 및 불일치 정도를 평가 해 보십시오.

일치된다면 이를 통해 얻을 수 있는 긍정적인 결과는 무엇이며, 불일치가 된다면, 이로 인해 경험하는 부정적인 결과는 무엇입니까?

제 4 장

행동주의적 상담

●

●

●

1. 인간행동에 대한 기본적인 관점
2. 행동 치료의 기본 원리 및 과정
3. 행동 수정 기법

Counseling

인간행동에 대한 기본적인 관점

행동주의적 상담접근은 행동 수정 혹은 행동치료라고 불린다. 행동 수정은 과학적이고 실험적인 연구에서 밝혀진 학습 원리를 상담에 적용한 것이다. 행동 수정은 객관적으로 관찰할 수 있고 측정이 가능한 행동을 주된 치료 대상으로 삼기 때문에 상담의 효과성과 효율성을 검증하고 상담과정을 평가하는 기법이 많이 개발되어 있으며 객관적인 평가가 용이하다는 장점이 있다.

인간행동에 대한 행동주의적 접근을 취하는 이론가들은 인간의 행동은 일정한 법칙에 의해 결정되며, 이러한 법칙이나 원리는 과학적인 연구에 의해 파악이 가능하다고 보았다. 전통적인 행동주의 이론가로는 스키너(Skinner)를 대표적으로 들 수 있다. 스키너는 행동의 학습 원리로서 조건형성의 원리를 확립한 이론가로서 인간행동에 대한 엄격한 결정론적 입장에서 개인의 행동을 이해하고 행동 수정원리의 기반을 마련하였다. 전통적인 이론가들이 인간행동의 학습 모형을 자극-반응 연합의 원리에 기초하였다. 이들 모형은 단순하고 명확한 원리로 그 상대적인 장점을 인정받기는 하였지만, 인간행동에 대한 기계론적이고 결정론적인 모형이라는 점에서 비판을 받기 시작했다. 지나칠 정도로 환경에 의해 지배를 받는 인간의 모습을 강조하였기 때문에 인간의 환경에 대한 능동적인 대처 능력을 고려하지 못했다는 점에서 비판을 주로 받았다.

행동수정가들은 대부분의 인간의 행동은 학습된 것으로서 긍정적인 행동이나 부정적인 행동이나 모두 동일한 학습 원리에 의해 획득되며 또한 반대로 이러한 학습된 행동을 제거하거나 수정하는 원리도 학습의 원리에 기초한다는 주장을 한다.

이러한 인간행동에 대한 관점이 다른 상담이론들에 비해 상대적으로 단순하고 명확하기 때문에 행동 수정의 원리와 치료 기법을 이해하기가 쉽다. 또한 행동의 학습 원리와 수정 원리가 동일하므로 기본적인 원리를 이해하면 다양한 형태로 기법들을 활용하기가 쉽다.

초기의 행동주의 이론가들에 비해 이후 이론가들은 학습 과정에서 인간의 고차원적인 사고 과정과 기대 요인 등 인지적인 요인의 중요성을 강조하고 학습과정에 이러한 요인들을 포함시키기 시작하였다. 대표적인 이론가로는 반두라(Bandura)와 마이켄 바움(Meichenbaum) 등을 들 수 있다. 반두라의 학습 원리는 대표적으로 관찰학습 모형으로서 이는 스키너가 주장하는 행동이 학습되는 과정에서 필수적인 직접적인 강화요인이 없이도 학습이 이루어진다는 것이다. 외부적으로 주어지는 직접적인 보상이나 대가가 없어도 특정행동에 대한 학습 정보는 간접적인 체험이나 관찰을 통해서 학습이 가능하다는 것이다. 이들은 새로운 행동을 학습하는 과정에서 개인의 변화에 대한 동기나 머릿속에 들어 있는 학습과정에 필요한 정보에 기초하여 실질적으로 행동으로 수행하는 데 필수적인 구체적인 유인가 요인들을 강조하였다. 또한 마이켄 바움은 자신이 기대하는 방향으로 스스로 자신의 행동을 변화시키고 이끌어 갈 수 있는 인간의 정신 능력을 강조하면서 자기 조절 과정 및 자기 관리 과정을 적절하게 훈련시킴으로써 부적응적인 행동 변화가 가능하다고 주장하였다.

행동 치료의 기본 원리 및 과정

행동주의 입장에서는 인간의 심리내적인 과정 보다는 객관적으로 관찰이 가능하고 과학적인 검증이 가능한 외현적 행동을 중요시한다. 인간의 내성적인 보고는 주관적이어서 비과학적이며, 과학적인 실험을 통해 인간행동의 학습 원리를 밝히고 이에 기초하여 부적응적인 행동을 수정하는데 적용을 한다. 행동주의 이론가들은 인간행동의 학습 원리를 다양한 조건형성 실험을 통해 밝히고 기본적으로 인간의 행동은 주어진 환경 자극에 대한 반응으로 징의하고 개인의 행동을 통제하는 객관적이고 과학적인 접근이 가능한 요소들을 연구하였다.

인간의 행동은 환경적인 자극에 의해 유발되며, 따라서 환경자극을 통제함으로써 행동을 통제할 수 있다는 가정을 기초로 한다. 서로 다른 환경적 조건하에서 개인이 어떻게 반응하는지 그 기본 원리를 밝히고 개인의 구체적인 행동에 영향을 주는 환경적인 자극을 통제함으로써 결과적으로 행동반응을 통제하고자 한다. 행동주의적 입장에서는 적응적인 행동과 마찬가지로 부적응적인 행동도 모두 동일한 학습 원리에 의해 학습된다고 본다.

행동수정에서 말하는 상담 목표는 어떤 상담 접근에서 보다 중요한 의미를 지니고 실질적인 효용성을 지니는 개념이다. 행동 수정의 상담 목표에는 구체적인 행동에 초점을 두고 구체적인 행동의 변화과정에 대한 상세한 내용(예: 빈도와 강도)이 포함된다. 따라서 행동수정의 상담 목표는 명료하고 구체적이며 객관적으로 측정과 평가가 가능한 방식으로 표현되어야 한다. 예를 들어, 자해 행동을 심하게 하는 아동의 행동

을 통제하기 위해서 혹은 거식증상을 심하게 보이는 아동의 행동을 수
정하기 위해서 행동수정 방법을 적용한다고 가정하자. 상담자는 우선
적으로 현재 문제가 되는 행동에 대한 객관적인 평가를 통해 이 행동의
현재 빈도와 강도들을 평가하고 이에 기초하여 바람직한 수준의 변화
된 행동의 구체적인 빈도나 강도도 상담목표를 정한다.

행동 수정에 대한 비판과 관련하여 행동수정의 목표에 대한 잘못된
관점들이 있다. 그 중의 하나는 행동수정의 주된 목표가 단지 증상 행
동의 제거라는 점과 관련된 것이다. 이러한 구체적인 행동에 초점을 목
표를 설정하는 경우, 행동수정을 통해 증상 행동의 빈도가 줄어 들어나
제거된다고 하더라도 근본적인 증상행동의 원인이 변화되지 않았기 때
문에 새로운 증상이 생길 가능성이 있다는 점이다. 이는 증상 대치
(symptom substitution)라는 개념으로 표현된다. 즉, 단지 형태만 다를 뿐
이지 동일한 원인에 의한 새로운 형태의 증상들이 다시 생겨난다는 것
이다. 그러나 행동수정의 목표를 구체적으로 분명하게 외현적으로 관
찰할 수 있는 행동에 두는 이유는 그럼으로써 보다 분명한 결과를 산출
하고 그 변화과정을 명확하게 평가하여 상담의 효과를 신뢰롭게 검증
할 수 있기 때문이다. 뿐만 아니라, 행동수정의 기본적인 과정은 단지
부적응적인 증상 행동의 제거에만 초점을 두는 것이 아니라 나아가 적
응적인 행동을 새롭게 학습시켜주는 과정까지 포함되므로 전반적인 상
담의 목표는 긍정적인 방향으로의 행동 변화를 추구한다고 주장한다.

두 번째 잘못된 생각 중 하나는 행동 수정에서 상담 목표를 설정하
고 구체적인 상담계획을 세우는 과정이 주로 상담자에 의해 일방적으
로 결정된다는 생각이다. 어떤 상담 기법보다도 행동수정에서 상담 목
표는 명료하고 구체적이며 이해하기 쉽고 또 내담자와 상담자에 의해
서로 합의된 것이어야 한다. 상담 목표를 결정하는 과정은 상담자와 내
담자간의 상호 협의 과정에 의해 이루어지는 것이 일반적이다. 일단 상

담 목표가 정해지고 이에 동의하는 과정이 상담자와 내담자 둘 사이에 이루어지게 되면 구체적으로 상담목표를 정의하는 작업을 하게 된다. 이는 상담자와 내담자가 상담 목표에 부합되는 행동을 논의하고 변화를 위한 환경, 행동 변화의 수정 그리고 하위 목표의 특성 그리고 이런 구체적인 목표를 이루기 위한 작업계획을 의논하게 된다.

행동수정에서 상담자는 다른 상담 이론접근에 비해서 보다 능동적이고 지시적인 역할을 담당한다. 행동치료자들은 전형적으로 부적응적인 행동을 진단하고 바람직한 방향으로 인도하는 치료적인 절차를 소개하고 이를 수행하고 이끄는 교사 및 전문가의 역할을 동시에 수행해야 한다.

행동수정 과정에서 가장 선행되는 행동에 대한 평가 작업은 바로 문제 행동과 관련된 선행요인과 결과에 대한 상세한 정보를 체계적으로 수립하여 이들 관계를 명확하게 분석하는 작업이다. 예를 들어, 집 밖에 나가는 것을 지나칠 정도로 공포스러워 하는 광장 공포증 환자를 치료하고 평가하기 위해서는 다음과 같은 정보가 체계적으로 수집되어야 한다.

언제부터 그런 증상이 시작되었는지? 어떤 상황에서 공포 증상이 일어났는가? 얼마나 자주 그런 경험을 하는가? 이런 상황에서 어떻게 행동했는가? 그 상황에서 생각이나 느낌은 어떠했는가? 현재 이러한 공포 증상으로 인해 생활에 어떤 영향을 받는지? 공포 상황에서 나타나는 특징적인 행동에는 어떤 것이 있는지? 등의 일련의 평가과정을 마친 후에 특정한 행동 목표가 설정되고 구체적인 치료 전략이 수립된다.

행동 수정에서 상담자의 기능에는 내담자를 위한 역할 모델을 제공해 주는 것이다. 특히 부적응적인 행동이 제거되고 난 뒤 특정한 행동을 새롭게 학습시키는 과정에서는 상담자는 내담자에게 이상적인 모델 역할을 할 수 있다. 예를 들어 자기주장 훈련과정이나 자기표현 훈련 과정에서 내담자는 적절한 표현 방법이나 의사소통 방법 그리고 비언어적 행동을 학습하는 과정에서 중요한 정보를 상담자를 통해 얻게 된다.

행동 수정의 원리와 기법

행동치료의 기본 모형은 다음과 같다.

행동치료는 행동을 직접적으로 변화시키기 보다는 그 행동을 선행하는 조건 또는 후속되는 조건을 변화시킴으로써 행동의 맥락을 변화시키고자 하는 것이다. 이 모형에 기초하여 두 가지 범주의 행동치료 접근으로 나눠지는데, 즉, 행동의 결과를 통제함으로써 부적응 행동을 수정하는 방법과 행동의 선행조건을 통제하여 행동을 수정하는 방법으로 나뉜다.

1) 행동의 결과를 통제하는 행동수정 원리

행동의 결과를 조절하고 통제하여 행동을 변화시키는 과정은 다음과 같다.

① 행동의 빈도를 줄이거나 제거하고자 하는 부적응행동에 대해 객관적이고 구체적인 정의를 내리고 구체적인 행동으로 세분화하여 정의함으로써 관찰가능하고 측정 가능한 행동으로 정의한다.

② 행동에 대한 기저선을 측정한다. 이는 행동의 빈도를 측정하고 행동의 지속 정도를 평가하여 행동 수정에 들어가기 전에 기존의 부적응 행동에 대해 평가를 한다.

③ 행동을 강화 혹은 약화시키기 위한 행동 수정 기법들을 적용한다.

④ 행동수정의 효과를 검증하기 위해서 행동수정의 목표계획에 기초하여 변화된 행동을 평가하고 변화된 행동의 지속성을 확인한다.

⑤ 수정된 행동이나 새롭게 획득된 행동이 일반 생활 상황에 일반화되어 확대 적용이 가능한지를 확인한다.

행동이 학습되기 위해서 가장 기본적인 요소는 강화와 처벌이다. 강화는 정적 강화와 부적강화로 나뉘며, 정적 강화는 특정한 행동에 대해 긍정적인 보상이나 칭찬이 제공함으로써 이후 특정한 행동의 빈도가 증가하게끔 하는 역할을 한다. 예를 들어, 예의바른 행동을 했을 때 부모가 제공하는 칭찬은 아동으로 하여금 그런 행동을 계속 그리고 더 자주 하게끔 만든다. 또한 성적인 자극에 노출되고 호기심 행동을 보이는 것은 이런 행동을 할 때 동시에 경험하게 되는 성적인 흥분이나 쾌감이 개인으로 하여금 그런 행동을 반복적으로 하게 만든다. 부적 강화란 불쾌하고 불편한 상황에 처해 있을 때 특정한 행동을 함으로써 불편한 요소가 제거되는 것을 말하여, 이런 경우, 이 특정한 행동은 부적으로 강화되었다고 볼 수 있다. 예를 들어, 심한 불안감이나 스트레스 상황 하에서 자위행위를 반복적으로 하게 되는 경우, 심리적으로 안정감을 느끼고 불안으로부터 벗어날 수 있었던 경험을 하게 되면, 이후로는 이러한 불안에서 벗어나고자 반복적으로 자위행위를 할 수 있다. 이 외에도 다양한 형태의 회피 행동들이 이러한 부적 강화에 의해 학습이 된다. 예를 들어, 남들 앞에 나서기를 두려워하는 대인 공포증상, 발표 공포 증상들은 자신이 두려워하는 이런 상황을 견디기 보다는 반복적으로 회피함으로써 이런 불안감이 증가되는 것을 통제하려고 한다. 이와 같이 부적강화에 의해 학습된 행동들은 다른 경우에 비해 상대적으로 변화하기가 어려운데, 그 이유는 반복적인 회피 행동으로 인해 특정한 상황이 현실적으로 견디기 어렵거나 극복이 불가능하지 않다는 현실검증의 기회를 갖지 못하기 때문이다.

처벌은 특정한 행동 뒤에 혐오적이거나 부정적인 결과를 경험함으로써 더 이상 그 행동을 하지 못하게 만든다. 예를 들어, 공격적이고 폭력적인 행동에 대해 내려지는 처벌은 그런 행동의 빈도를 줄여줄 수 있으며, 부적응적인 성적 행동을 한 뒤에 느끼는 심한 죄책감과 혐오감 혹은 외부적인 처벌은 그런 행동의 빈도를 줄이게 만들 수 있다. 반면, 때로는 처벌을 하기 위한 행동이 행동의 당사자에게는 주의나 관심으로 지각이 되어 정적인 강화 효과를 유발하는 경우가 있다. 예로써, 부적응적인 성 행동 중 성도착증 환자들이 보이는 부적절한 행동들은 주위의 반응이 오히려 그 사람에게는 성적인 자극으로 지각되어 흥분을 증가시키는데 기여하게 된다.

이와 같이 강화 및 처벌은 특정한 행동을 강화 혹은 약화시키는 역할을 하는데, 강화에 기초하여 행동수정을 계획할 때는 구체적으로, ① 강화의 경험성(특정 개인에게 실제적인 영향을 줄 수 있는 강화이어야 한다), ② 강화의 즉각성(행동 뒤에 즉각적으로 제공되어야 한다), ③ 강화의 적합성(바람직한 목표 행동에 직접 관련하여 제공되어야 한다), ④ 강화의 일관성(강화는 일관성 있게 주어져야 한다), ⑤ 강화의 충분성(행동변화를 위해 필요한 만큼 충분히 제공되어야 한다), ⑥ 강화의 점진성(변화하고자 하는 행동을 계획된 단계에 따라 점진적으로 강화가 주어져야 한다)과 같은 원칙을 중요시해야 한다.

이러한 강화의 특성은 다양한 양식으로 적용이 가능하다. 예를 들어 여러 행동 항목 중 특정 행동 한 가지만 선택적으로 강화를 하는 것을 차별적인 강화라고 한다. 즉, 올바른 행동을 할 때는 관심을 갖고 칭찬을 해 주지만, 부적절한 행동을 할 때는 무시해 버리거나 주의를 기울이지 않는 것이다. 부적절한 자극에 대해 부적절한 성적 행동이나 반응을 보일 때는 처벌을 제공해 주고 반대로 적절한 상황에서 적절한 성적 행동을 보일 때는 격려를 보이는 것이다.

한 번도 해보지 못한 새로운 행동을 학습시켜야 하는 경우에는 행동조성(shaping) 방법이 가능하다. 이는 어떤 최종 목표 행동을 설정하고 현재 이 목표와 얼마나 유사한 행동을 할 수 있는지부터 평가한 다음, 최종 목표에 점진적으로 접근할 수 있도록 관련되는 행동 항목을 보일 때마다 정적인 강화물을 제공해 주는 것이다. 이성에게 접근하여 말을 걸거나 이성 관계를 맺는데 어려움이 있는 사람들인 경우, 목표 행동을 설정하고 점진적으로 목표 행동에 근접한 행동을 할 때 마다 정적인 강화를 해 주는 것이다. 이외에도 특정한 행동에 대한 결과를 통제하는 방법으로는 토큰기법 및 타임아웃 방법 등이 효과적으로 적용되고 있다.

> **토큰기법** : 내담자가 바람직한 행동을 했을 때 토큰을 나누어 주고 이후 토큰을 가지고 내담자가 원하는 물건이나 권리와 바꿀 수 있도록 하는 것. 예컨대 학생들이 바람직한 행동을 하면 선생님이 스티커를 주는 것과 같은 것이다.
>
> **타임아웃** : 내담자가 긍정적 강화를 받을 기회를 박탈시키는 것이다. 예컨대 학생들이 수업시간에 떠들어 수업방해를 하면 일정기간동안 다른 학생들과 격리시키는 것을 의미한다.

> **프리맥의 강화기법** : 이는 개인이 더 좋아하는 활동을 통해 덜 좋아하는 활동을 강화하는 것이다. 개인이 덜 좋아하는 활동을 하면 그 다음에 더 좋아하는 활동을 하게 해 주는 것이다. 예컨대, 어머니가 아이들에게 수학숙제를 하고 컴퓨터게임을 하라고 하는 것이다.
>
> **홍수법** : 상담자가 내담자를 강력하고도 지속적으로 특정상황에 노출시키는 것이다. 체계적 둔감화와 대비되는 것으로 내담자에게 문제상황을 오랫동안 혹은 한꺼번에 겪게 하여 상황을 더 이상 두려워하지 않게 만드는 것이다.
>
> **모델링 기법** : 이는 내담자가 다른 사람의 바람직한 행동을 관찰해서 학습한 것을 수행하는 것이다. 실제 특정인물을 직접적으로 혹은 상상적으로 모방하기도 하고, 상담자와 같이 주어진 상황에서 역할을 연습하기도 한다.

문제 행동이나 부적절한 행동을 약화시키기 위한 방법으로는 문제 행동과는 상반되는 행동을 찾아 적절하게 강화를 해주는 방법이 있다. 예를 들어 학교에서 교사의 허락 없이 자리를 자주 뜨는 학생이 있다면, 그 문제행동을 없애기 보다는 자리에 일정 시간 동안 얌전히 앉아 있을 때 적절한 강화를 주는 것이다. 또한 학교에 적응을 하지 못하는 학생이 있다면, 무단결석에 대해 처벌하기 보다는 흥미를 유발시킬 수 있는 학교생활 환경이나 행동을 찾을 수 있도록 도와주는 예에서도 볼 수 있다. 바람직하지 못한 행동의 발생율을 감소시키기 위해 사용될 수 있는 또 다른 방법은 그런 행동이 더 이상 강화를 받지 못하도록 이전에 제공되었던 강화물을 중단하는 것이다. 학습된 행동이 더 이상 강화를 받지 못해 행동 빈도가 떨어지는 현상을 학습된 행동의 소거라고 한다. 자신의 부적절한 성적 행동에 상대방이 보이는 반응을 성적인 자극으로 여기는 사람들인 경우는 이런 행동에 대해 주변 사람들이 더 이상 반응을 보이지 않고 무시하게 되면, 이제까지 그런 부적절한 행동에 대한 강화 요인이 제거됨으로써 더 이상 그런 행동을 보이지 않게 될 수 있다. 학습 과정에서 나타나는 소거 현상은 특히 적절한 행동을 새롭게 학습시키는 과정에서 중요하다. 그 이유는 더 이상 강화가 주어지지 않으면 나타나는 현상이 소거 현상인데, 특정한 학습된 행동이 쉽게 소거되지 않기 위해서는 행동 수정과정에서 목표 행동을 보일 때마다 매번 강화를 주는 경우보다는 간헐적으로 강화를 제공해 주는 것이 효과적이다. 그 이유는 매번 강화를 주는 경우보다 간헐적으로 강화를 주게 되면 소거에 저항적으로 만들어 더 오랫동안 행동을 유지시킬 수 있기 때문이다.

2) 행동의 선행조건을 통제하는 행동수정 원리

부적응 행동은 그 행동의 특정 결과에 따라 증가 혹은 약화되기도 하지만, 어떤 행동들은 불수의적 혹은 반사적인 행동특성이 있어 근본적으로 그런 반응을 유발시킬 가능성이 있는 자극 상황을 통제하는 방법으로 행동을 수정해야 할 필요가 있다.

흡연이나 음주 그리고 폭식 행동과 같은 부적절한 건강행동 습관들은 변화시키기가 매우 힘들며 고질적인 면이 있다. 이런 행동을 수정하기 위해 많이 사용되는 행동 기법으로는 자극 통제 기법이 있다. 이는 사람들마다 이런 부적응적 행동을 유발시키는 개인 특유의 상황들이 있다. 예를 들어, 스트레스가 쌓일 때마다 자동적으로 담배를 입에 무는 사람, 기분이 우울할 때마다 폭식을 하는 여자 등이다. 이 경우에는 이런 부적절한 행동의 즉각적이면서 가장 강한 유발 요인인 특정 자극 상황을 없애거나 줄이는 방법을 사용하면 효과적이다. 이를 위해서는 개인마다 특정한 행동을 유발시키는 상황 혹은 과대하게 보이게 만드는 자극 상황이 다르므로 자기 감찰과정 및 객관적인 관찰 과정을 통한 행동에 대한 기능적 분석을 한 다음 구체적인 자극 상황을 확인하는 것이 필요하다.

　이외에도 특정한 자극-반응간의 연합에 기초한 행동 수정 기법들이 있다. 파블로브(Pavlov)의 유명한 개 실험은 고전적인 조건형성 원리에 의한 행동의 학습과정을 밝혀주었다. 고기에 대해 침을 흘리는 반응은 개의 종 특유의 반응이지만, 불빛은 침을 흘리는 반응을 유발시키는 자극이 아니었다. 하지만, 개와 불빛을 동시에 반복적으로 제시해 준 다음에는 불빛만 주어도 개는 침을 흘리는 반응을 보였다. 즉, 결과적으로 개는 불빛과 고기를 연합시킴으로써 불빛에 대해 침을 흘리는 반응을 보이게 된 것이다. 학습에 대한 고전적 조건형성의 원리는 부적응 행동 특히 불안과 관련된 부적응 행동 및 공포 증상등에 적절하게 적용되어 이러한 행동이 학습되는 원리를 이해하게 해 주었으며, 이러한 행동을 수정하는데 동일한 원리를 적용할 수 있게 해 주었다.

　대표적으로 고전적 조건 형성의 원리에 기초한 행동 수정 기법은 체계적인 둔감화 기법이다. Wolpe에 의해 체계화된 이 기법은 세 가지 주요 단계로 진행된다. 이완훈련-자극위계 작성-체계적인 둔감화 훈련으로 구성이 되는데, 주로 불안과 관련된 부적응 행동에 적용되어 그 효과를 보여주고 있다. 이 기법의 기본적인 가정은 특정 자극에 대해 과도한 불안이나 공포증상을 보이는 경우는 자극에 대해 부적절한 반응이 연합이 된 것으로 본다는 것이다. 따라서 특정 자극에 대해 적응적인 행동을 새롭게 연합시킴으로써 적응적 행동으로의 변화를 꾀하는 것이다.

금연하기

미국의 한 잡지사에서 금연캠페인의 일환으로 주부들을 대상으로 한 금연수기를 모집하였다. 그 결과 한 주부의 수기가 대상을 받았는데, 이 주부가 남편에게 사용한 금연 방법은 담배를 한 개피씩 비닐 호일로 감싸는 것이었다. 이 주부의 경우 결혼하고 10년째 남편과 담배로 인해 다툼이 잦았다. '담배를 끊어라' '집에서 담배를 피우지 말아 달라' 등등 부부간에 다른 문제는 없었지만 담배로 인해 스트레스를 많이 받았다. 참다못해 마지막으로 이 주부가 남편에게 한 가지 제안을 하였는데, 그것은 담배를 집에서 피워도 좋고 얼마를 피워도 좋으니 내가 주는 담배만 피우겠다고 약속해 달라는 것이었다. 남편입장에서는 자신이 좋아하는 브랜드의 담배를 주면서 어디에서나 피우게 해주고 더 이상 간섭하지 않는다고 하니 그 제안에 선뜻 응하였다. 다음날 출근길에 아내로부터 담배를 받아든 남편은 차를 타고 출근을 하였고, 운전하면서 흡연을 하기 위해 담배를 한 개피 꺼내 보았는데, 담배에는 비닐 호일이 감싸져 있는 것이었다. 담배를 피우기 위해서는 비닐 호일을 벗겨야 되는데 이것이 쉽지 않다. 그냥 힘으로 뜯으면 담배가 부러질 것 같고 담배가 무사하게 비닐을 벗겨내기 위해서는 접합부분을 찾아 조심스럽게 벗겨내야 한다. 이는 운전하면서는 할 수 없는 것이다. 그래서 남편은 더 이상 운전하면서 담배를 피우지 못하게 되었고, 이후 담배를 피우기 위해 정성을 들여 비닐을 벗겨내는 일을 성가시게 여겨 담배를 줄이게 되었고 결국에는 담배를 끊게 되었다. 이는 행동의 선행조건을 통제하여 흡연행동을 수정하게된 모범적인 사례라고 할 수 있다.

평소에 고치고 싶은 부적응적인 행동 습관을 한 가지 정하여 이 행동과 관련된 기능적 분석 작업을 해 보세요. 여기서 기능적 분석(Functional Analysis)이라는 것은 행동을 유발시키는 선행요인이나 상황적 요인과 이러한 행동을 한 후에 뒤따르는 결과를 확인해 보는 것입니다. 나아가 이들 세 가지 요인들간의 관계를 경험에 근거하여 분석해 보는 것입니다.

일시	문제 행동(빈도/ 강도)	선행 요인/ 상황	결과

문제 행동에 대한 기능적 분석 작업이 끝난 후에는 이번 장에서 학습한 다양한 행동 수정 기법을 적용하여 문제 행동을 변화시키기 위한 구체적인 상담계획을 세워 보세요.

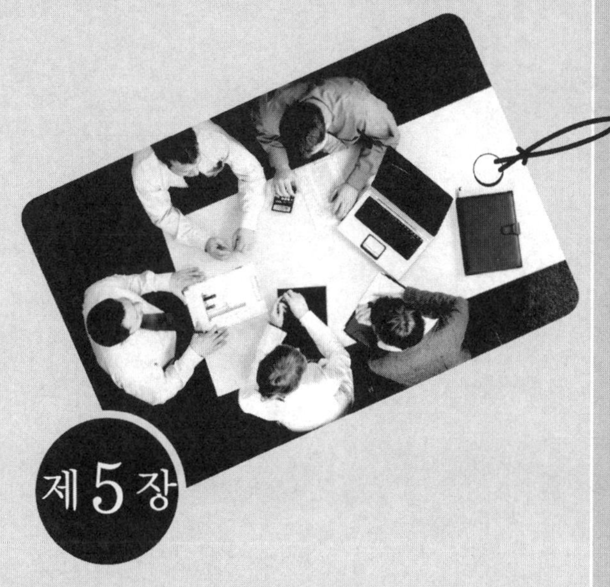

제5장

인지적 상담

Counseling

인간에 대한 기본 관점

한 개인의 심리적 측면은 크게 사고, 행동 그리고 감정의 영역으로 구분된다. 이 세 가지는 인간의 심리적 특성과 상태를 확인하는데 중요한 부분으로써 심리학자들이 오랜 세월에 걸쳐 끊임없이 관심을 두는 주제이다. 개인의 사고, 행동 및 감정은 각각 독립적으로 기능하는 것이 아니라 상호 영향을 주고받으면서 역동적인 관계를 맺고 있다. 특히 인지 치료에서는 이들 간의 관계에 관심을 둔다. 즉, 개인의 부정적인 사고방식이나 왜곡된 사고는 나머지 개인의 심리적 특성이 행동과 감정에 영향을 준다고 주장한다. 인지치료는 이 세 가지 요소 중에 사고에 가장 초점을 두고 개인의 사고에 의해 감정과 행동이 결정된다는 인지적 결정론에 토대를 두고 있다.

인지적 결정론이란 개인의 심리 상태나 심리적 증상의 원인으로써 개인의 사고방식이나 신념 체계를 주된 것으로 본다는 것이다. 이와 같이 우리의 감정이나 행동에 우리의 사고가 중요한 역할을 한다는 점은 우리 일상생활에서의 경험에서도 자주 드러난다. 예를 들어 "발상을 바꾸면 세상이 달라진다"라든지, "생각을 바꾸면 인생이 달라진다", "모든 것은 생각하기 나름이다"라는 상징적인 문구에서도 알 수 있다. 이외에도 사람들은 동일한 상황에 처하거나 동일한 생활사건을 경험했다고 하더라도 이들의 주관적인 경험이나 상황에 대한 평가가 판이하게 다르게 나타나는 경우를 우리는 많이 보게 된다. IMF시기에 갑작스런 실직을 경험한 두 사람의 예를 들어 보자. 한 사람은 실직을 당한 이후, 심한 좌절감과 자괴감에 전혀 새로운 취업의 시도를 하지 않고 모든 것이 끝나버렸다는 절망감에 휩싸여 있다. 반면 다른 한 사람은 실직을 당한 직후에는 심리적 충격으로 어느 정도 우울감에 빠져 있었으나, 이후 곧 다른 직장을 찾아보려는 시도를 열심히 하고, 동시에 재충전의 기회로 삼고자 야간 대학원에 진학을 하기도 했다. 실직이라는 동일한 스트레스에 대해 이 두 사람의 대처행동은 두드러진 차이를 보이며 그 이후의 적응 양상은 극단적인 차이를 보인다. 동일한 실직 경험을 당한 경우에라도 전자의 경우에는 부정적인 생활사건이 그 사람의 맘속에 잠재되어 있는 부정적인 사고 체계를 자극했고, 이러한 부정적인 사고 체계는 평소보다 더 활발하게 기능을 하여 실직이라는 경험에 대한 부정적인 해석과 평가에 영향을 주고 더 나아가 이 개인의 주위를 바라보는 시각이나 자신에 대한 평가, 그리고 미래에 대한 평가에도 심각하게 영향을 주게 되었다. 단지 자신이 이런 사회적 상황에서 예기치 못한 실직을 당했다고 객관적인 현실을 있는 그대로 지각하기보다는, '실직을 당하는 것을 보니 분명 능력에 문제가 있다', '이제 끝장이다'와 같은 부정적인 방향으로 생각을 극단적으로 발전시키는 것이 바로 문제이다. 즉, 부정적인 경험 자체보다도 이를 해석하고 평가하는 틀에 문제가 있거나 이러한 틀이 왜곡되어 있으면 부정적인 경험뿐만 아니라 긍정적인 경험까지도 다른 사람들이 지각하는 것처럼 지각하지 못하게 만든다. 후자의 경우에는 실직이라는 부정적인 경험에 대해서 오히려 긍정적인 평가를 했을 가능성이 높다. 예를 들어, 새로운 기회라는 생각, 재충전의 기회라는 생각 혹은 자신의 새로운 잠재능력을 확인 할 수 있는 기회로 생각하는 것은 개인으로 하여금 보다 나은 방향으로의 변화를 꾀하려는 동기를 증진시키게끔 도움을 주었을 것이다.

인지치료에서 강조하는 바가 바로 이것이다. 개인이 경험하는 부정적인 사건이나 스트레스 자체가 개인으로 하여금 심리적 증상을 유발시키게 하고 심리적 고통을 지속적으로 겪게 만드는 것이 아니라, 개인

이 경험한 상황을 해석하는 틀이 개인의 감정과 이후 행동을 결정하는
데 중요하다고 강조한다.

인지적 접근에서는 사람들의 감정과 행동은 모두 인지에서부터 나
온다는 입장을 취한다. 즉, 사람들이 특정한 생각(예를 들어, 나는 무가치하
다는 생각)을 하기 때문에 특정한 감정(예를 들어, 우울감)과 행동(예를 들어,
자포자기 행동)이 나온다는 것이다. 이에 따라 심리적 부적응을 겪는 사
람들을 변화시키기 위한 가장 효율적인 방법은 그 사람의 생각을 변화
시키는 것이 된다. 근본적인 원인인 개인의 잘못된 사고를 변화시키면
잘못된 행동과 감정은 따라서 변화될 것이라고 가정한다.

인지치료는 인간과 심리치료에 대한 몇 가지 기본 가정과 철학적
입장에 근거하고 있다. 일반적으로 다른 상담 접근과는 달리, 인치치료
는 단순한 치료기법으로 이해되기 보다는 인지치료가 근거로 삼고 있
는 기본 가정과 철학적 입장을 이해하는 것이 실제 상담 장면에서 내담
자를 이해 하고 구체적인 치료 기법을 적용하는데 도움이 될 것이다.

벡(Beck)은 인지치료의 철학적 근원을 그리스 시대의 스토아 철학에
두고 있다. 스토아 철학에서는 인간이 삶에 있어서 개인의 주관적인 인
지적 경험의 중요성을 강조하는데, 이러한 의식적인 주관적 경험을 중
시하는 현상학에 기초를 둔 철학적 견해는 현대에 이르기까지 이어지
고 있으며 특히 아들러, 호나이 및 설리번 등의 정신분석적 심리치료자
들에 의해서도 강조되었다.

주관적 경험을 중시하는 인지치료의 핵심은 내담자의 눈을 통해 비
쳐진 세상을 상담자가 이해하는 것이다. 인간 중심적 상담에서 내담자
의 개인적인 경험을 중요시 하고 이에 주위를 기울이는 것처럼, 인지치
료에서도 내담자의 자기 보고와 같은 주관적 경험에 대한 정보에 가치
를 둔다. 인지치료에서 상담자의 역할은 내담자가 어떻게 세상을 인지
적으로 받아들이고 있는지를 이해하고 이러한 개인의 인지가 어떻게

감정과 행동에 영향을 주는지를 살펴보고 궁극적으로 심리적 증상을 유발하는데 기여하는 것으로 확인된 부적응적인 인지를 변화시키는 것이다.

인지치료의 특징

인지적 상담이론은 1960년대 초에 등장한 상담 접근으로서 전통적인 여러 상담 이론들에 비해 두드러진 특징을 보여준다. 구체적으로 전통적인 각 상담 접근들과 비교해 볼 때 정신분석적 상담이 주로 장기적인 회기로 이루어지는 반면에 인지적 상담은 상대적으로 단기 혹은 중기 상담으로 대표된다. 또한 인간중심적 상담 이론이 구체적인 문제 해결에 초점을 두지 못한다는 단점이 지적되고 있는 것에 비해 인지 치료 혹은 인지행동 치료는 보다 상담 목표가 구체적이고 명확하다는 상대적인 장점을 갖고 있다. 아울러 행동치료와 비교해볼 때, 외현적으로 표현된 행동에만 초점을 두고 상담 목표를 설정하기 보다는 인지 치료에서는 심리적 증상의 보다 근본적인 원인으로 평가되는 개인의 심층적인 사고방식이나 신념체계를 다루므로 다양한 형태의 증상 표현을 포괄하여 변화 시킬 수 있으며 그 효과가 보다 지속적일 가능성이 높다는 점이다.

정신분석 이론은 인간 심리에 대한 심층적인 이해와 분석을 가능케 해준다는 장점에도 불구하고 분석과정에서 사용되는 주된 개념들이 추

상적이고 모호하며, 과학적인 검증이 제한되어 있다는 점, 그리고 치료
효과에 대한 경험적인 검증이 어렵다는 점 그리고 앞서 언급한 치료기
간이 길다는 단점들이 지적되고 있다. 이에 반해서 행동치료는 구체적
이고 체계적인 치료 기법의 개발에도 불구하고 치료 기법의 적용 범위
가 제한되어 있고 다양한 심리적 장애의 원인에 대한 설명력이 부족하
다는 점이 주된 비판내용이다. 아울러 인간 중심적 상담은 상담에서 중
요한 기초 작업으로서 촉진적인 관계 형성에 필수적인 상담 기법들을
확립한 공헌에도 불구하고 적극적인 문제 해결 과정이 부족하다는 점
이 제한점으로 평가되고 있다.

　이와 같이 여러 상담접근법들을 서로 비교 할 때는 기본적으로 상
대적인 면에서의 평가라는 점이 간과되어서는 안 된다. 행동치료나 인
지치료가 문제 중심적인 접근이라고 해서 기본적인 내담자와 상담자의
관계 형성을 소홀히 하는 것은 아니며, 단지 인간 중심적인 상담 접근
에 비해서는 상대적으로 상담과정에서 차지하는 비중이 낮은 것은 분
명하다. 각 상담 이론들은 각각 지향하는 목표가 다르고 상담과정에서
의 주된 초점이 다르기 때문에 상담 기간도 다를 뿐만 아니라 상담과정
에서 발생하는 다양한 현상들과 상담 전략에 있어서도 큰 차이를 보이
는 것은 당연하다.

　현대 상담이 주로 단기화되는 경향이 있음을 고려할 때 인지적 상
담 접근은 상대적인 강점을 지니고 있으며 인간중심적 상담 이론이 문
제보다는 내담자라는 인간에 초점을 맞추는 것과는 달리, 이 접근은 주
로 문제 그 자체의 해결에 초점을 둔다. 인지 행동적 상담에서는 내담
자가 직접적으로 호소하는 심리적 문제의 해결이 우선적인 관심사이
다. 성격 변화와 인간적 성숙은 심리적 문제가 해결된 다음에 고려되는
보다 궁극적인 차원의 상담 목표인 것이다. 이러한 특성에 비추어 인지
행동적 접근은 심리적 문제의 해결에 필요한 아주 다양하고 구체적인

상담 기법들을 잘 갖추고 있는 것이 특징이다.

1960년대 우울증에 대한 인지치료 이론을 체계적으로 확립한 벡 (A.Beck)은 원래 정신분석적 훈련을 받은 정신과 의사로서 임상 장면에서 우울증 환자들의 사고와 꿈을 조사하면서 정신분석에서 말하는 부정적인 감정의 내사현상으로 우울증을 설명하기 보다는 실패나 상실과 관련된 생각들이 뿌리 깊이 박혀 있다는 점을 임상적 관찰과 실험적 검증 통해 확인하게 되었다. 우울증 환자들이 비현실적이고 왜곡된 부정적 사고들을 두드러지게 많이 가지고 있으며 이러한 부정적인 사고들이 우울증상을 유발하고 이를 지속시키는데 중요한 기여를 한다고 주장하였다. 우울증에 대한 인지적 이론이 체계화됨에 따라 그 이후에 인지치료는 우울증뿐만 아니라 공포증, 공황장애, 범 불안장애, 강박증, 건강 염려증, 섭식 장애, 약물 장애등 폭넓은 심리적 장애를 이해하는 데 아주 유용한 이론적 체계로 발전되었다. 또한 최근에는 성격 장애 및 정신분열증의 치료와 부부 상담에 이르기까지 그 적용범위가 확대되어 가고 있다.

벡(Beck)에 의하면 인지치료는 다음과 같은 기본적인 가정에 기초하고 있다(Beck et al, 1979).

① 인간의 감정과 행동은 객관적인 현실 보다는 주관적 현실에 의해 결정된다.

② 이러한 주관적 현실은 객관적 현실에 의해 수동적으로 주어지는 것이라기보다는 객관적 현실에 대한 인간의 능동적인 구조화 과정에 의해 이루어진다.

③ 인간의 주관적 현실은 사고와 심상등 인지적 내용에 반영된다.

④ 인지 내용은 자기 자신, 자신이 과거와 미래 그리고 주변세계에 대한 현상학적 장을 구성한다.

⑤ 인간의 심리적 고통과 정신 병리는 이러한 현상학적인 장, 즉 인지내용이 현실을 부정적으로 왜곡하는데 기인한다.

⑥ 부정적으로 왜곡된 인지내용은 심리치료를 통해 내담자가 의식할 수 있다.

⑦ 인지적 내용의 변화를 통해서 감정 및 행동이 변화될 수 있다. 즉, 왜곡된 역기능적 인지의 교정을 통해서 심리적 증상이 호전될 수 있다.

⑧ 효과적인 치료를 위해서 치료는 내담자와 협조적인 동반자적 관계를 형성하는 것이 바람직하다.

⑨ 효과적인 치료는 심리적 증상의 완화 및 제거뿐만 아니라 내담자로 하여금 스스로 심리적 문제를 해결할 수 있는 능력을 길러 주는 것이다.

앞서 제시된 바와 같이, 인지치료에서는 효과적인 치료를 위해 상담자와 내담자의 관계 형성에 있어서 협동적인 경험주의(collaborative empiricalism)를 강조한다. 이는 내담자 자신의 주관적 경험이 내담자를 이해하는데 핵심적인 부분이므로 내담자의 적극적인 상담 과정에의 참여와 개입이 없이는 성공적인 치료효과를 기대하기 어렵기 때문이다. 내담자와 치료자는 공동의 목표를 향해 함께 노력하는 동반자적 관계라고 이해된다. 이러한 동반자적 협동관계 속에서 내담자가 지니고 있는 자신과 세상 그리고 미래에 대한 생각들이 얼마나 현실성이 있는지 얼마나 객관적인지 그리고 얼마나 논리적인지를 실증적으로 검증하고 확인해 나가는 작업이 이루어진다.

아울러 인지치료는 자가 치료의 철학을 강조한다. 인지치료에서 상담자는 내담자의 당면 문제를 해결하는데 도움을 줄 뿐만 아니라 더 아나가 보다 근원적으로 내담자 스스로 자신이 겪고 있는 문제를 이해하고 해결해 나갈 수 있는 방법을 제공해 주고 이끌어 간다. 이러한 과정을 통해서 내담자는 자기 치유 능력이 증가되기도 하고 재발의 가능성을 줄이고 상담의 치료 효과를 보다 오랫동안 지속시키게 된다. 따라서 인지치료는 때로 심리교육적인 모델에 근거한 심리 치료라고 불린다.

인지치료의 보다 구체적인 특성과 상대적인 강점을 요약하면 다음과 같다.

① 인지치료는 적극적이고 시간 제한적이며 구조화된 치료 기법이다.

② 인지치료는 상담자와 내담자간의 동반자 적이고 협력적인 치료 관계 속에서 이루어진다. 치료자는 인지치료의 원리를 내담자에게 교육시키고 치료를 구조화하여 이끄는 적극적인 역할을 수행한다.

③ 심리교육적인 모델에 근거하며 인지치료의 기본 이론과 원리를 환자에게 설명하고 이해를 돕는다.

④ 자가 치료를 지향하여 개인의 현재 문제 해결 뿐 아니라 미래에 부딪칠 수 있는 문제에 대한 인지적 적응능력을 배양함으로써 심리적 증상의 재발을 막아 준다.

⑤ 과거보다는 현재의 생활에 초점을 맞춘다.

⑥ 과제나 숙제들을 활용함으로써 치료 장면 밖에서도 환자 스스로 치료적 노력을 기울일 수 있도록 한다.

이러한 특징에 기초하여 인지 치료는 다음과 같은 장점이 있다. 인지치료는 시간 제한적인 단기 치료로서 경제적이며, 개인의 성격 및 심리적 증상 그리고 이러한 측면에서의 변화에 대해 체계적이고 구체적인 이론에 기초를 두고 있다는 강점이 있다. 또한 다른 상담접근에 비해 다양한 심리적 증상의 치료 효과에 있어서 효과가 지속적이라는 장점이 있다. 다른 상담에 비해 구조화 되어 있고 구체적인 치료 기법을 포함하고 있다. 또한 다양한 객관적인 평가 도구와 효과검증을 위한 연구 방법들이 체계적으로 확립되어 있다는 점도 장점으로 꼽힌다.

인지치료의 주요 개념 및 치료 과정

인지치료과정에 중심이 되는 주요 개념들을 합리적 정서 치료의 창시자인 엘리스(Ellis) 에 의해 체계화 되었다. 합리적 정서 치료는 인지 행동적 상담 이론들 중 가장 먼저 출현한 것인 동시에 가장 널리 알려져 있기도 하다.

1) 비합리적 신념

엘리스에 의하면, 사람들이 정서적 문제를 겪는 이유는 구체적인 사건들 때문이 아니라 그 사건을 지각하고 받아들이는 방식이 잘못되었기 때문이다. 즉, 어떤 사건을 자신이 이미 가지고 있는 기존의 생각들에 비추어 비합리적으로 해석하기 때문에 그 결과로 정서적 문제를 경험하게 된다는 것이다. 예를 들어, 최근에 이혼을 한 뒤 우울증에 빠져 있는 한 여자의 예를 보자. 일반적으로 사람들은 이 여자가 현재 심한 우울증에 빠져 있는 이유로 누가 봐도 분명히 확인할 수 있는 부정적인 사건인 이혼 경험을 들 것이다. 엘리스의 합리적 정서 치료는 정서적 문제(예를 들어, 우울, 불안, 공포 등)를 유발하는 것은 생활사건 자체가 아니라 그 사건에 대한 왜곡된 생각 때문이라는 가정에서 출발한다. 그리고 이러한 왜곡되고 잘못된 생각의 뿌리에는 비합리적인 신념들이 깔려 있다고 본다. 앞에서 예로 든 여성의 경우는 우울감에 심하게 빠진 이유가 단지 이혼을 경험해서 라기 보다는 남편에게 이혼을 당하고 아무에게도 사랑 받지 못하고 살 가치가 없다 라는 강한 생각에 사로잡혀 부정적인 경험을 극복할 수가 없기 때문이다.

엘리스에 의하면, 어떤 사건을 해석하는 방식이 비합리적일 경우 정서적 문제는 불가피해지며, 사람들이 겪는 심리적 문제의 기저에는 합리적이지 못한 생각들이 깔려 있다는 것이다.

여기서 엘리스가 말하는 사고방식이란 무엇을 말하며, 부적응적이고 비합리적이고 역기능적이라고 다양하게 표현되는 사고방식이란 근본적으로 어떤 것인지를 구체적으로 살펴보자.

어떤 생각이 합리적인지, 아니면 비합리적인지의 여부를 판가름하는 데에는 몇 가지 기준들이 적용된다. 첫째는 융통성이다. '모든', '항상', '반드시', '꼭', '결코', '당연히', '~이어야만' 등과 같은 표현이 들어가는 생각들은 융통성이 없어서 비합리적이라 할 수 있다. 예를 들어, '나는 모든 사람들로부터 반드시 인정을 받아야만 한다'라는 생각은 비합리적이다. 그 이유는 이러한 생각이 어떠한 예외도 인정하지 않고 융통성이 결여된 것이기 때문이다. 누구나가 긍정적인 평가를 받고 싶은 욕구가 있으며 긍정적인 기대를 가지고 살아간다. 그렇다면 이런 긍정적인 내용의 강한 생각들은 왜 문제가 될까? 그런 가능성을 기대하고 소망하는 것은 건강한 모습이며, 사람들은 이런 기대를 통해서 동기도 부여 하고 보다 긍정적인 평가를 받기위한 노력을 한다. 하지만 실패 가능성의 여지를 조금도 남겨 두지 않은 채 실패의 결과를 극단적인 자기 평가에 사용하게 되면 이건 분명 현실과는 거리가 멀어지게 되고 얻는 것 보다는 잃게 되는 것이 많을 것이다.

<표 5-1> 합리적 사고와 비합리적 사고의 차이

특성	합리적 사고	비합리적 사고
논리성	논리적으로 모순이 없다	논리적으로 모순이 많다
현실성	경험적 현실과 일치한다	경험적 현실과 일치하지 않는다
실용성	삶의 목적달성에 도움이 된다	삶의 목적 달성에 방해가 된다
융통성	융통성이 있고 경직되어있지 않다	절대적, 극단적, 경직되어 있다
파급효과	적절한 정서와 적응적 행동에 영향을 준다	부적절한 정서와 부적응적 행동으로 이끈다

출처 : 인지 정서 행동 치료(박경애, 2001)

둘째 기준은 현실성이다. 사람들이 가진 어떤 생각들은 현실적으로 실현하는 것이 불가능하다. 사람들은 흔히 '인간적으로 가치있는 사람이 되려면 매사에 유능하고 완벽해야 한다'라는 생각을 한다. 그런데 문제는 그것이 현실적으로 불가능하다는 데 있다. 사람들 개개인의 인간적인 가치는 현실 속에서 달성 가능한 목표를 향해 꾸준하고 성실한 노력을 기울이는 데서 찾을 수 있는 것이지 완전과 완벽에서 찾아지는 것이 아니다. 따라서 현실적이지 못한 생각들은 개인으로 하여금 긍정적인 동기 부여를 해 주기보다는 오히려 심리적 좌절과 고통만 초래할 뿐이다.

이외에도 비합리적 사고와 합리적 사고의 차이는 표 5-1에 설명으로 나타나 있다.

2) 비합리적 신념의 교정

그렇다면 정서적 문제로부터 벗어날 수 있기 위해서는 어떻게 해야 하는가? 이에 대한 엘리스의 답은 비합리적 신념들을 합리적인 신념들로 대체해야 한다는 것이다. 예를 들어, 앞에서 언급한 여성이 '나는 이 남성으로부터 거절을 당하지 않았으면 좋겠다'라는 생각을 했더라면 실제로는 거절을 당했다 하더라도 그에 따라 초래되는 정서적 혼란은 상당 부분 해소될 수 있었을 것이다. 즉, 일시적으로는 기분이 나빠질 수는 있지만 심리적인 문제로까지는 발전하지 않는다는 것이다. 왜냐하면 '~했으면 좋겠다'라는 생각은 일종의 선호와 소망으로서, 그것이 충족되지 않는다 하더라도 큰 문제는 없다. 반대로 '~해야만 한다'라는 생각이 충족되지 않았을 때는 충격이 매우 클 수 있다. 현실적으로 달성하기 불가능한 당위적 생각들을 많이 가질수록 정서적 문제를 더 많이, 그리고 더 심각하게 경험하게 되며, 반대로 현실적으로 달성 가능한 융통성 있는 선호나 소망 또는 기대들을 가지고 있으면 정서적 문제로부터 어느 정도 자유로워질 수 있다. 결국 사람들을 심리적으로 괴롭게 만드는 것은 부정적 사건 자체가 아니라 그들이 가진 생각인 것이다. 정서적 문제에 깔려있는 비합리적 생각들을 확인하고, 이들을 보다 합리적인 생각들로 대체해 나가는 과정이 바로 합리적 정서 치료의 핵심이 된다. 이제 그 구체적인 과정에 대해 알아보기로 하자.

3) 치료 과정

합리적 정서 치료의 이론은 간략하게 A-B-C 모델이라고도 불린다. 심리적 증상에 대한 이해를 도와주는 이 기본적인 모델에 치료 과정에 대한 부분까지 포함시킨 것이 바로 'ABCDE 모형'이다. 여기에서 A는 내담자가 경험한 문제 상황이나 선행사건(Antecedents), B는 문제 상황과 관련된 내담자의 신념(Beliefs), C는 선행 사건에 뒤따라 나타나는 정서적 또는 행동적 결과(Consequences), D는 비합리적 신념에 대한 상담자의 적극적인 논박(Disputes), 그리고 E는 비합리적 신념을 논박 또는 직면한 결과(Effects)이다.

이 모형에서 핵심이 되는 것은 두 가지이다. 하나는 A-B-C간의 관계인데, 내담자가 겪는 심리적 문제(C)는 선행사건(A)때문이 아니라, 그 사건에 대해 내담자가 가지는 신념 체계(B)때문이라는 것이다. 두 번째는 D-E간의 관계이다. 상담의 과정에서 상담자는 내담자의 비합리적 신념(irrational Beliefs, irB로 표시)의 부당성을 적극적으로 논박(D)하여 그것을 합리적인 신념(rational Beliefs, rB로 표시)으로 변환시킴으로써 정서적 건강을 되찾게 하는 효과(E)를 얻는다는 것이다. 이를 그림으로 제시하면 다음과 같다.

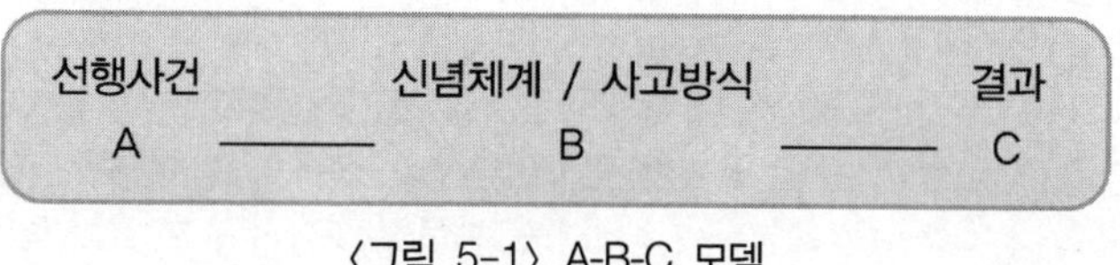

〈그림 5-1〉 A-B-C 모델

ABCDE모형에 근거하여 실제로 상담을 진행하는 절차를 요목식으로 정리하여 제시하면 다음과 같다.

① 합리적 정서 치료의 기본 철학 및 논리를 내담자에게 설명하고 설득하기
② 상담 면접 과정에서 내담자의 자기 보고 및 상담자의 관찰을 통해 비합리적 신념을 발견하고 규명하기
③ 내담자의 비합리적 신념에 대한 상담자의 직접적인 논박 및 합리적 신념의 예시 또는 시범보이기
④ 비합리적 신념을 합리적 신념으로 대치시키기 위한 인지적 연습의 반복하기
⑤ 합리적 행동 반응을 개발하고, 촉진시키기 위한 행동 연습하기

비합리적 신념을 논박하는 구체적인 방법들에는 여러 가지가 있다. 지적이나 설득, 비현실적 생각에 대한 과잉 강조, 극적 부정 등의 정서

유발 기법들과 문제 장면에서의 역할 연습, 과제물 주기, 행동 변화에 대한 강조 등의 행동적 기법들이 몇 가지 예들이다.

〈표 5-2〉 각 비합리적 가정에 대한 합리적 대안의 예

비합리적 가정		합리적 대안
내가하는 모든 일에 대해서 모든 사람들이 좋아하거나 칭찬해야 한다.	1	내 자신의 자기존중감에 집중하는 것이 좋다. 그리고 다른 사람으로부터 사랑받기 보다는 사랑하는 것이 좋다.
나는 경쟁적이고 가치있는 사람으로 대접받기 위해서는 뭔가를 이루어야만 한다.	2	나는 다른 사람들처럼 한계와 실수를 할 수 있는 피조물이다. 그리고 그게 별 문제될 게 없다.
내가 바라는 대로 일이 돌아가지 않는 다는 것은 상상만 해도 끔찍한 일이다.	3	나는 나를 괴롭히는 것들을 변화시키거나 바꾸도록 노력할 수는 있다-혹은 때로는 변화시킬 수 없는 조건을 일시적으로 받아드릴 수도 있다.
내가 느끼는 슬픔이나 근심을 어떻게 할 수 있는 방법이 거의 없다.	4	내가 무슨 생각을 하고 있는지 안다. 불행은 내가 어떻게 사물을 보는가에 따라서 생기는 것이다.

4

벡의 우울증에 대한 인지치료

1) 심리적 증상에 대한 모델

벡의 인지 치료 이론에서 가장 핵심이 되는 개념은 자동적 사고, 역기능적 인지 도식, 그리고 인지적 오류이다. 이 세 가지 개념은 벡의

심리적 증상에 대한 모델에서 기초가 되는 개념이다. 이를 개념에 기초
하여 심리적 증상의 유발과정을 설명하는 그림이 아래와 같다.

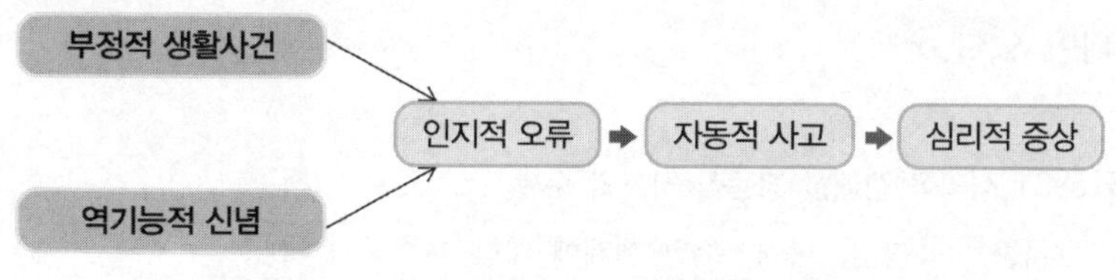

〈그림 5-2〉 심리적 증상에 대한 인지적 이론 모델

2) 자동적 사고

　자동적 사고는 부정적인 생활사건으로부터 심리적 증상이 유발되
게끔 하는 직접적인 매개 역할을 하는 것으로서 기본적으로 보다 근본
적인 역기능적인 신념에 기초한 생각들이다. 역기능적 신념 혹은 비합
리적 신념들에 비해 보다 의식 위로 떠올라 와 있는 생각들로서 현재의
감정 상태와 행동과 일치되는 내용들로 자동적으로 의식에 반복적으로
떠오르는 생각들이다. 사람들이 경험하는 심리적 문제는 스트레스 사
건을 경험했을 때 자동적으로 떠올리는 부정적인 내용의 생각들로 인
해 직접적으로 발생하는 것이다.

　전형적으로 우울 증상을 경험하는 사람들의 자동적 사고는 크게 세
가지 내용으로 구성되어 있는데 이를 인지 삼제(cognitive triad)라 한다.
첫째로, 자신에 대한 비관적 생각(예를 들어, '나는 무가치한 사람이다')이고,
두 번째는 앞날에 대한 염세주의적 생각(예를 들어, '나의 앞날은 희망이 없
다')이며, 세 번째는 세상에 대한 부정적 생각(예를 들어, '세상은 살기가 매우
힘든 곳이다')이다. 이러한 생각들을 가지고 있는 사람이 그러한 생각들
을 불러일으키는 생활 사건을 경험했을 때 우울증이라는 심리적 문제
를 경험하게 된다. 이러한 생각들을 자동적이라고 표현하는 이유는 자

신도 모르게 떠올려지기 때문이다. 자신의 의지와는 상관없이 부지불식간에 생각들이 떠오르게 되는것이 특징이다. 각 심리적 증상에 따라 주된 내용의 자동적 사고들이 존재한다. 그 예가 바로 〈표 5-3〉에 제시되어 있다.

〈표 5-3〉 심리적 장애별 자동적 사고의 주제

우울증	자신, 미래, 주변 세계에 대한 부정적 견해
경조증	자신, 미래, 주변 세계에 대한 긍정적 견해
불안증	신체적, 심리적 위협
공황장애	신체나 정신적 경험에 대한 파국적 해석
공포증	특정 상황에 대한 위협
강박증	안전에 대한 반복적인 경고
자살	희망 상실, 절망적인 생각
거식증	살찌는 것에 대한 공포스런 생각
건강염려증	심각한 질병에 걸렸다는 생각

3) 역기능적 인지 도식

자동적 사고는 어떻게 생겨나는 것인가? 사람들은 살아가면서 자기 나름대로 자신과 세상을 이해하는 틀을 갖게 된다. 이는 인지 도식 혹은 쉐마(Schema)라고 표현하는 일종의 사고의 틀로서 아주 어린 시절부터 축적되어온 개인적인 경험에 기초해서 형성된다. 만약 개인의 인지 도식의 내용이 부정적인 경우에는 동일한 사물을 보거나 동일한 사건을 경험하고도 다른 사람들에 비해 상대적으로 더 부정적인 경험을 많이 하게 될 가능성이 높다.

이와 같이 개인의 적응에 방해가 되고 부적응적인 양상을 유발시킬 가능성이 있으므로 이를 역기능적인 인지 도식이라 부르는데, 이는 심리적 문제를 초래하는 근원적 역할을 한다. 개인이 특정적으로 갖고 있는 역기능적 인지 도식은 일종의 역기능적 신념 체계이다. 이는 개인으로 하여금 특정 생활 사건에 취약하게 만들어, 개인이 이런 상황에 직면했을 때 이전까지 잠재 되어 있었던 역기능적 신념들이 활성화 되어 개인의 판단과정 및 정보처리 과정에 영향을 주게 된다.

역기능적 신념(dysfunctional belief)이란 엘리스의 비합리적 신념(irrational belief)과 유사한 것으로서 부정적인 생활사건에 대한 해석적인 내용인 자동적 사고와는 달리 삶에 대한 일반적인 신념이나 원칙 혹은 태도다. 또한 이들은 엘리스의 비합리적 신념과 마찬가지로 절대주의적, 당위적, 이상주의적 완벽주의적이고 융통성이 없는 내용들이다.

역기능적 신념의 전형적인 예로는 '사람은 멋지게 생기고 똑똑하고 돈이 많지 않으면 행복해지기 어렵다', '다른 사람에게 도움을 요청하는 것은 나약함의 표시이다', '절반의 실패는 전부 실패한 거나 다름없다', '인정을 받으려면 항상 일을 잘 해야만 한다', '한 인간으로서의 나의 가치는 나에 대한 다른 사람의 평가에 달려 있다', '사람들은 언제 나에게 등을 돌릴지 모르기 때문에 믿을 수 없다' 등이다. 부정적인 내용의 자동적 사고를 활성화시키는 것은 바로 이러한 역기능적 인지 도식의 내용들이다. 즉, 역기능적 인지 도식을 가지고 있는 사람이 일상생활에서 스트레스 사건을 경험하게 될 때 부정적인 내용의 자동적 사고를 자신도 모르게 떠올리게 되며, 그 결과로 심리적 문제가 발생한다는 것이다.

특히 벡은 우울증과 관련성이 높은 두 가지 유형의 역기능적 신념을 확인하였는데 벡은 이를 우울증에 취약한 개인의 성격 특성으로 간주하였다. 성격 특성으로 간주해도 될 만큼 개인의 신념 체계는 지속적이면서 쉽게 변화되지 않는 틀이며, 끊임없이 상황을 해석하고 평가하는 과정에 영향을 주고 개인으로 하여금 특정 생활사건에 취약하게 만든다. 구체적으로 우울에 취약한 성격 특성으로는 대인관계 의존성

(sociotropy)과 성취지향성(autonomy)이 있다(Beck 1986). 대인관계 의존성
이 높은 사람들은 특히 대인관계에서의 상처나 거부 경험에 의해 우울
증이 유발될 수 있을 정도 이런 유형의 생활사건에 취약하다. 그 이유
는 '다른 사람의 사랑 없이 나는 행복해질 수 없다'는 등의 대인관계에
지나치게 의존적인 내용의 역기능적 신념을 갖고 있기 때문이다. 또한
성취지향성이 강한 사람들은 개인적인 성취가 좌절되었을 때 가장 영
향을 많이 받는 사람들로서 '인정을 받으려면 항상 일을 잘 해야만 한
다' 등의 완벽주의적 혹은 성취지향적인 내용의 역기능적 신념을 강하
게 갖고 있다.

4) 인지적 오류

역기능적 인지 도식은 자동적 사고를 발생시키는 역할만 하지는 않
는다. 그것은 또한 인지적 오류를 유발시키기도 한다. 여기에서 인지적
오류(cognitive errors)란 현실을 제대로 지각하지 못하거나 사실 또는 그
의미를 왜곡하여 받아들이는 것을 뜻하는 용어이다.

인지적 오류란 정보처리과정에서 범하는 오류로서 우리가 들어온
정보를 논리적으로 처리하는데 문제가 발생한 것이다. 예를 들어 주변
의 사건이나 개인적 경험을 체계적으로 왜곡하여 의미를 잘못 해석하
는 경향을 말한다.

때로는 사실과 추론을 혼돈하고 마치 자신의 상황에 대한 추론을
실제 사실인 것처럼 받아들이기도 한다. 예를 들어, 오랜 만에 만난 친
구가 자신의 얼굴을 보고도 아는 척을 하지 않고 지나치는 것을 보고는
'분명 나에게 서운한 것이 있는게 분명해'라는 생각을 떠올리는 것은
논리적인 근거가 부족한 일종의 추론에 가깝다. 어떤 사건에 접해서 그
사건의 실제적 의미를 확인하지도 않고 성급하게 어떤 결론에 도달하

는 것은 현실과 동떨어진 결론이 될 가능성이 매우 크다. 왜냐하면 사건에 접했을 때 드는 생각은 사실로 확인되기 전까지는 어디까지나 잠정적인 추측일 뿐이지 사실 자체는 아니기 때문이다.

벡의 인지 치료 이론에서는 개인의 임의적인 추측을 사실 또는 현실과 혼동하는 것은 일종의 오류 또는 잘못이며, 사람들이 이러한 오류를 많이 범할수록 심리적 문제를 겪게 될 가능성이 더 커진다고 본다. 인지적 오류에는 여러 가지 종류가 있다.

(1) 과잉 일반화

한 가지 경험이나 예에 근거하여 모든 판단을 내려버리는 것이다. 특히 우울한 사람들은 한 가지 나쁜 점을 보고 전체를 나쁘게 생각하거나 현재 나쁜 점이 앞으로 계속 연장되리라고 생각하는 경향이 많다. 예를 들어 한번 실수를 한 것을 가지고 '내가 하는 일은 뭐든지 안 돼'라는 결론을 내리는 경우이다.

(2) 선택적 주의

모든 일의 특정 한면, 특히 경험의 부정적인 측면에만 주의를 기울이는 것이다. 모든 일에는 부정적인 면과 긍정적인 면이 함께 있기 마련인데 우울한 사람의 경우는 나쁜 면에만 주의를 기울이고 신경을 쓰는 경향이 있다. 만일 어떤 사람이 '우리 아이한테는 도무지 좋은 점이라고는 찾아 볼 수가 없어요' 라고 하는 경우 사실 자세히 살펴보면 모든 면이 잘못되어 있다기보다는 아이의 특정 부분, 부정적인 측면에만 주의를 기울이고 판단 한 것이라는 것을 알 수 있다. 이외에도 '난 오늘 즐거운 일이 하나도 없어.'라고 하는 경우 사실 그렇다고 특별히 기분 나쁜 일이 많았던 것도 아닌 경우가 많다.

(3) 이분법적 추론

극단적으로 생각하는 것이다. 일종의 흑백논리에 근거하여 생각하는 것으로 모든 일을 혹 아니면 백 혹은 유 아니면 무 라는 두가지 극단으로 나누어 판단하는 것이다. 100% 완벽하게 일을 하지 않으면 아무것도 하지 않은 거나 실패한 것이나 마찬가지라는 생각 혹은 모든 것에 유능하지 않으면 무능한 사람이나 마찬가지라는 생각등이다.

(4) 개인화

주변 모든 일이 자신의 탓이라고 생각하는 것이다. 자신과 거의 관계가 없는 일에도 책임을 느끼고 특히 일이 잘못되었을 때는 아무도 탓하는 사람이 없어도 자신 때문에 일이 잘못되었을 거라는 생각을 한다. 예를 들어 자녀가 적응상 문제를 보이거나 학교성적이 나쁠 때 '내가 나쁜 엄마지, 모두 다 내 탓이야'라고 생각하는 경우이다.

5
교류 분석적 상담이론

1) 인간행동에 대한 기본 가정

교류분석(Transaction Analysis : TA)은 미국의 정신의학자 에릭 번(Eric Berne)에 의해 창시된 이론이다. 인간의 의사소통과정에는 자신의 자아와 삶의 태도가 반영되어 있다. 내담자가 갖는 자아 상태를 바탕으로 이루어지는 의사소통의 교류를 이해하고 분석하는 것이 교류분석이다. 이러한 교류분석을 통해 개인 간, 개인 내 상호작용을 분석하게 되고, 내담자가 스스로 삶의 과정을 바꿀 수 있도록 해주는 것이다.

교류분석 상담에서는 인간에 대해 긍정적인 견해를 가정한다. 인간은 자기를 발달시킬 능력과 자신을 행복하게 만들 수 있는 능력을 가지고 태어났으며 태어날 때 건전한 태도, 긍정적 입장을 갖고 태어난다. 모든 인간에게는 기본적으로 사랑받을 만한 부분이 있으며 성장에 대한 욕구와 잠재력도 있다. 그러나 다른 사람들과의 교류를 통해 타고난 긍정적 태도는 계속적으로 수정된다.

교류분석에서는 정신분석에서처럼 인간을 결정론적인 입장에서 보지 않으며, 인간은 자기의 환경 조건과 아동기의 조건을 개선할 수 있는 능력이 있다고 믿는다. 인간은 선택할 수 있고, 새로운 결정을 할 수 있으며, 행동할 수 있다고 가정한다. 따라서 교류분석을 통한 의사소통 훈련은 인간의 자아 상태를 변화시킬 수 있으며 개인의 심성을 건강하게 형성하고 발달시키는데 효과적인 상담이론이다.

2) 주요개념

(1) 심리적 욕구

교류분석에서는 인간이 세 가지 심리적 욕구인 자극갈망(stimulus hunger), 인정갈망(cognition hunger), 구조갈망(structure hunger)에 의해 동기화된다고 가정한다.

▶ 자극갈망 : 개인이 다른 사람들로부터 신체적 접촉을 받고 싶어 하는 욕구를 의미한다. 인간은 기본적으로 신체적 접촉을 통한 친밀감을 갈망한다는 것이다.

❖ 인정갈망 : 다른 사람으로부터 제공될 수 있는 특별한 종류의 감각 추구를 의미한다. 교류분석에서는 개인이 관계하고 있는 다른 사람들로부터 받는 인정을 스트로크(strokes)라고 하였다. 이는 조건적일 수도 있고 무조건적일 수도 있으며, 긍정적일 수도 있고, 부정적일 수도 있다. 누군가가 나를 좋아하는 것은 무조건적인 긍정적 스트로크이고, 싫어하는 것은 무조건적인 부정적 스트로크이다. 교류분석에서는 인간이 삶을 유지하는데 적절한 스트로크가 필요함을 강조한다.

❖ 구조갈망 : 인간이 자신을 삶을 영위하기 위해 스스로 찾아서 발달시키려는 욕구를 의미한다. 개인이 자신의 삶의 방식을 발달시키기 위해 공유하고 있는 유형을 구조라고 하는데 우리의 삶에 필요한 스트로크를 최대로 받기 위해서는 이러한 구조가 필요하다.

(2) 시간 구조화 방법

개인이 스트로크를 최대한 받기 위해 시간을 구조화 하는 방법을 의미한다. 시간 구조화 방법으로는 철회, 의례적 행동, 활동, 여흥, 게임, 친밀성 등이 있다.

❖ 철회 : 이는 자기를 타인으로부터 멀리하고 대부분의 시간을 공상이나 상상으로 지내며 자기에게 스트로크를 주려고 하는 자기애를 의미한다.

❖ 의례적 행동 : 서로간의 간단한 안부 인사나 결혼식 등과 같은 전통을 따름으로써 스트로크를 유지하는 방법이다.

❖ 활동 : 이는 일을 통해 다른 사람들과 사회적 관계를 맺음으로써 스트로크를 유지하는 방법이다.

❖ 여흥 : 이는 사회적으로 수용될 수 있는 방식으로 상식적인 주제에 관해 얘기하며 시간을 보내는 것이다.

❖ 게임 : 다른 사람들과의 교류에서 어딘가 잘 맞지 않는 부분이 있어 순순히 스트로크를 얻을 수 없을 때 사용하는 교류가 게임이다.

❖ 친밀성 : 두 사람이 서로 신뢰하며 상대방에 대하여 순수한 배려를 하는 진실한 교류를 의미한다.

(3) 자아 상태

교류분석에서는 우리가 세 가지의 분리된 자아 상태, 즉 부모(parents), 성인(adult), 아동(child) 자아 상태를 가지고 있다고 가정한다.

❖ 부모자아 상태 : 개인이 자신이나 타인에게 강요하는 당위적인 명령으로 구성되어 있는 자아 상태이다. 부모자아는 아동에게 권위적인 인물 특히 부모에 의해 형성된 것이며, 부모자아 상태는 비판적 부모자아와 양육적 부모자아로 구성된다.

❖ 성인자아 상태 : 개인이 현실세계와 관련해서 나타내는 감정과 태도, 그리고 행동특성을 의미한다. 이는 성격의 합리적이고 객관적인 측면을 나타내는 것이다. 에고(ego)와 같이 행위에 관한 정보수집, 자료처리, 현실적인 가능성을 추적하는 기능을 한다.

❖ 아동자아 상태 : 이는 개인의 아동기의 유물인 일련의 감정, 태도, 행동유형이다. 인간이 태어나서 5세경까지 외적인 일에 대한 감정적 반응체계가 내면화된 것이다.

(4) 교류 유형

자아 상태들 간의 교류하는 양식을 의미하며 세 가지 유형, 즉 보완적 교류, 교차적 교류, 저의적 교류 로 구분된다.

❖ 보완적 교류 : 자신의 어떤 자아 상태가 상대방의 어떤 자아 상태에

보낸 자극에 따라 반응을 하는 것이다. 예컨대 상대방이 성인자아 상태로 반응하기를 기대하면 자신도 성인자아 상태로 교류하는 것이다.

▶ 교차적 교류 : 상대방이 원하는 욕구가 무시되거나 잘못 이해되어 나타나는 반응의 교류이다. 예컨대 상대방이 자신에게 아동자아 상태로 반응하도록 요구하는데 자신은 성인자아 상태로 교류하는 것이다.

▶ 저의적 교류 : 동시에 이중적인 메시지가 전달되는 교류를 말한다. 상대방이 언어적 메시지와 비언어적 메시지로 서로 다른 이중적 메시지를 보내는 경우 숨은 의도에 맞추어 교류하는 것이다.

(5) 생활 자세

아동은 어린 시기에 세상에 대한 생활 자세가 결정된다. 아동이 어린 시절 욕구와 감정을 최초로 표현하였을 때 부모의 반응양식에 대한 아동의 반응과 그 반응에 따른 결정의 결과를 생활 자세라고 한다. 개인에게는 네 가지의 기본적인 생활 자세가 있다.

▶ 자기긍정, 타인긍정 : 아동의 신체적, 정서적 욕구가 사랑과 수용적인 방식으로 충족되면서 성장한 아동이 가지는 생활 자세이다.

▶ 자기긍정, 타인부정 : 이는 투사적 입장이다. 자신의 실수는 다른 사람에게 전가하고 자신은 희생이나 박해를 당했다는 기분을 느낀다. 나는 옳고 다른 사람은 옳지 않다는 입장이다.

▶ 자기부정, 타인긍정 : 나는 별 볼일 없고 너 잘났어 하는 입장이다. 아이가 어릴 때 부모의 사랑을 받으면서 타인의 긍정성은 받아들이지만 자신은 무능하여 다른 사람의 도움 없이는 살아갈 수 없다는 좌절감을 느끼면서 갖게 되는 것이다.

▶ 자기부정, 타인부정 : 이러한 생활 자세는 무용론적인 입장을 보이는 사람들에게 나타난다. 아동이 성장하면서 스트로크가 심각하게 결

핍되었거나 극도로 부정적일 경우 희망을 잃고 포기할 때 나타나는 생활자세이다.

3) 상담기법

교류분석에서 상담자는 세 가지의 분석 즉, 구조분석, 기능분석, 교류분석을 통해 내담자에게 도움을 준다.

(1) 구조분석

구조분석이란 부모, 성인, 아동의 세 가지 자아상태가 어떻게 구성되어 있는지 분석하여 내담자가 자신을 이해하도록 해주는 것을 의미한다. 세 가지 자아상태가 우리의 사고, 감정, 행동에 미치는 영향을 파악하고, 세 가지 자아상태가 서로 독립적이고 상호 협조적인 전체로서 기능하지 못한다면 그 문제는 무엇인지를 정확하게 파악하기 위한 것이다. 이때 오염(contamination)과 배제(exclusion)의 문제가 제기되는데, 배제란 어떤 자아상태가 다른 자아 상태를 제외하고 독단적으로 반응을 주고받는 것을 의미한다. 세 가지의 자아상태 중 하나의 자아 상태에만 집중되어 다른 자아 상태를 배제하는 것이다. 예컨대 한 집안의 가장이 부모의 자아 상태로만 아내를 대해 권위를 내세우거나 명령하고 합리적인 대화를 나누지 않는 경우이다. 오염이란 하나의 자아 상태가 다른 자아 상태의 영향으로 오염되어 객관적으로 판단하는 것을 방해받는 경우이다. 예컨대 '다른 사람들이 나를 괴롭히려고 해' '나쁜 친구들과 어울리지 마' 등과 같은 것은 성인의 자아 상태에 부모의 자아 상태와 아동의 자아 상태가 침입하여 성인의 자아상태가 정상적으로 기능하는 것을 간섭하는 경우이다.

(2) 기능분석

기능분석이란 그 사람의 자아 상태가 실제로 어떻게 기능하는가를 알기 위한 방법이다. 기능분석에서는 부모자아를 비판적 부모자아와 양육적 부모자아로 나누고, 아동자아를 자유로운 아동자아와 순응적인 아동자아로 나눈다. 성인자아는 객관적이고 논리적인 기능을 나타내기 때문에 나누지 않는다. 이 다섯 가지 자아의 기능이 제 기능을 다하고 있는지, 어떻게 사용되는지를 분석한다. 다섯 가지 중 어느 한 기능이라도 제 기능을 하지 못하면 역기능적인 삶을 살게 되기 때문에 기능분석을 통해 확인하는 것이 중요하다.

▪ 비판적 부모자아 : 주장적이고 처벌적이며 고집스러운 방식으로 기능하고, 남을 가르치고 통제하고 비판하는 기능을 한다.
▪ 양육적 부모자아 : 타인을 배려하고 격려하는 기능을 한다.
▪ 자유로운 아동자아 : 다른 사람을 의식하지 않고 어린 시절처럼 자유롭게 표현하는 기능을 말한다.
▪ 순응적인 아동자아 : 외부의 규칙이나 사회적 요구에 순응하는 기능을 한다.

(3) 교류분석

구조분석에 의해 자아 상태를 이해한 다음 일상생활에서 주고받는 말, 태도, 행동 등을 분석하여 어떤 교류가 효과적인지 혹은 비효과적인지를 알아보는 것이다. 이는 우리가 다른 사람에게 관계하는 방식을 설명하는 것이다. 이를 통해 어떤 교류가 직접적이고 개방적인지 혹은 방어적이고 폐쇄적인지를 파악하여 부적절한 교차적 교류나 저의적 교류를 중단하도록 촉진시킬 수 있다.

자신의 비합리적 사고 찾아보기

A(활성화 사건)	B(신념체계)	C(결과)

자신의 비합리적 사고 찾아보기

<u>부정적인 생각 확인하기</u>

상황, 기분 그리고 생각을 구분하여 기록해보기

최근 일주일 동안 우울한 감정(혹은 그 외 부정적인 감정들)을 느꼈던 때를 생각해 보십시오. 그 경험에 대해 그 당시의 상황과 기분 그리고 이와 관련된 생각들을 기억나는대로 구체적으로 기록해 보십시오.

다음과 같은 내용을 구체적으로 확인하여 기록한다.

- 어떤 때 기분이 매우 우울한지 살펴보고(불안한, 긴장된, 걱정이 되는 등)

- 이런 기분을 느낀 상황은 어떤 것이며(구체적인 시간과 상황 기술)

- 이 때 어떤 생각이 떠올랐는지를 기록한다.

상 황	기 분	자동적인 생각(이미지)
누구와 함께 무엇을 언제 어디서	① 한 단어로 감정을 표시 (슬픈, 외로운, 무기력한) ② 감정의 정도를 0 ~ 100%까지 평가	
1.		
2.		
3		
4.		
5.		

<u>자동적 사고를 확인하려면</u>

강한 감정이나 반응을 느낄 때 머리 속에 스치고 지나가는 것을 잡아라.

우리가 의식을 하지 못하고 있을 뿐이지 우리는 항상 생각이나 이미지를 머리 속에 갖고 있습니다. 아침에 일어나자 마자 창문 밖을 보면서 '눈이 올 것 같다'고 생각하고 왠지 서둘러 출근 준비를 하면서 약간은 초조해지는 느낌을 느끼는 경우에, 의식적으로 하나씩 하나씩 집고 넘어가지는 않지만 초조해지는 느낌을 느끼기 직전에는 여러 가지 생각이 스치고 지나갔다는 것을 확인해 볼 수 있습니다. 예를 들어 눈이 갑자기 내려 교통이 막힐지 몰라. 요즘 들어 계속 지각인데 오늘도 지각 했다가는 한 소리 들을거야. 어제까지 끝냈어야 하는 일도 마치지 못했는데 오늘 아침에 빨리 가서 마무리 해놓지 않았다가는…… 등의 단편적인 생각들이 짧은 순간 떠오르게 됩니다.

■ 아래의 예에서 여러분이 이와 같은 상황에 처했을 때 어떤 생각이 떠오르는지를 적어보십시오.

상황 : 당신이 손님 초대 음식상에 처음으로 만들어 본 요리를 내 놓았다. 처음 해 본 요리라 맛이 어떨까 걱정도 되고 맛있어 할까 좀 긴장되었다. 그런데 사람들이 먹어보고는 맛있다고들 했다.

자동적인 생각 : ____

제 6 장

효과적인 상담면접 기법

Counseling

상담의 핵심기법 I

1) 공감적 이해

상담자는 내담자를 공감할 수 있어야 성공적인 상담의 과정으로 내담자를 유도하여 진행시킬 수 있다. 공감적 이해란 상담자가 내담자의 입장에서 그의 주관적인 세계를 이해하는 것을 말한다. 이는 상담자가 제 3의 귀를 가지고 내담자의 마음의 소리에 귀를 기울임으로써 가능하다. 공감적 이해는 자신이 직접 경험을 하지 않고도 다른 사람의 감정을 마치 그 사람처럼 거의 같은 내용과 수준으로 이해하는 것이다. 대인관계를 촉진시키는 의사소통의 기술을 체계적으로 고안하여 상담자 훈련모델로 사용한 사람 중의 하나가 Carkhuff이다. 이에 따르면 공감적 이해의 수준은 관습적인 수준, 기본적인 수준 그리고 심층적인 수준으로 나누어 볼 수 있다. 관습적인 수준이란, 상대방이 표현하는 감정이나 생각을 지각하지 못하거나 혹은 상대방의 표면적 감정이나 생각을 지각하여 반응을 보여 적절한 의사소통이 이루어지지 않는 경우를 말한다. 기본적인 수준은 상대방의 언어적 비언어적 표현에 주의를 기울임으로써 표면에 나타난 상대방의 감정이나 생각과는 일치된 의사소통은 하지만 내면적인 생각과 감정에는 반응을 보이지 못하는 경우이다. 마지막으로 심층적인 수준에서는 언어적으로 명백히 표현되지 않은 상대방의 내면적 감정과 생각까지도 지각하여 이에 충분히 반응을 보여주게 된다. 공감적 이해는 상대방의 표현속에 숨겨진 감정, 태도, 신념 및 가치관등을 확인하고 상대방의 외현적인 표현 뿐만 아니라 내적인 측면까지 이해하고 있다는 것을 상대방에게 전달하는 것이 중요하다.

공감적 이해란 상대방의 표현을 아무런 왜곡 없이 이해하는 것뿐만 아니라 표현되지 않은 상대방의 내면세계까지 이해하는 것이 중요하다. 자신이 직접적으로 경험하지 않고도 상대방의 감정을 마치 그 사람과 거의 비슷한 수준으로 이해하는 것이다.

이러한 정확한 공감이외에도 부가적으로 존경과 배려 그리고 구체성이 수반되어야 한다. 즉, 상담자가 진지한 태도로 관심을 갖고서 반응을 해주어야 하며 내담자가 처한 구체적인 상황 하에서 행동, 경험 그리고 감정을 다루는 것을 의미한다. 초보자가 범하기 쉬운 오류는 정확하지 않게 공감하는 것, 이해하는 척 하는 것, 내담자가 횡설수설하는 것을 내버려 두는 것, 성급하게 고차적인 수준의 공감을 시도하는 것 그리고 너무 길게 풀어서 늘어놓는 것 등이다. 심층적이고 고차원적인 공감은 다음과 같이 나누어지고 자기이해와 탐색을 도울 수 있는 기회를 제공해준다.

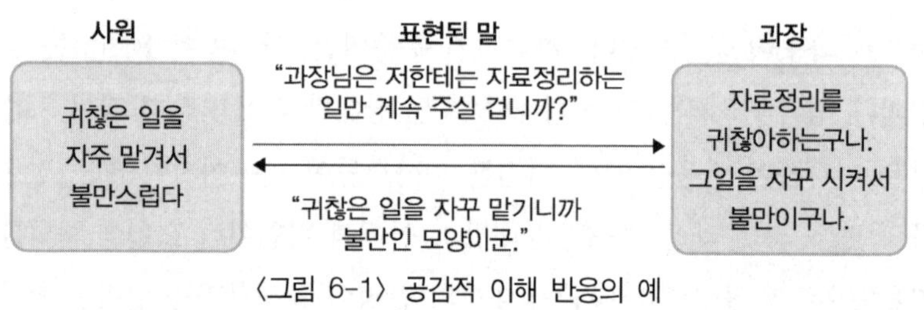

〈그림 6-1〉 공감적 이해 반응의 예

상담 장면뿐만 아니라 일상생활에서 상대방과의 대화나 관계 형성에 있어서 공감적 이해는 다양한 효과를 발휘한다. 구체적으로 상대방의 고조된 감정을 완화시켜 심리적으로 안정된 상태에서 대화가 이루어 질수 있도록 도와주며, 이를 기초로 보다 합리적이고 이성적인 문제

해결을 할 수 있도록 도와준다. 또한 공감적 이해를 통해 상대방은 자신이 이해받고 있다는 느낌을 갖게 되고 관계를 신뢰하게 됨으로써 자신을 보다 적극적으로 개방하게 만들어 준다. 인간관계에서 서로에 대한 자기 개방의 증가는 상대방에 대한 깊이 있는 이해뿐만 아니라 서로에 대한 심리적 거리를 줄여 줌으로써 친밀감을 증대시키게 된다.

〈표 6-1〉 공감적 이해의 효과

- 수용받고 이해 받는다는 느낌을 증가시킨다.
- 신뢰로운 관계 형성에 도움이 된다.
- 자기 개방을 촉진시킨다.
- 합리적인 문제 해결에 도움이 된다.

연습문제

학교에서 다른 아이들이 서로 웃고 얘기하는 걸 보면 모두들 친구들이 많은 것 같애요. 써클이다, 과외활동반이다 모두들 야단인데 나는 항상 외톨이에요. 어쩌다가 교실에서 다른 애들에게 말을 걸고 싶어도 무슨 말을 해야 할 지 모르겠어요. 아이들은 아예 나는 혼자 말도 않고 있는 사람으로 취급해버려서 내가 말을 걸려고 하면 어색해 하고 쑥스러워지거든요. 정말 어쩌면 좋을지 울고 싶을 때가 많아요.

공감적 이해반응

공감적 이해의 표현에서 중요한 두 가지 내용은 상대방의 핵심적인 감정을 확인하는 것과 이와 관련된 상대방의 성장 동기를 읽어 주는 것이다. 여기서 성장 동기란, 상대방이 가지고 있는 긍정적인 측면의 자기 발전적인 혹은 자기 성장적인 동기를 말하는 것으로써, 지금 표현하는 감정이나 행동과 관련된 개인의 동기를 함께 이해하려는 노력이 필요하다. 상대방의 심층적인 감정을 읽고 공감해 주는 것도 중요하지만, 이와 관련된 긍정적인 측면의 동기를 확인 시켜 주는 것은 상대방에게 바람직한 방향으로의 동기를 부여시켜줌으로써 보다 발전적인 관계 형성과 문제 해결에 도움을 주고 상대방은 자신이 보다 깊이 이해받고 있다는 느낌을 받게 되어 공감의 효과를 증대 시킬 수 있다. 즉, 상대방의 내면적인 감정을 공감해줌으로써 상대방으로 하여금 성장적인 변화를 꾀할 수 있게 도와주는 것이 필요하다.

(1) 공감적 이해

상대방의 표현을 아무런 왜곡 없이 이해하는 것뿐만 아니라 표현되지 않은 상대방의 내면세계까지 이해하는 것이 중요하다. 공감적 이해란 상담자가 내담자의 입장에서 내담자의 주관적인 세계를 이해하는 것을 말하며, 감정 이입적 이해라고도 말한다. 상담자 자신이 직접적으로 경험하지 않고도 상대방의 감정을 마치 그 사람과 거의 같은 수준으로 이해하는 것이다. 감정 이입적 이해는 상담자가 제3의 귀를 가지고 내담자의 마음의 소리에 귀를 기울임으로써 가능해진다.

(2) 공감적 이해의 효과

상담자의 공감적 이해를 통해 내담자는 자신이 이해받고 있다는 느낌을 갖게 되고 상담자를 신뢰하게 됨으로써 자신을 보다 깊이 있게 개방을 하게 된다.

(3) 공감적 이해의 구체적인 과정

내담자의 표현 속에 숨겨진 감정, 태도, 신념 및 가치관등을 확인하고 내담자의 외적인 표현뿐만 아니라 내적인 측면까지 이해하고 있다는 것을 내담자에게 전달하는 것이 중요하다.

(4) 공감적 이해의 5 수준

① 수준 1 : 상대방의 언어 및 행동 표현의 내용에서 벗어나거나 내용에 주의를 기울이지 않아 상대방의 표현보다 훨씬 못 미치는 수준으로 의사소통하는 것

② 수준 2 : 상대방이 표현한 감정 표현에는 반응을 보이지만, 핵심적인 감정을 제외시키고 의사소통하는 것

③ 수준 3 : 상대방이 표현한 것과는 본질적으로 동일한 정서와 의미를 표현하여 의사소통 하는 것

④ 수준 4 : 상대방이 스스로 표현한 것 보다 더 내면적인 감정을 읽어주면서 의사소통 하는 것

⑤ 수준 5 : 상대방이 표현할 수 있었던 내면적인 의미를 정확하게 표현하거나 상대방의 내면적인 측면과 의사소통하는 것. 상대방의 성장 동기를 이해하고 이와 관련하여 내담자의 감정을 표현해 주는 것

공감적 이해의 수준 평가(연습)

예 어제 밤에 잠을 한 숨도 못자서 힘이 드네요.

　: 요즘 같은 세상에 잠 편히 자는 사람이 이상하죠.

　: 한숨도 못 잤으니 몸도 피곤하고 집중도 안 되서 일을 제대로 못하겠네요.

　: 참 힘들겠네요. 혹시 무슨 고민거리라고 있어요?

(5) 공감적 이해의 다양한 방법들

① 감정에 반응하기 : ＿＿＿씨가 느끼는 것은 ＿＿＿라는 거죠. 그러니까 ＿＿＿＿런 감정을 느끼신 거군요.

② 감정과 내용에 반응하기 : ___하니까 ___게 느낀 거군요.

_____ 때 _______ 감정이 들지요.

③ 개인적인 문제점(결점) 규명하기 :

___를 할 수 없어서 ___ 하다는 말이죠.

④ 개인적인 목표를 설정하기 :

_____ 를 못해서 ____ 라고 했는데,

이제는 _____ 하고 싶다는 거군요.

(6) 성장 동기를 이해하는 방법

내담자의 내면적인 감정을 공감해줌으로써 내담자로 하여금 성장적인 변화를 꾀할 수 있게 도와주는 것이 필요하다.

이런 측면에서 공감적인 이해를 할 때는 내담자의 표현 속에서 내담자가 가지고 있는 긍정적인 동기 즉, 성장동기의 구체적인 내용을 언급하면서 이와 관련된 감정을 읽어주는 것이 중요하다.

(7) 성장동기 확인하기

① 과장님은 저에게 일을 맡기고는 항상 수시로 간섭하거나 아니면, 중간에 계획을 임의로 수정하는 바람에 일을 도대체 할 맘이 없어요.

성장동기 : _______________________________________

② 우리 회사는 휴가 기간이 너무 짧은 것 같애요. 3일이 뭡니까? 집에서는 야단이고 가족들에게 들볶여서 죽겠어요.

성장동기 : _______________________________________

③ 오부장은 직장 상사라지만, 저에겐 학교 후배인데, 선배인 저한테 너무 건방진 것 같아요.

성장동기 : _______________________________________

(8) 공감적인 이해 표현 연습

① 저는 오늘 제가 할 일을 다 해놓고 잠시 밖에 볼 일이 있어서 잠깐 나갔다 왔는데 부장님은 자리 비운다며 듣기 싫은 소리를 하세요.

공감적 이해 반응 : ________________________

② 저는 여자들 앞에 서면 도대체 아무 말도 할 수가 없어요. 편하게 대화하는 여직원이 하나도 없어요.

공감적 이해 반응 : ________________________

③ 요즘 같아서는 직장생활 적응하는 것, 특히 인간관계가 정말 힘들고 곤혹스러워요.

공감적 이해 반응 : ________________________

④ 난 우리 부장님이 무엇을 원하는지 정말 알 수가 없어. 내 생각에 내가 특별한 일을 한 것 같지 않은데 내가 일을 잘한다고 칭찬하거든. 꾸중이라는 것은 없고. 난 뭣 때문에 부장님이 나를 무조건 칭찬하는지 알 수가 없어. 그래서 가끔씩 뭔가 내가 잘못하고 있지나 않나 생각을 하기도 하는데 내가 잘 처신하고 있는지 잘 모르겠어.

공감적 이해 반응 : ________________________

2) 무조건적 긍정적 존중

무조건적 긍정적 존중이란 상대방을 그의 감정, 사고 및 행동을 평가하거나 비판하지 않고, 한 인간으로 있는 그대로 받아들이는 것을 말한다. 이는 상대방이 어떤 문제를 지니고 있건 어떤 과오를 저질렀건 간에 상관없이 있는 그대로 한 인간을 받아들이는 것이다. 상담자가 이러한 태도를 보여줄 때 상대방은 자신이 존중받고 있다는 느낌을 갖게 되어 자유롭게 자신의 경험과 감정을 표현할 수 있게 된다. 무조건적 긍정적 존중도 마찬가지로 세 가지 수준으로 나뉘어질 수 있다. 관습적인 수준에서는 상대방을 전적으로 무시하고 잠재능력, 인간으로서의 가치 등에 대해 부정적인 평가를 하고 상대방을 존중하지 않는 반응을 하게 된다. 기본적인 수준에서는 상대방의 성취나 경험 그리고 잠재적인 능력을 있는 그대로 수용하는 것이다. 심층적인 수준은 드러나지 않는 상대방의 가치나 가능성까지 배려하여 존중해주는 것을 말한다.

(1) 수용적 존중이란

수용적 존중이란 상대방을 한 인간으로 존중하고 상대방의 감정, 사고 및 행동을 평가하거나 판단하지 않고 있는 그대로 받아들이는 것을 말한다.

(2) 수용적 존중의 효과

내담자는 상담자의 수용적인 존중의 반응을 통해서 자신이 상담자로부터 존중받고 있다는 느낌을 갖게 되고 이는 자신의 체험이나 솔직한 감정을 있는 그대로 개방하게 만든다.

(3) 수용적 존중의 5 수준

① 수준 1 : 의사소통자의 언어와 행동 표현에서 상대방에 대한 존중이 명백히 결여되어 있거나 부정적인 배려만 있는 수준
② 수준 2 : 상대방의 감정, 경험 및 잠재력에 대해 거의 존중하지 않는 수준
③ 수준 3 : 상대방의 감정, 경험 및 잠재력에 대해 기본적으로 긍정적인 존중과 관심을 전달하는 수준
④ 수준 4 : 상대방에 대해 깊은 긍정적 존중과 관심을 표현하는 수준

⑤ 수준 5 : 상대방에게 한 인간으로서의 가치와 자유인으로서의 잠
재력에 대해 매우 깊은 긍정적인 존중을 전달하는 수준

무조건적 긍정적 존중의 수준 평가(연습)

예 제가 하는 일은 진전도 별로 없고 그것 때문에 상사에게 두 번
이나 꾸중을 들었어요. 어떻게 해야 할지 모르겠어요.
: 요즈음 상당히 어려운가 본데 평소에 최선을 다하니까 곧 좋
아질거예요.
: 일도 안되고 그것 때문에 꾸중도 들어서 어떻게 해야 할지 정
말 답답하겠군요.
: 일을 그 모양을 하니 꾸중듣는게 당연하지요.

예 몸이 아파서 일을 다 끝내지 못했어요. 참고 일을 하려고 했는
데 도저히 할 수가 없었어요.
: 아플땐 쉬어야지 건강해야 일을 더 잘할 수 있지.
: 몸이 좀 아프다고 그 일을 미루면 어떡하니?
: 또 일을 못했어? 이제는 별 핑계를 다 대는구나.
: 몸이 아프면 힘이 들지. 그 동안 일하느라 무리를 했지.
: 그래, 너니깐 그 만큼이라도 했지. 웬만하면 너 같으면 일을
다 마쳤을꺼야.

(4) 수용적 존중 표현 연습

① 저는 도저히 감을 잡을 수가 없어요, 이 문제에 대해서 제가 무
엇을 어떻게 해야 할지 전혀 모르겠어요.
수용적 존중 : ________________________________

② 저 친구는 저와 초등학교 동창이에요. 그런데 이 녀석이 회사에
서 저보다 지위가 높다고 저보고 이래라 저래라 지시를 하려들

지 뭡니까?

　　수용적 존중 : _______________________________

③ 부장님이 저에게 아주 심하게 화를 내면서 몰아붙이더군요. 그
　게 기안 작성한 거냐구요.

　　수용적 존중 : _______________________________

④ 제가 한달 전에 구입한 옷인데, 아무래도 색상이며, 디자인이며,
　바느질하며, 등등이 정말 맘에 들지 않아서 도저히 입을 수가 없
　어요.

　　수용적 존중 : _______________________________

⑤ 왜 제 아내는 항상 사소한 일로 애들 앞에서 바가지를 긁는지
　모르겠어요.

　　수용적 존중 : _______________________________

3) 진솔성

　진솔성 혹은 순수성이라는 의미를 담고 있는 진솔성이란 상담자가
내담자와의 관계 속에서 경험한 자신의 사고 감정 및 태도를 솔직하고
정확하게 표현하는 것을 말한다. 상담을 진행하면서 상담자는 내담자
와의 관계에서 긍정적인 감정뿐만 아니라 부정적인 감정이나 태도도
갖게 될 수 있다. 이 때 상담자가 느낀 긍정적인 부정적인 감정과 생각
을 솔직하게 내담자에게 표현하는 것이다. 관습적인 수준에서는 상대
방에 대해 부정적인 표현을 하거나 자신의 감정 생각을 진실되게 표현
하기 보다는 의례적이고 관습적인 방식으로 표현하는 것이다. 기본적
인 수준에서는 표면적인 자신의 감정이나 생각을 표현하나 자신의 내
면에 있는 진실을 표현되지 않은 상태이며 심층적인 수준은 자신의 감
정과 사고를 솔직하게 표현하여 자신의 내면에 있는 긍정적인 동기를

솔직하게 말하는 것이다.

(1) 일관적이고 진솔한 반응이란?

상담자가 내담자와의 관계 속에서 경험한 자신의 사고, 감정 및 태도를 솔직하고 정확하게 표현하는 것을 말한다. 이는 상담자가 내담자와의 관계에서 상담자의 역할을 하기보다는 한 인간으로서 내담자를 만난다는 의미가 포함되어 있다. 상담을 진행하면서 상담자는 내담자와의 관계에서 긍정적인 감정뿐만 아니라 부정적인 감정이나 태도도 함께 가질 수 있다. 이때 상담자가 느낀 긍정적인 혹은 부정적인 감정과 생각을 솔직하게 내담자에게 표현하는 것이다.

상담자의 내담자에 대한 혹은 상담에 대한 모든 감정을 다 드러내라는 요구가 아니라 상담에 필요한 감정 표현을 진실되게 일관성 있게 표현하는 것이 요구된다.

진솔성 반응 평가 연습

상담시간에 늦게 온 내담자가 "저…… 오늘 늦어서 죄송합니다."
: 늦을 수도 있죠. 괜찮아요.
: 오늘도 또 늦었네요. 시간을 지키셔야겠네요.
: 요즘 자주 늦는데 혹시 뭔가 변화가 있는 건지 걱정이 되는데요.

(2) 진솔성의 5 수준

① 수준 1 : 자신이 느끼는 감정과는 무관한 표현을 하거나 부정적인 것에만 진지한 반응을 하기 때문에 상대방에게 심리적인 상처를 줄 수 있는 반응

② 수준 2 : 자신이 느끼는 감정과 거의 관계가 없는 표현을 하거나 상대방에 대한 진실성이 주로 부정적인 반응에 대해서만 나타나

는 수준이다.

③ 수준 3 : 말하고 느끼는 것 중에서 부정적인 단서를 보이지는 않지만, 진지한 반응을 나타내는 긍정적인 단서를 제공하지 못하는 수준

④ 수준 4 : 상대방에게 긍정적이든 부정적이든 진지한 반응을 나타내며 긍정적인 반응 단서를 건설적인 방식으로 제시하는 수준

⑤ 수준 5 : 상대방과의 비타산적인 관계에서 자유롭고 깊이 있게 자기 자신의 순수한 모습이 되는 수준

진솔성 반응의 수준 평가(연습)

예 도대체 일만 시키면 되는 겁니까? 아무런 준비도 없이……

( ) 웬 잔소리가 그렇게 많은가?

( ) 그런 식의 불편을 늘어놓으면 안되지.

( ) 그러지 않아도 미안하네, 그렇게 말하면 내 심정이 어떻겠나?

( ) 너무 급한 일이라 그랬네, 가끔 이럴 때도 있는 것 아니겠나.

( ) 그렇게 말하니 나도 별 도리가 없네.

예 상담시간에 늦게 온 내담자가 : 저…… 오늘 늦어서 죄송합니다.

( ) : 늦을 수도 있죠, 괜찮아요.

( ) : 오늘도 또 늦었네요. 시간을 지키셔야겠네요.

( ) : 요즘 자주 늦는데 혹시 뭔가 변화가 있는건지 걱정이 되는데요.

예 담배 좀 꺼주시겠어요? 담배연기 때문에 숨도 제대로 쉴 수가 없어요.

( ) 좀 참으면 안돼요?

(   ) 담배 필 곳이 마땅찮아서요. 그래도 숨이 막힌다니 꺼야겠
      네요.

(   ) 숨도 못 쉬겠다니 너무 과민한 것 아닌가요?

(   ) 오죽 하면 여기서 피고 있겠어요.

(   ) 거기 창문 좀 열죠.

① 저도 지금 뭐가 잘못된 것인지 찾아보려고 애쓰고 있는 중입니
   다. 자꾸 재촉하시면 전들 어떻게 하겠습니까?

   (열심히 하지 않고 말만 해서 화가 난다면)

   ____

② 저와 면담한 것을 아무리 익명이라고 하지만 전체 과원들 앞에
   서 하나의 사례로 이야기 하시다니 몹시 기분이 나빴습니다.

   (당혹스럽고 미안하다면)

   ____

4) 전문적 구체성

상담자가 내담자에게 공감, 존중 및 진실성을 보여주면서 촉진적
관계를 조성하면 내담자는 자신을 보다 깊이 있게 탐색을 할 수 있게
된다. 공감이나 존중을 통해 관계를 형성하는 이유는 내담자로 하여금
자신에 대해 탐색을 하도록 하기 위한 것이라 할 수 있다. 일상생활에
서 주위 사람들에게 공감과 존중을 부족하게 받아온 내담자들은 상담
자가 조성한 신뢰로운 관계 형성을 기반으로 자신의 어려움을 드러내
놓기 시작한다. 이때 상담자는 자신을 드러내려는 내담자를 세심하게
인도하는 것이 중요하며, 내담자가 내 놓은 주제를 구체적으로 이야기
하게 함으로써 효과적인 문제에 대한 자각과 해결과정이 이루어 질 수

있도록 해야 한다. 예를 들어, "전 성격이 이상해요." 라는 내담자의 말에 상담자는 이상하다는 것이 무엇을 의미하는지, 구체적으로 탐색을 해 보아야 한다. 일반적으로 내담자들은 자신의 심리상태를 묘사할 때 일반적이고 추상적인 용어를 많이 사용하게 되는데, 이때 상담자는 전문적인 접근으로 보다 구체적이고 명확한 의미 규정이나 용어에 대한 이해를 할 수 있도록 이끌어 주는 것이 필요하다.

전문적 구체성의 수준도 크게 세 가지로 나뉜다. 관습적인 수준에서는 상담자는 상대방의 문제 상황에 대해서 단지 추상적이고 일반적인 수준에서 반응을 보인다. 상담자는 문제 상황과 관련된 상대방의 감정, 경험 및 행동에 대해서는 논의하려는 시도를 전혀 하지 않는다. 그리고 기본적인 수준에서는 문제 상황과 관련된 상대방의 감정, 경험 및 행동에 대해서 언급하기는 하나 개인적인 의미나 구체적인 의미를 명료하게 탐색하지는 못한다. 마지막으로 심층적인 수준의 반응을 보이는 경우에는 상담자는 상대방으로 하여금 문제 상황과 관련된 자신의 감정, 경험 행동이 충분히 구체적으로 명료하게 논의되어 지고 상담자는 상대방의 긍정적 변화를 위해 깊은 수준의 탐색을 적극적으로 촉진하게 된다.

전문적 구체성 수준의 평가(연습)

예 제 상사하고는 말이 통하지가 않아요. 말을 해봐야 아무 소용이 없어요.

( ) : 같은 팀원들 하고는 말을 하지 않고도 다 통하는 거 아닌가?

( ) : 상사가 네 이야기를 어떻게 들어 주면 좋겠다고 생각하니?

( ) : 사람이 이래저래 말이 많은 것은 좋지 않아.

( ) : 네 말을 어떤 상사가 들어 주지 않았길래 그러니?

( ) : 누구에게 무슨 얘기를 했길래 그러니?

예 엄마는 무슨 잔소리를 그렇게 많이 하세요?

( ) : 넌 엄마가 어떻게 말해야 한다고 생각하기에 그러니?

( ) : 애들은 잔소리를 들으면서 커야 사람이 되는 법이다.

( ) : 내 말은 잔소리가 아니라 꼭 지켜야 하는 일들을 얘기하
는 것 뿐이야.

( ) : 엄마의 어떤 말이 잔소리로 들리니?

( ) : 내 말이 어떻게 잔소리로 들리는지 말 좀 해보려무나.

2

상담의 기본 기법 II

1) 요약 반응하기

요약 반응이란 상담자가 내담자의 문제 상황을 더욱 초점화되고 구
체적으로 탐색하도록 하기 위한 것이다. 적절하고 효과적인 요약이란,
많은 사실들을 기계적으로 묶는 것이 아니라 서로 관련 있는 자료들을
체계적으로 의미 있게 묶어서 정리하는 것을 말한다. 따라서 효율적인
요약은 내담자를 경청하고 정확하게 이해함으로써 가능하다.

요약 반응은 상담 과정에 초점을 맞추거나 방향을 제시하기 위해 언
제든지 사용할 수 있지만, 특히 필요할 때가 있다. 첫째, 새로운 상담시간
이 시작 될 때, 둘째 상담 시간 중 내담자가 산만하게 이야기 하는 경우
셋째, 내담자가 어떤 주제에 대해 하고자 했던 말을 거의 끝낸 상황이다.

2) 정보 제공하기

　내담자는 정보가 부족해서 자신의 문제를 충분히 탐색할 수 없는 경우가 있는데 이때 필요한 정보를 제공하거나 정보를 얻을 수 있는 자료를 소개해 주는 것이 필요하다. 정보 제공 반응은 내담자가 자신의 문제에 대한 새로운 조망을 갖게끔 도와주기도 하고 때로는 자신의 결정을 확신하게 하는 역할이나 지지적인 역할을 하기도 한다.

　정보를 제공해 줄 때 주의해야 할 점이 몇 가지 있다. 첫째, 정보가 내담자를 압도하여 부담감을 가지 않도록 해야 한다. 둘째, 문제 상황에 관련된 구체적인 정보만 제공해야 한다. 셋째, 충고를 하는 것과 정보를 제공해 주는 것을 혼돈해서는 안 된다. 넷째, 정보가 적절하게 수용이 될 수 있는 기본적인 신뢰감 형성이 선행되어야 한다.

3) 자기-노출 반응

　내담자가 새로운 시각을 갖도록 도와주기 위한 방법으로 때로는 상담자 스스로가 자신의 경험을 내담자에게 공개하여 내담자와 함께 이를 공유하게 하는 방법이 있다. 이것은 상담자의 자기 노출 혹은 자기 공개 반응이라고 하는데, 자기 공개 반응을 통해 상담자는 자신의 생각, 가치, 느낌 태도 및 여러 가지 정보를 내담자에게 드러내 보인다. 또 상담자는 내담자와 비슷하거나 같은 경험을 겪었고 비슷한 느낌을 경험했다는 것을 보여준다.

　이와 같이 상담자에 대한 정보를 내담자에게 공개하는 과정을 통해 두 가지 효과를 얻을 수 있다. 첫째는 모델링 효과로서 상담과정 중 내담자에게 일어나야 하는 행동들을 내담자에게 상담자가 모범적으로 보여주는 효과적인 방법이다. 즉, 내담자가 자신의 행동 규범에 대한 지침을 이를 통해 얻을 수 있으며 보다 심리적으로 안정된 상태에서 자신의 행동이나 태도를 취할 수 있게 도와준다. 따라서 자기 공개 반응을 일반적으로 상담 초기에 유용하지만, 내담자가 자신을 나타내는 데 어려움을 느낄 때 혹은 무엇을 말해야 좋을지 몰라 힘들어 할 때에는 상담 초기든 후기든 상관없이 사용할 수 있다. 둘째로 상담자의 자기 공개 반응은 내담자로 하여금 목표 설정과 실행에 필요한 새로운 시각과 조망을 갖도록 한다. 자기 공개 반응은 내담자로 하여금 자신과 문제 상황에 대해 구체적으로 말하게 하고 새로운 조망과 사고의 틀을 갖게 하여 현실적인 목표를 세우는데 도움을 준다.

자기 공개 반응이 적절한 효과를 발휘하기 위해서 지켜야할 몇 가지 수칙이 있다. 첫째, 자기 공개 반응은 분명한 목표의식을 갖고 초점이 분명한 내용으로 이루어져야 한다. 둘째, 내담자가 상담자의 자기 공개 반응에 대한 욕구를 보이고 있는 적절한 시기에 이루어 져야 한다.

4) 질문하기

상담과정의 주요 기법이 '질문을 통한 탐색' 과정이라고 말하기도 한다. 내담자에게 많이 물어 보면 볼수록 내담자의 문제를 더 깊이 이해할 수 있다고 생각하는 경향이 있다. 일반적으로 질문 반응은 상담에서 진술식 말보다는 상대적으로 더 효과를 발휘하는 것은 사실이다. 그러나 모든 질문이 반드시 효과적이고 유용한 것은 아니다.

질문을 할 때 고려해야 할 것들 중의 하나는 너무 많은 질문은 내담자를 혼란시키고 위축시킨다는 점이다. 질문의 중요 기능은 내담자 스스로가 상담자의 질문에 적절하게 대답하면서 스스로 자신의 탐색 방향을 잡아 나가고 대답을 하는 과정에서 자신의 심리 상태 전반에 대한 정리와 자각을 촉진시키는데 있다. 따라서 질문을 통해 상담자는 구체적이고 사실적 정보를 많이 얻을 수 있는 장점이 있지만, 이와 같이 정보 수집에만 주의를 기울이다가는 내담자를 의존적인 역할에 머무르게 만들 가능성이 있다.

질문의 유형에는 개방적인 질문, 폐쇄적인 질문, 이중 질문 등이 있다. 이 중 가장 바람직한 질문의 유형은 개방적인 질문이다. 그 외 폐쇄적인 질문이나 이중 질문은 여러 가지 부정적인 효과를 유발시킨다. 개방적인 질문은 내담자에게 자신의 관점, 의견, 사고 및 감정을 끌어내게끔 도와주지만, 폐쇄적인 질문은 질문에 대한 답변만을 이끌어 내게 된다. 또한 이중적인 질문은 내담자에게 부담과 혼란만 가중시키게 된다. 예를 들면 아래와 같다.

① 개방적인 질문 : 내담자의 관점, 의견, 사고 및 감정을 포괄적으로 이끌어낼 수 있다.

　예 지난주에는 어떻게 지내셨습니까?

② 폐쇄적인 질문 : 특정한 답변을 이끌어낸다.

　예 지난주와는 달라 보이는데 안 좋은 일이 있었어요?

③ 이중적인 질문 : A or B?　　A? and B?

　예 상담이 도움이 된다고 생각합니까? 아니면 별 진전이 없다고 생각합니까? 상담이 도움이 된다고 생각합니까? 그리고 자신에 대한 이해를 더 많이 했다고 생각합니까?

　➡ 이제까지의 상담에 대해 어떻게 느끼시는지 궁금하네요.

이외에도 질문을 할 때 주의해야할 점으로는 질문은 구체적인 내용을 담고 있어야 하며, 가능한 한 "왜"라는 질문은 피하는 것이 좋다. 이러한 질문은 행동의 원인이나 이유를 확인하는데 필요하긴 하지만, 상대방으로 하여금 부정적인 감정이나 불편감을 유발시키는 방향으로 이끌 가능성이 있고 상대방으로 하여금 자신의 잘못에 대한 평가나 판단을 내리는 상황으로 잘못 이해되기도 하기 때문이다.

5) 침묵하기

상담을 할 때 상담자와 내담자 간에 침묵이 흐르고 조용해지면 상담자로서는 자신이 무엇인가를 해야 한다는 생각에 침묵을 그냥 받아들이지 못하는 경우가 있다. 그러나 침묵은 내담자로 하여금 상황에 대해 생각하거나 느끼면서 지속적으로 무엇인가를 하게 해주는 의미 있는 과정이다. 상담자로서는 침묵을 잘 활용할 줄 알아야 한다. 상담자가 자신이 하고 있는 것에 대해 강한 확신이 없으면 긴 침묵은 피하도록 해야 한다.

6) 직면하기

직면은 내담자의 행동이나 사고, 감정에 있는 어떤 불일치나 모순에 대해 상담자가 반응하는 것을 의미한다. 상담과정에서 내담자로부터 문제해결에 도움이 되지 않는 불일치나 왜곡, 회피, 속임수, 핑계 등이 나타나면 상담자가 이를 지적하거나 진술하는 것이다. 상담과정에서 상담자가 하는 해석은 새로운 의미를 제공하거나 내담자의 행동과 감정 이면에 깔린 원인을 제공하는 것인 반면, 직면은 불일치의 원인에 대해서는 기술하지 않고 내담자가 지각하지 못하거나, 직면하기를 회피하거나, 다룰 수 없는 모순을 깨닫도록 도와준다. 이러한 직면은 상담자와 내담자 간에 돌봉의 관계에서 행해져야 효과적이다. 직면이 적합한 상황은 다음과 같다.

• 내담자가 걱정이 되는 기본적인 문제들을 피하려고 할 때

• 내담자가 현실적이지 않은 반응과 말을 할 때

• 내담자가 상호 모순적인 말들을 할 때

• 내담자가 자신의 행동이 무엇을 의미하는지를 깨닫지 못할 때

• 내담자가 똑같은 이야기를 반복적으로 할 때

• 내담자의 말과 행동이 서로 모순적일 때

효과적인 의사소통상황에 활용하기

1) 의사소통을 방해하는 대화

일반적으로 대화의 기술은 상담 장면에서 사용되는 기법들이 기초가 되며, 아래와 같이 효율적인 의사소통을 방해하는 대화를 피함으로써 보다 효율적인 대화로 이끄는데 도움을 얻을 수 있다.

의사소통을 방해하는 대화의 종류를 들면 다음과 같다.

(1) 일방적인 해결책을 제시하는 말투

① 명령, 지시, 요구를 하는 말

② 주의, 협박, 경고하는 말

③ 도덕적 훈시, 설교하는 말

④ 충고, 제안이나 논리적으로 설득하는 말

(2) 심리적 좌절감을 불러일으키는 말투

① 판단, 비판을 하는 말

② 해석, 진단 및 심리분석적인 말

③ 욕설, 조소, 창피를 주는 말

④ 둘러대거나 관심을 전환시키는 말

⑤ 비교하는 말

⑥ 캐묻거나 심문하는 말

2) 다양한 자기 표현법

(1) 자기 주장적 표현

① 소극적 표현 : 수줍거나 무능력하여 또는 상황적 위협이나 해로운 결과가 두려워 자신의 감정이나 생각을 제대로 표현하지 못하는 경우

② 공격적 표현 : 남의 감정은 아랑곳하지 않고 지나치게 공격적으로 자기 표현하는 경우

③ 자기 주장적 표현 : 상대방의 인격과 권리를 존중하면서 자신의 감정과 생각 뿐 아니라 자신의 욕구를 솔직하게 털어 놓는 경우, 인간관계의 질을 향상시키는 데 많은 도움이 된다.

♣ 다음 상황을 잘 읽고 그것에 대한 반응이 공격적인지 소극적인지 아니면 주장적인지를 잘 구별해서 옆의 괄호 안에 표기하시오.

상 황	반 응	공격적	소극적	주장적
1. 일곱명의 남자와 한 명의 여자로 구성된 어떤 모임에서 회장이 당신에게 서무를 보라 고 한다. 그때 당신은?	싫어요. 단지 내가 유일한 여자라고 해서 서무가 되는 것에는 진절머리가 나요.	( )	( )	( )
2. 회사에서 팀을 이뤄 같이 일하기로 했는데, 사실상 혼자서 거의 모든 일을 하고 있다.	우리가 같이 이 일을 하기로 했는데 내가 일을 거의 다 하고 있는거 같아. 이것을 좀 바꾸도록 얘기를 나누고 싶어	( )	( )	( )
3. 당신이 옛날에 데이트를 한번 했는데 이젠 그에게 관심이 없다. 그가 또 데이트 신청을 할 때 당신은?	전 이번 주 너무 바빠요. 이번 토요일 저녁은 시간이 없겠어요.	( )	( )	( )
4. 사무실을 함께 쓰는 동료가 늘 어질러 놓는다. 그때 당신은?	너는 왜 이렇게 어질기만 하냐. 그러니까 사무실이 이 모양이지!	( )	( )	( )
5. 상사가 방금 당신이 한 일로 당신 인간성을 들먹이며 나무랐다. 그때 당신은?	과장님 말씀도 어느 정도 옳다고 생각합니다. 그러나 제 단점을 말씀하실 때 인신공격을 받은 것같아 기분이 언짢군요.	( )	( )	( )
6. 휴가 때 같이 가기로 한 친구가 갑자기 계획을 변경하겠다고 한다. 그때 당신은?	네가 그렇다면 할 수 없지 뭐.	( )	( )	( )
7. 아내가 말을 않고 침묵을 지킨다. 그때 당신은?	또 묵비권이야! 말 한번 뱉어내면 누가 죽나?	( )	( )	( )
8. 친구가 항상 당신의 카메라를 빌려 가는데 지난번에는 고장을 내 가지고 가져 왔다. 그가 또다시 카메라를 빌려 달라고 한다.	미안하지만 이제 카메라는 더 이상 안되겠어. 지난번에 빌려 줬더니 고장을 내서 돌려 보냈더군.	( )	( )	( )
9. 적은 돈을 빌려가고 갚지 않는 친구가 또 돈을 빌려 달라고 한다.	오늘 나 점심 사 먹을 돈 밖에 없는데….	( )	( )	( )
10. 친구와 전화로 한참동안 통화를 하였다. 당신이 이제 전화를 끊고 싶은데?	미안해 내가 해야 할 일이 있어서 그만 끊어야 겠어. 괜찮겠지?	( )	( )	( )

3) 나-전달법

자신이 느끼는 감정을 밝히고, 상대방의 행동이나 의견에 대한 나의 반응을 전하고, 상대방에게 행동의 변화를 요구하는 효과적인 커뮤니케이션의 기술로서 '나'메시지를 들 수 있다. 나-메시지 혹은 나-전달법이란 나를 주어로 상대방에 대한 자신의 감정이나 생각을 솔직하게 표현하는 것이다. 이 방법은 자신의 느낌에 대해 왜 그러한 느낌을 가지게 되었으며 자신은 어떻게 생각하는가에 대한 문제를 자신이 본 사실과 그것으로 인한 자신의 감정의 변화에 초점을 두어 설명하는 방법이다.

나-전달법은 상대방에게 개방적이고 솔직하다는 인상을 주며, 상대방에게 자신의 생각과 감정을 전달함으로써 상호이해를 증진시킬 수 있다. 또한 전달한 감정에 대해 상대방은 저항 없이 수용하고 협력적인 관계 형성의 동기를 증가시켜 준다.

자신이 상대방에 대해 좋지 않은 감정을 가지고 있는데 그것은 순수히 상대방이 나를 무시했기 때문이라고 생각하고 "당신이 나를 무시해서 내 기분이 나쁘다"라고 표현을 하면, 이것은 상대방이 한 행동을 나의 기준을 가지고 평가해서 자신의 기분이 나쁜 원인을 상대방의 행동에 돌리는 것이 된다. 이 이야기를 듣는 상대방은 자연 자기 방어를 하게 되어 "내가 언제 그렇게 했는가"라는 공격적인 반문으로 이어져 이것은 서로간의 또 다른 갈등의 원인이 될 수 있다. 이러한 문제를 피하고 순수하게 자신의 감정과 그러한 감정을 갖게 된 원인을 잘 묘사하고 자신의 주장을 상대방에게 전함으로써 상대방이 다음 행동을 할 때 하나의 정보로서 활용할 수 있도록 하는 방법이 '나' 메시지다.

'나' 메시지를 사용하는 방법은 우선 내 감정의 원인을 사실에 입각하여 구체적으로 묘사한다. 두 번째는 그러한 사실로 인해 나는 어떠한 감정을 가지게 되었는지를 밝힌다. 그리고 마지막으로 필요하다면 나의 주장 또는 바라는 바를 설명한다. 그 방법으로서는 "나는 당신이~했을 때~하는 느낌이었다. 앞으로 나는 당신이~게 해주었으면 좋겠다"라는 형태로 자신의 의견을 전하는 것이다. 만약 나의 솔직한 느낌을 표현하지 않고 상대방의 판단에 맡기게 되면, 상대방은 자신의 생각대로 판단해 나의 문제에 접근할 것이다. 그렇게 되면 자신의 권리와 이익은 침해당하게 된다. 다른 사람이 나의 의견에 대해 "예" 또는 "아니오"라고 말할 수 있는 권리가 있는 것처럼 나 자신 또한 나의 느낌을 솔직하게 전달하고 나의 주장을 말할 수 있는 권리가 있다. 내가 나의 권리 침해를 허용하지 않는 한 누구도 나의 권리를 침해할 수 없다. '나' 메시지의 활용은 곧 나의 감정과 행동을 명백히 전달함으로써 자신의 권리를 보호할 수 있는 좋은 기술의 하나이다.

	I − Message	You − Message
대화 방식	'나'를 주어로 하여 상대방에 대한 자신의 감정이나 생각을 솔직하게 표현함.	'너'를 주어로 하여 상대방의 행동에 대한 평가나 비평을 함.
표현 원리	네가 ……(행동)…… 하니까 나는 ……(감정)…… 게 느낀다.	너는 …… 하다
예	자네들 일처리가 늦어지니 내가 걱정이 되는구만.	자네들 일처리가 왜 이렇게 늦나.
효과	• 상대방에게 개방적이고 솔직하다는 인상을 준다. • 상대방에게 나의 생각과 감정을 전달함으로써 상호이해를 증진시킨다. • 상대방은 나의 느낌을 저항없이 수용하고 스스로 문제를 해결하려는 의도를 갖게 되어 저항대신 협력을 구할 수 있다.	• 상대방의 마음에 상처를 주어 상호관계를 파괴한다. • 상대방에게 일방적으로 강요하거나 공격하는 느낌을 준다. • 상대방은 방어적으로 대처하거나 반감을 갖거나 저항을 하게 된다.

I-Message 사용의 원리

I - Message = 문제 행동 + 행동의 영향 + 느낀 감정

① 문제가 되는 상대방의 행동과 상황을 구체적으로 말한다. 이때 어떤 평가, 비판, 비난의 의미를 담지 말고 객관적인 사실만을 말하는 것이 좋다.

　예 "자네가 나에게 말대꾸를 할 때…" (○)

　　"자네가 나에게 건방지게 말대꾸를 할 때…" (X)

② 상대방의 행동이 자신에게 미친 영향을 구체적으로 말한다.

　예 "자네가 말도 없이 자주 자리를 비우니까, 나는 자네가 해야할 일을 다른 사람에게 시키거나 기다리고 있어야 하네." (○)

　　"자네가 자주 자리를 비우니까 내가 힘들어." (X)

③ 그러한 영향때문에 생겨난 감정을 솔직하게 말한다.

　예 "자네가 지난번 업무보고를 하지 않아 무슨 일이 생겼는지 궁금하네." (○)

　　"자네가 지난 번 업무보고를 하지 않은 건 도대체 무엇 때문인가?" (X)

♣ 다음 상황을 I-Message 로 반응해 보시오.

1 분명하게 조퇴 이유를 말씀드렸는데도 지나치게 화를 내는 상관에게

① 문제가 된 행동 :

② 행동의 영향 :

③ 내가 느낀 감정 :

④ I-Message 응답 :

2 A라는 친구와 만나기로 약속했는데, A가 번번이 약속을 어겨서 허탕을 치다보니 더 이상 참아내기 힘들다.

① 평소의 반응 :

② I-Message로 표현하기 :

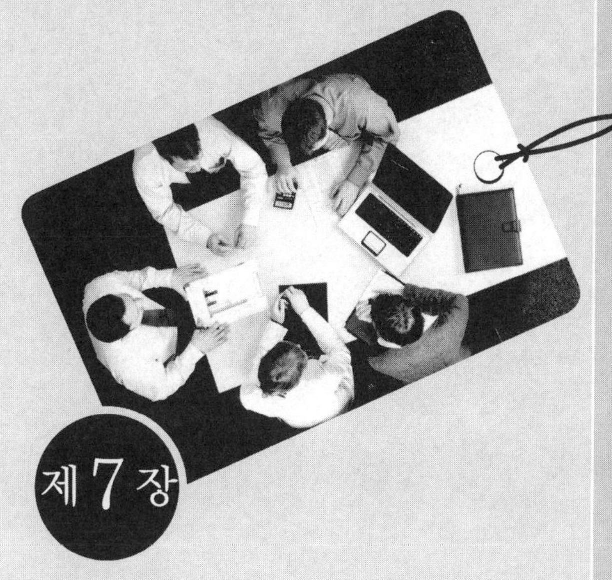

제7장

집단상담

▶▶ Counseling

집단상담에 대한 개관

1) 집단상담이란?

집단상담은 집단적 접근의 상담이다. 즉, 내담자 한명과 상담자 한명으로 이루어지는 전형적인 개인상담과는 달리 다수의 내담자와 한명 혹은 두명 정도의 상담자가 참여하는 집단적인 상담접근이다.

집단상담은 크게 구조화된 프로그램과 비구조화된 프로그램으로 나뉘는데, 구조화된 프로그램의 대표적인 예는 학교나 기관에서 이루어지는 집단 프로그램들로서 진로 탐색 프로그램, 대인관계 기술 훈련 프로그램, 자기 성장 프로그램들처럼 프로그램의 명칭을 통해 상담의 목표가 명확하게 확인이 가능한 것이다. 이런 프로그램들은 상담 목표가 뚜렷할 뿐만 아니라 상담 과정 및 프로그램의 내용이 미리 짜여져 있다는 면에서 구조화된 프로그램으로 분류한다. 상담의 각 회기마다 정해진 활동이 있으며 집단을 이끄는 지도자는 기본적으로 미리 계획된 프로그램 내용을 충실하게 이행하면서 집단상황에서 벌어지는 다양한 역동적인 관계 형성 경험들을 정리하고 이끌어 나가게 된다. 한편 비구조화된 프로그램은 구조화된 프로그램처럼 구체적인 명확한 상담 목표가 정해 져 있기보다는 포괄적인 명칭으로 프로그램들이 소개 된다. 비구조화된 프로그램의 특징은 무엇보다도 집단상황에서 벌어지는 생생하고 역동적인 관계 경험이다. 이러한 역동성은 집단의 진행과정에서 일정한 틀을 약화시키는 정도에 따라 증가하게 된다. 이러한 프로그램에 참여하는 사람들은 일반적으로 심리적 문제를 해결하기 위한 치료적 동기와 요구가 있는 경우가 많으며, 각자 개인의 문제를 집단이라는 상황적 특성을 활용하여 치유해 나간다. 집단에 참여한 구성원들은 자신의 문제를 보다 다양한 시각으로 바라 볼 수 있으며, 자신과 유사한 심리적 어려움을 겪고 있는 사람들과 동일한 집단의 구성원으로 참여 하게 됨으로써 서로에 대한 이해와 수용 가능성을 증가시키며, 이러한 안전하고 수용적인 분위기에서 구성원들은 자신에 대한 자발적이고 자연스런 노출을 하게 되고 이에 따라 본격적인 심리적 문제의 변화가 일어나게 된다.

집단상담에서는 문제를 해결하고자 호소하는 사람들을 구성원이라고 부르며, 상담자는 지도자 혹은 이끄는 이라고 불린다. 이러한 명칭이 의미하는 바가 바로 집단상담의 특성이다. 예를 들어, 집단상담에서는 구성원들은 내담자로서의 역할뿐만 아니라 상담자의 역할을 수행하기도 하며, 개인상담과는 달리 집단상담 장면에서는 상담자는 전체적인 집단의 흐름을 인도해 주는 역할을 주로 하여 상담에 참여한 각 구성원들의 개별적인 문제에 초점을 둔 치료기법을 사용하지 않는 것이 특징이다.

집단상담의 틀을 그림으로 표현하면 아래와 같다.

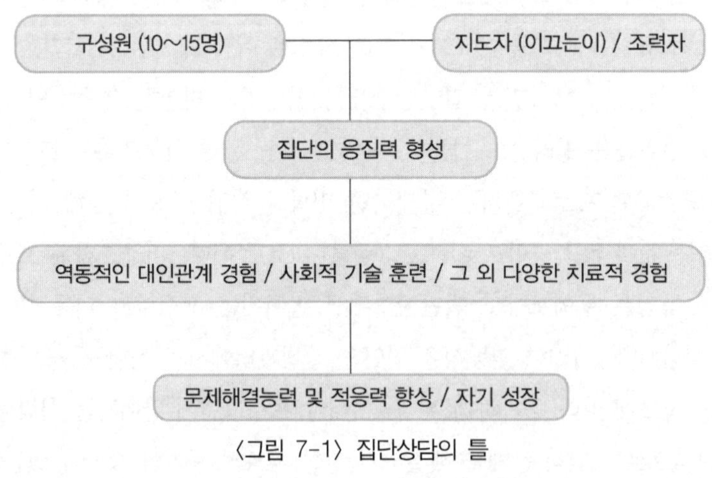

〈그림 7-1〉 집단상담의 틀

집단상담의 목표는 자기 이해와 자기 수용 및 자기 관리 능력이 행상을 통해 인간적인 성장을 꾀하고, 개인적 관심사와 생활사의 문제에 대해 객관적인 검토와 이를 해결하기 위한 실천적 행동을 훈련하고 대인관계 적응 능력과 기술들을 익힐 수 있게 도와주는 것이다.

2) 집단상담과 개인상담의 비교

집단상담의 특징에 기초하여 개인상담과 비교를 해 보면 여러 가지 측면에서 공통점과 차이점을 발견할 수 있다. 이를 표로 나타내면 아래와 같다. 공통적인 부분은 개인상담이나 집단상담이나 모두 관계 형성을 기초로 변화를 꾀한다는 점이지만, 개인상담에 비해 집단상담은 상담과정에서 보다 다양하고 생생한 인간관계를 경험할 수 있다는 점이 다르며, 개인상담에 비해 집단상담은 개인적으로 대인관계와 관련된 심리적 문제를 해결하는데 상대적인 강점을 보인다.

〈표 7-1〉 집단상담과 개인상담의 비교

	공통점	차이점
1) 치료자와 환자와의 관계	치료적 동맹관계형성	구성원들 간의 관계
2) 치료기법/치료자의 역할	전이, 해석 등	지금-여기에 초점을 둔 과정조명기법/전이의 해결
3) 치료적 분위기	수용적 분위기	역동적인 대인관계/상호도움제공 다양한 피이드백 주고 받음
4) 치료 목표	자기이해/성장 및 문제해결	대인관계 문제해결 및 기술증진

3) 집단상담의 장단점

집단상담의 장점은 첫째, 개인상담에서와는 달리 하나의 관계 형성이 아닌 상담자와 구성원들 간의 일대일 관계를 포함하여 구성원들끼리의 관계 그리고 상담자 한명과 집단 간의 관계 등, 다양한 대인관계 맥락에서 치료적 경험을 할 수 있다는 점이다. 둘째, 구성원들 간에는 동병상련의 의식이 생겨나 이를 기초로 구성원들은 동질감 과 소속감이 보다 쉽게 형성될 가능성이 있다. 셋째, 집단상담의 장면은 하나의 미시사회로 작용하므로 개인이 실제 생활에서 경험하는 다양한 어려움들이 집단상담 장면에 그래도 재현될 가능성이 있으므로 개인은 자신의 문제를 보다 생생하게 다룰 수 있다는 장점이다. 넷째, 다양한 구성원들을 통해 각 구성원들은 다양한 경험을 간접적으로 할 수 있고 자신에 대한 솔직한 표현과 이에 대한 구성원들의 객관적인 평가를 통해 자신에 대한 이해를 증진시키고 변화에 대한 동기를 얻을 수 있다. 다섯째, 각 구성원들은 다른 구성원들의 행동변화를 도와주는 상담자의 역할도 해 볼 수 있다. 상담에 참여한 구성원들은 자신은 도움을 받는 역할을 하는 것으로 자신을 인식했으나 자신도 타인에게 영향력을 행사할 수 있고 더욱이 긍정적인 도움을 줄 수 있다는 것을 확인하고는 자신에 대한 가치감 및 자아 개념의 변화될 가능성이 있다. 마지막으로 수용적이고 허용적인 분위기 속에서 새로운 행동에 대한 시도를 연습해 볼 수 있고 이에 대한 즉각적인 피드백을 얻을 수 있다.

이에 반해 집단상담은 개인상담에 비해 개인의 문제에 초점을 두기가 어려우며, 강한 집단의 압력으로 인한 구성원들의 준비되지 않은 혹은 의도하지 않은 자기노출은 신뢰로운 관계형성을 흔들어 놓을 가능성이 높다. 또한 강한 감정을 구성원들끼리 주고받고 즉각적인 평가나 피드백이 제공되는 상황에서 이를 견뎌 낼만큼 자아가 강하지 않으며 집단상담으로 인한 심리적 피해를 입게 될 수도 있다.

주요 개념

1) 집단의 응집력

집단상담에서 집단의 응집력이란, 마치 개인상담에서 촉진적인 관계형성과정과 흡사하다. 개인상담에서 상담자와 내담자의 촉진적인 관계 형성이 질적으로 제대로 이루어 졌는지의 여부는 상담의 성공을 결정하는 요인으로도 알려져 있다. 집단상담에서는 관계 형성의 종류가 다양하고 복잡하므로 집단의 응집력의 종류도 여러 가지이다. 구체적으로 구성원 개인이 상담자에 대해 갖는 신뢰감, 구성원들 간의 동료의식 및 동등의식도 집단의 응집력이라 할 수 있다. 이외에도 한 개인이 전체 집단에 대해 존중하고 신뢰하며, 집단의 공동 의견에 대한 각 구성원들이 보이는 존중감이 있다.

구체적으로 집단의 응집력이란 집단 구성원들의 집단에 대한 매력이며, 집단에 계속 남아 있고자하는 행동으로 나타난다. 집단의 응집력이 집단상담에서 중요한 이유는 효과적인 상담을 위한 필수적인 선행 요건이기 때문이다.

집단응집력의 증가에 영향을 주는 요인들로는 집단에 대한 애착, 상호 구성원들 간의 애정, 상호 존중, 상호 조력행동, 안전한 분위기, 진실성, 자기 개방, 공감적 이해, 집단참여도 등이 있다. 또한 집단응집력이 치료효과를 가져 오는 과정 및 기제를 살펴보면 높은 집단 응집력은 높은 출석율과 높은 참여율을 야기시키고 집단은 더 많은 사회적 정서적 경험을 제공하게 된다. 집단의 응집력은 개개인의 구성원으로 하여금 안정성을 증가시켜 방어를 서서히 해제하도록 도움을 주고 자신의 개인적인 갈등을 표출하는 등 자기 탐색행동을 증가시키게 된다. 아울러 집단의 응집력은 구성원들의 피드백에 대한 수용력을 증가시키고 안전한 분위기에서 모험행동이 증가되고 나아가 심리적 갈등이 증가되고 오히려 갈등극복이 용이해지게끔 도와준다. 마지막으로 집단의 응집력은 자기지식 및 자기 자각의 향상, 자기 확장, 자신감의 상승, 행동변화 유지력 증가에 중요한 기여를 한다.

2) 집단에서 대인관계의 의미

(1) 미시사회(microcosm)의 의미와 이와 관련된 집단 경험

미시사회란 축소된 사회적 상황이라는 의미로서 집단치료의 장면은 마치 일반 사회적 장면을 그대로 축소해 놓은 것과 같다. 즉, 일상적인 사회적 상황에서 다른 사람들과 상호작용하는 개인의 행동방식이 집단치료 장면에서 그대로 재현되기 때문이다. 이렇게 재현되는 특성으로 인해, 구성원들은 보다 생생하게 자신의 문제 행동을 경험할 수 있고 이에 대한 피드백을 받아 수정하고 새로운 행동을 연습하고 평가할 수 있는 기회를 얻게 된다. 또한 지금-여기에 초점을 두고 개인의 갈등 표출이나 문제행동을 생생하게 다루기 때문에, 행동에 대한 자각과 변화의 가능성을 높일 수 있다.

(2) 치료적 요인으로서 대인관계 학습의 기제

집단치료는 대인관계를 학습할 수 있는 장이라 할 수 있다. 미시사회로서의 집단치료 장면은 자신이 평소에 대인관계 상황에서 보이는 행동에 대해 이해를 하고 행동에 대한 타인의 평가와 타인의 행동들을 관찰함으로써 적절한 행동을 학습하고 자신의 행동에 대한 피드백을 기초 행동변화를 일으킬 기회를 갖게 해준다. 아울러 사회적 기술을 관찰하고 학습할 수 있는 기회를 제공해 준다.

집단의 구성

1) 구성원의 선정

구성원을 선정하는 데 있어서는 성별, 연령, 과거의 배경, 성격 차이 등이 고려되어야 한다. 흔히 관심과 문제가 비슷한 사람들로 구성할 것으로 생각하나 반드시 그렇다고 할 수는 없다. 때로는 문제의 다양성이 집단의 경험을 풍부하게 할 수도 있다. 연령과 사회적 성숙도에 있어서는 동질적인 편이 좋으나, 성(性)에 있어서는 발달 수준에 따라 고려하는 것이 좋다. 구체적으로 아동의 경우는 남녀를 따로 모집하는 것이 좋으며, 청소년기 이상에서는 남녀가 섞인 집단이 더 바람직하다고 할 수 있다. 학생들의 경우에는 같은 또래끼리 만나는 것을 더 편하게 생각하지만, 성인들의 경우에는 다양한 연령층이 모임으로써 서로의 경험을 교환할 수 있는 이점이 있다.

집단상담에서 효과를 얻을 수 있는 사람들의 기본적 조건이 있다. 즉, ① 내담자는 반드시 도움 받기를 원해야 하고, ② 자기의 관심사나 문제를 기꺼이 말해야 하며, ③ 집단 분위기에 잘 적응하는 정도에 따라 집단상담 효과는 증가된다는 것이다. 상담자는 집단상담이 시작되기 전에 미리 집단원이 되고자 하는 내담자들을 차례로 면담하여, 집단의 목표에 내담자가 잘 적응할 수 있는지 또는 내담자들에게 가장 적합하도록 집단을 어떻게 구성할지를 결정해야 한다. 그리고 예정된 상담집단의 기능이 무엇이며, 구성원들에게 무엇을 기대하고 있는지를 알려준다. 그런 다음 집단상담의 구성원이 될 것인지의 여부는 내담자 스스로 결정하게 한다. 이밖에도 구성원을 선정할 때에는 개인의 생활 배경과 성격 특성에 주의를 기울여야 한다. 지나치게 공격적이거나 수줍어하는 사람이 집단원이 될 경우 집단상담 과정이 원활하게 이루어지지 못하는 상황이 발생될 수 있다. 또한 솔직하게 자기 노출을 하게 하려면, 서로 가까이 지내는 사람들을 같은 집단에 넣지 않는 것이 좋다. 요컨대, 집단상담의 목적과 기능에 따라 집단 참여자들의 구성 범위와 내용이 달라질 것이다.

따라서 구성원의 선발기준으로 다음을 들 수 있다. ① 개인적인 동기 및 기대의 적절성 확인, ② 대인관계와 관련된 어려움의 확인, ③ 적절한 자아강도, 적절한 지적 수준, 적절한 동기 수준, ④ 자기 성찰능력, ⑤ 타인에 대한 흥미과 관심의 수준 등이다. 제외기준으로는 심각한 정신병리적 증상이 있거나 자살위험이 있는 심한 우울증, 의존성 욕구가 강한 우울증 그리고 그 외 알콜중독 및 약물중독자, 반사회적 문제, 조기 탈락의 위험이 높은 환자들 : 심각한 정신병리, 높은 신체화장애 환자, 그리고 공감능력의 부족, 사회적 무능력, 낮은 지적수준 및 거부적인 태도가 두드러지는 경우는 제외대상으로 고려해 봐야 할 것이다.

일반적으로 집단에서 조기 탈락으로 이끄는 요인들로는 외부적 요인 및 스트레스(정규적인 출석 불가능한 요인이나 가정 내의 불화 및 위기적인 스트레스)이외에도 지금-여기 상호작용을 회피 하는 행동이나 즉각적인 문제해결을 요구하는 행동들이다. 또한 강한 거부행동이나 자기성찰능력 및 심리적인 심성이 부족하거나 낮은 지적 수준 및 사회경제적인 수준 등은 조기 탈락을 예측해 주는 요인들이다. 또한 친밀성 형성 및 유지의 어려움을 심하게 보이고(자폐적인 증상, 철회적인 행동) 자기개방에 대한 두려움과 과도한 자기 개방등 부적응적인 자기 개방 양상을 보인다던지, 너무 지나치게 즉각적으로 친해지려는 비현실적인 요구등도 이에 포함된다. 그리고 기본적으로 치료에 대한 부적절한 기대 및 잘못된 오리엔테이션을 갖고 있다거나 정서적 감염에 대한 과도한 두려움을 보이고 다른 구성원들의 강한 정서적 노출에 대한 두려움을 호소하는 경우(경계성 인격장애, 히스테리 환자들)에는 집단에 계속 남아 있기가 어려워진다. 직면에 대한 두려움, 변화에 대한 두려움, 이별에 대한 공포가 심하다던지, 현재 집단치료와 개인치료를 동시에 받고 있는데 이들 간의 갈등이 있는 경우, 그리고 집단의 과도한 공격적인 분위기가 두드러질 때 집단구성원들은 집단의 응집력을 형성하지 못하고 개인적인 이탈이 생기면서 집단이 해체의 위기를 맞게 된다.

따라서 집단상담의 구성원들을 선발할 때는 구체적으로 다음과 같은 사항에 대한 체계적인 평가가 선행된다. 주요 평가 내용으로는 치료에 대한 동기, 자아강도, 적응수준, 환경적인 스트레스, 과거력 등으로서 이들에 대한 평가 자료는 개인이 집단에서 어떻게 행동할 것인지에 대한 예상이 가능하게 해준다.

2) 집단의 크기

상담 집단의 크기를 결정함에 있어서는 집단의 목표와 내담자들에게 기대하는 몰입 정도를 고려해야 한다. 적절한 집단의 크기에 대해서는 학자에 따라 주장이 다르나, 일반적으로 6~7명에서 10~12명 수준이 보통이다. 일반적으로 5~8명의 구성원이 바람직하다고 말할 수 있다. 집단의 크기가 너무 작으면 내담자들의 상호관계 및 행동의 범위가

좁아지고 각자가 받는 압력이 너무 커지므로 오히려 비효율적이다. 이와 반대로 집단의 크기가 너무 커지면 내담자들의 일부는 집단상담에 실질적으로 참여할 수 없게 되고, 상담자가 각 개인에게 공평한 주의를 기울이지 못하게 된다. 때로는 10명을 훨씬 능가하는 큰 집단의 구성이 불가피할 경우도 있을 것이다. 학교나 교정 기관(교정기관), 교회 등에서의 집단 지도(프로그램)에는 흔히 20명 이상이 한 집단에 속하게 된다. 이러한 집단에서는 구성원들이 '상담 경험'보다는 오히려 '교육적 경험'을 하게 된다. 이런 지도집단의 구성원들은 상담자(지도자)에게 많이 의존하게 되고, 상담자가 구성원을 개별적으로 다루기보다는 집단 전체에 관심을 더 기울이게 된다. 그러나 이런 집단에서도 타인에 대한 이해와 개인적 성찰면에서 유익한 성과를 거둘 수 있다.

3) 모임의 시간

집단상담의 적절한 시간양은 구성원의 연령이나, 집단 모임의 성격과 모임의 빈도에 따라 달라질 수 있다. 1주일에 한 번 만나는 집단은 한 시간에서 한 시간 반 정도로 지속되는 것이 필요하며, 2주일에 한 번 만나는 집단이라면 한 번에 두 시간 정도가 바람직하다. 청소년의 경우라면 한 시간 내지 한 시간 반 정도가 좋으나 아동의 경우는 20~40분 정도가 적당하다. 학교 장면에서는 대체로 학교의 수업 시간의 길이와 일치하게 하는 것이 보통이다. 집단상담의 일반적인 시간보다 더 오랫동안 한 모임을 계속하는 것을 '연속(마라톤) 집단'이라고 한다. 연속 집단에서는 한 번에 15~20시간 혹은 그 이상을 계속한다. 이렇게 장시간 지속되는 집단 과정에서는 구성원 각자가 다른 사람의 생각과 감정을 탐색하고, 서로의 관계를 이해하고, 모험적인 대인 관계에 대한 반응 양식을 효과적으로 익힐 수 있는 기회를 접하게 된다. 상담 시간에 대하여 반드시 한정된 원칙이 있는 것은 아니지만, 일단 정해진 시간은 반드시 지킬 필요가 있다. 일반적으로 시간의 통제가 없다면 내담자들이 정해진 시간을 넘기는 경향이 있으므로 상담자는 이런 가능성에 대하여 주의해야 한다. 상담 집단이 습관적으로 시간을 넘기는 것은 바람직하지 않기 때문이다.

4) 물리적 시설

집단상담을 하는 방은 너무 크지 않으며 외부로부터 방해를 받지 않아야 한다. 효과적인 참여를 위해서는 모든 집단원이 서로를 잘 볼 수 있고 잘 들을 수 있는 공간이어야 한다. 원형으로 앉는 것이 일렬로 앉거나 장방형으로 앉는 것보다 효과적이다. 의자는 가능하면 등받이가 있는 것으로 하며, 각 내담자가 자기의 의자를 골라 앉도록 하는 것이 중요하다. 책상을 사용하는 것은 장·단점이 있는데 둥근 책상에 둘러앉으면 보다 안정감을 느끼게 되지만, 자유스러운 상호 작용을 하는 데 방해가 될 수도 있다. 별도의 상담실을 가지고 있는 학교에서는 녹음 시설을 해 놓는 것이 좋다. 특히 초심 상담자로서는 집단상담의 녹음 자료를 들으면서 자신의 접근 방법을 향상시키는 노력을 하는 것이 중요하다.

5) 폐쇄/개방 집단

집단상담을 시작할 때는 내담자(집단 참여자)들을 적극적으로 참여시키는 노력이 대단히 중요하다. 가능하다면 사전 개별 면담을 통해 비현실적인 기대와 불안을 줄이고, 적극적인 자세로 참여하도록 준비시키는 것이 좋다. 사전 면담은 상담자에게 집 단원들을 미리 알고 집단 구성의 균형을 맞출 수 있는 기회가 되는 것이다. 집단상담에 참여하는 내담자가 자발적으로 오는가 혹은 비자발적으로 오는가에 따라서, 참여에 대한 준비도가 다를 것이다. 경우에 따라서는 학교 및 교정 기관에서 교사 또는 지도 책임자가 '문제아'들을 지명하여 집단상담에 참여하도록 권하는 경향이 있다. 이때에는 왜 집단상담에 오게 되었는가를 분명히 알려주는 것이 좋다. 그 외의 경우에는, 대부분이 자발적으로 상담에 응하게 되며 집단에 참여할지의 여부는 개인 스스로 결정하게 된다. 물론, 자기 스스로 결정해서 집단에 참여할 때에 더 참여 의식과 책임감을 느끼게 될 것이다. 집단상담을 운영하기 위해서는 집단의 목표에 따라 집단의 운영을 폐쇄형으로 할 것인가 혹은 개방형으로 할 것인가를 미리 정해야 한다. 폐쇄 집단은 집단이 시작될 때 참여했던 사람들로만 끝까지 밀고 나가는 것이다. 도중에 탈락자가 생겨도 새로운 구성원을 채워 넣지 않는데 대개 학교에서의 집단상담은 이 형태를 취하고 있다. 이러한 집단은 여러 가지 장점을 갖고 있으나, 가령 두 명 이상의 집단원이 도중에 탈락할 경우 집단의 분위기가 크게 위축될 염려가 있다. 개방 집단은 집단이 허용하는 한도 내에서 새로운 사람을 받아들이는 것이다. 이때에는 집단원 간에 의사소통이나 수용·지지 등이 부족해지거나 갈등이 일어날 수 있다. 새로운 구성원을 받아들일 때에는 반드시 집단 모임에서 구성원의 변동 문제를 충분히 논의함으로써 집단의 기본적인 특성을 분명히 유지할 필요가 있다. 새로운 집단원은 간혹 집단의 흐름을 방해하는 경우도 있으나 오히려 집단과정에 활기와 도움을 줄 수도 있다.

6) 집단상담을 위한 준비

집단의 지도자는 구성원들을 선발하고 구체적인 상담 일정을 계획한 후, 첫회 상담이나 상담 전에 다음과 같은 사항에 대해 구성원들을 준비시키는 작업을 해야 한다. 마치 개인상담에서 상담에 대한 구조화 작업을 하는 것처럼 집단상담과정에 구성원이 적절하게 적응을 할 수 있도록 준비를 도와주는 것이다. 구체적으로 집단의 구체적인 목적에 대한 준비교육, 집단상담에 대한 오해의 확인 및 수정작업이 이루어지며, 비현실적인 공포 및 대인관계 두려움에 대한 준비교육이 필요하다. 또한 집단규범과 개인 목표감의 불일치현상이 일어나지 않도록 도움을 받기만하고 참여는 하지 않겠다는 자세나 태도의 문제점을 인식시키는 것이 필요하다. 또한 구체적으로 즉각적 만족에 대한 기대를 수정하고 적극성, 솔직성, 수용적, 무비판적인 태도 및 자기 개방의 중요성 등 참여 태도에 대한 학습이 필요하다. 그리고 대인관계의 중요성 및 개인문제와 대인관계 문제 간 관련성 인식을 시킴으로써 구성원들이 집단상황에서 벌어지는 대인관계 역동을 주의 깊게 관찰하고 자신의 문제 해결에 이러한 중요한 대인관계 경험을 가능한 적극적으로 활용할 수 있도록 동기를 부여 해주는 것이 필요하다. 예를 들어 집단상담의 효율성을 증대시키는 방법으로 구성원들은 순간순간 느끼는 감정을 솔직하게 표현하고 자신의 심리적 어려움에 직면하려는 용기가 필요하며 좌절과 고통을 감내해야 할 필요성에 대해서도 설명하는 과정이 포함된다.

4

집단상담의 과정

1) 참여 단계

상담자는 상담 집단의 분위기를 형성하고 유지시키는 책임이 있다.

즉, 각 구성원들에게 왜 이 집단에 들어오게 되었는가를 분명히 이해시켜 주고 서로 친숙하게 해주며, 수용과 신뢰의 분위기를 형성하여 집단상담에서 새롭고 의미있는 경험을 가지도록 이끌어 주어야 한다. 상담자의 이러한 지도적 행동은 집단 구성원들에게 자유로이 각자의 의견과 느낌을 나눌 수 있도록 하는 보이지 않는 힘이 된다. 이 시기에는 상담자의 적극적인 참여가 필요하지만, 교사와 같이 가르치는 역할을 하는 것이 아니다. 상담자의 역할은 내담자들로 하여금 스스로 집단의 '규범'을 준수하고 상호 협력적인 자세를 갖추도록 함으로써 효율적인 집단 분위기를 만들고 유지하는데 도움이 되는 것이어야 한다. 그렇게 하기 위해서는 상담자가 상담을 시작하기 전에 각 구성원들이 남의 말을 깊이 듣고, 다른 사람이 말할 수 있도록 도우며, 자신의 문제와 관련된 감정을 공개하며, 바람직한 행동을 탐색하고 실천하는 데 시간을 보내도록 권유할 필요가 있다. 또한 상담자 자신은 인간 행동에 대한 자기의 신념과 태도를 분명히 알고 있을 필요가 있다. 집단 지도자 자신이 스스로 이러한 신념과 태도를 행동으로 나타낼 때 내담자들도 다른 사람의 다양한 신념을 받아들이게 되고, 서로 신념과 견해의 차이를 존중함으로써 개인의 존엄성도 수용하게 될 것이다. 상담자는 이 참여 과정을 촉진시키기 위해서 다양한 경험과 접근 방법을 활용할 수 있다.

집단을 시작하는 방법이나 구성원들이 서로 경험을 나누도록 하는 '최선의 방법'이란 없다. 앞에서 소개되었던 집단 구성원의 선정 지침도 중요하지만, 사람들에게 도움을 주는 방법과 과정에 대한 상담자의 이해와 경험이 더 중요하다고 볼 수 있다. 상담자로서 기본적으로 알아야 할 기본원칙은 ① 각자가 자신의 감정을 가지고 있으며, ② 자기 스스로 무엇을 할 것인지를 결정해야 하고, ③ 상황 자체보다는 상황에 대해 어떻게 생각하고 행동하느냐를 탐색하는 것이 중요하다는 것 등이다. 상담자가 집단의 목표를 분명히 하고 이에 친숙해지기 위해 기울여야 하는 노력의 정도는 구성원들의 성숙도 및 저항의 정도에 따라 다르다고 할 수 있다. 집단의 구성 단계에서 목표를 충분히 설명할 수 없었거나 상담자에 대해 긴장감이나 적대감이 있을 때에는 집단의 목표를 분명히 밝히고 이해시키는 노력부터 다시 해야 하는 시간이 필요하다. 그러나 구성원들이 집단상담에 참여하기를 자발적으로 원했던 경우에는, 이 참여 단계가 한 두 시간에 끝날 수도 있다.

2) 과도적 단계

참여 단계는 한 번의 모임으로 완료되는 경우도 있고, 보다 어려운 집단에서는 5~6회가 소요되기도 한다. 과도적 단계는 참여 단계와 엄격하게 구분되지는 않는다. 즉, 과도적 단계는 참여 단계에서 생산적인 작업 단계로 넘어가도록 하는 '과도적'과정이라고 볼 수 있다. 그리고 이 단계의 성공 여부는 주로 상담자의 태도와 기술에 달려 있다고 말할 수 있다.

과도적 단계의 주요 과제는 집단원들로 하여금 집단에 참여하는 과정에서 일어나는 망설임, 저항, 방어 등을 자각하고 정리하도록 도와주는 것이다. 자신의 행동 결과에 대한 예측은 쉬운 일이 아니기 때문에, 집단상담에서 무엇을 얻을 수 있을지 잘 모르는 집단원들은 불안해하거나 다른 사람 앞에서 자기를 들어내기를 두려워하게 된다. 이 단계에서, 다른 사람을 관찰은 하지만 스스로의 진정한 참여가 없는 구성원은 집단 과정에서의 '방해적 존재'가 된다. 예컨대, 집단 내에서 거의 발언을 하지 않으면서 다른 구성원과 다르게 보이는 '방관자'가 있다. 상담자는 이런 사람이 고립되거나 완전히 집단에서 떠나는 것을 방지하기 위해 집단원들로 하여금 그를 이해하고 받아들이도록 노력을 해야 할 것이다. 또 다른 유형의 인물은 쉽게 거부당하는 사람이다. 이런 사람은 집단의 초기 과정에서 유별난 행동으로 주목을 끌거나 다른 사람에게 충격을 주려고 하기 때문에, 집단 구성원들은 대개 그런 행동을 액면 그대로 받아들이면서 쉽게 그를 거부한다. 그러나 상담자가 그런 언행의 내면적 의미를 파악하고, 다른 집단원으로 하여금 그 내담자가 기대하는 것이 무엇인지를 물어보도록 함으로써 직선적이고 적대적인 집단원이 집단 과정의 진실한 가치를 여러 모로 경험할 수 있도록 도울 수 있다. 즉 지도자(상담자)를 공격하거나 집단의 전체적 여론에 도전하는 행위가 사실은 집단 내 상호 작용과 역학 관계를 명료히 하는 촉진제가 된다고 할 수 있다. 다시 말해서, 숙련된 지도자는 이런 공격과 도전을 집단의 상호 작용 과정을 정착시키는데 활용한다. 상담자는 과도적 단계에서 구성원들 간의 진정한 느낌이 교환되도록 격려하는데 노력을 집중해야 하고 개인적 느낌의 토의가 위험하지 않다는 것을 보여 주어야 한다. 집단원들은 과도적 과정에서 느낌과 지각 내용의 상호 교류가 얼마나 이로운가를 배우게 된다. 진정한 느낌과 생각을 점진적으로 나누게 되면, 다른 사람이 자기를 알아내도록 허용함으로써 비생산적인 방어를 줄일 수 있을 것이다. 초기의 불안이 어느 정도 감소되고 나면, 각 집단원은 집단 속에서의 자기의 위치와 얼마나 집단을 잘 이용할 수 있을지에 대해서 긴장하게 되는 단계에 들어간다. 이 시점에서, 상담자는 집단원들의 수용도 및 준비도에 따라 자신의 지도력을 '적절히 그리고 제때에' 발휘하여야 한다.

상담자는 스스로 개방적이 되고, 경우에 따라 자기의 감정을 다른 사람들과 나누고 자기의 행동 의미를 탐색함으로써 집단에서 서로 믿을 수 있다는 것을 설명뿐만 아니라 직접 시범으로 보여야 한다. 집단 상담자는 집단의 발달(진행 과정)에 대한 자신의 판단과 느낌이 있어도, 먼저 집단 구성원들로부터의 피드백(feedback)을 듣는 것이 바람직하다. 즉, 상담자로서는 집단원들 쪽에서 각자의 행동을 어떻게 서로 지각하는가를 먼저 표현하도록 권장할 필요가 있다. 또한 과도적 단계에서는 각 집단원 자신이 '효율적인 지도자(또는 조교)'의 역할을 배우도록 상담 자가 돕기도 한다. 작업 단계로 넘어가는 신호의 하나는 집단원들이 이런 지도력을 보일 때이다. 작업 단계에 들어서면 지도자의 기능 부담은 어느 정도 완화된다. 다시 말해서, 작업 단계에서는 지도자가 주로 '촉진자나 요약자'로서의 역할만 하면 된다고 볼 수 있다.

3) 작업 단계

작업 단계는 상담 집단의 가장 핵심적인 부분이다. 앞 단계들이 잘 조정되면 작업 단계는 매우 순조롭게 진행되고, 지도자는 한 발 물러나서 집단원들에게 대부분의 작업을 맡길 수도 있다. 집단이 작업 단계로 들어가면 대부분의 집단원들이 자기의 구체적인 문제를 집단 내에서 활발히 논의하며 바람직한 관점과 행동 방안을 모색하는 분위기가 된다. 집단원들이 자기 자신을 위해 어떻게 집단을 이용하며, 다른 사람들을 돕기 위해 어떻게 자기의 생각과 기술을 활용할 것인가에 대해 분명히 알게 되었을 때, 상담집단은 작업 단계에 들어섰다고 볼 수 있다. 상담자는 구성원들이 대인 관계를 분석하고 문제를 다루어 나가는데 자신감을 얻도록 도와주는 존재라고도 말할 수 있다. 우유부단한 구성원이 자기에 대한 결정을 집단이 내려 주기를 바라는 경우가 있어도 스스로 자기의 행동을 먼저 선택하도록 권장하는 것이 바람직하다. 상담자는 다른 집단원에 의해서 내담자 스스로의 생각이나 선택이 좌우되는 것을 막아야 할 것이다. 집단원이 어떤 결정을 하거나 자기의 생각을 행동으로 옮기려 할 때 집단원들이 뒷받침해 주어야 하지만, 그렇다고 대신 결정을 해주어서는 안된다. 행동 계획이 실패하거나 부분적으로만 성공하더라도, 집단으로서는 관련 상황을 같이 생각하고 이해

했다는 경험을 통해 얻는 것이 있을 것이다. 작업 단계에서는 높은 사기와 분명한 소속감을 갖는 것이 특징이다. 집단원들은 이것이 '우리 집단'이라는 느낌을 갖는다. 집단의 모임과 흐름에서 소외되지 않으려 하고, 집단 내에서 문제 해결을 매듭짓기 위해 스스로의 결정을 보류하기도 한다. 이 시점에서는, 집단원들이 전반적인 집단 규칙을 숙지하게 되고, 집단 내에서의 언행에 대해서는 스스로 책임을 져야 한다는 것을 알게 되며, 집단의 각 구성원들끼리 서로 열심히 도우려 하는 분위기가 성립된다. 상담자는 이 단계에서 서로 경쟁적으로 도우려 하거나, '명석한 통찰과 처방'만을 제공하는 분위기로 빠지지 않도록 주의해야 한다.

작업 단계에서는 이해와 통찰만을 모색하기보다는 행동의 실천이 필요하다. 그러기 위해서는 집단원들로 하여금 실천의 용기를 북돋아 주고, 특히 어려운 새 행동을 실행하려는 구성원에게 강력한 지지를 보내도록 해야 한다. 집단상담이 개인상담보다 유리할 때가 바로 이런 경우라고 할 수 있다. 즉, 한 개인이 직면한 문제를 다른 동료가 이해하고 공감해 주며, 각자의 비슷한 경험에 비추어 문제를 같이 해결하려는 노력이 이루어지기 때문이다. 그러나 집단원이 된다는 것만으로는 개인에게 행동 변화를 보장해 주는 것은 아니다. 어떤 사람들은 쉽사리 집단상담에서 처신하는 '요령'을 배우지만, 문제 해결이나 자기 발전에는 아무런 혜택을 받지 못한다. 그리고 어떤 내담자들은 흔히 집단상담자가 결정적으로 변화를 가져다 줄 것으로 기대하고 자기 자신은 따르기만 하면 되는 것으로 오해하는 경우도 있다.

4) 종결 단계

집단상담의 종결 단계는 어떤 면에서는 하나의 '출발'이라고도 볼 수 있다. 즉, 상담자와 집단원들은 집단 과정에서 배운 것을 미래의 생활에 어떻게 적용할 것인가를 생각하게 된다. 종결해야 할 시간이 가까워지면, 집단 관계의 종말이 가까워 오는 데 대한 느낌을 토의하는 것이 필요하다. 종결의 시기를 미리 결정하지 않은 집단에서는 언제 집단을 끝낼 것인가를 결정해야 한다. 미리 정해진 한계가 없을 때에는 얼마나 오랫동안 만나야 할지를 결정하기가 어렵다.

어떤 시점에서든 상담자가 집단을 종결할 필요가 있다고 느껴지면 이를 공개적으로 정직하게 집단원들과 토론하여야 한다. 어떤 경우에는 점진적인 종결이 제안되기도 한다. 즉, 매주 만나던 집단이 2주일에 한 번이나 한 달에 한 번씩으로 만나는 횟수를 늦추어 가다가 끝내는 방법이다. 상담자의 시간은 제한되어 있는 경우가 많으므로, 집단원들은 정규적인 상담이 끝난 후 자기들끼리만 모이기를 원할 수도 있다. 이때에는 반드시 집단에 대한 각자의 책임을 미리 재교육해 두는 것이 중요하다. 청소년들로 이루어진 집단에서는, 집단이 끝날 때쯤에는 정도의 차이는 있지만 거의 예외 없이 거부당했다는 느낌을 받는 경우가 생긴다. 상담자가 아무리 노력을 하더라도 젊은이들이 경험하는 이 부정적인 느낌을 막을 수 는 없다. 그러나 적어도 그들에게 관심이 있다는 것을 보여 주고, 서로 돌보아 주도록 해줄 수는 있다. 그래서 집단이 더 이상 모이지 않을 때도 집단원간의 유대 관계가 지속되도록 노력하는 것이 필요하다. 집단원 간의 의미 있는 관계가 형성되었을 경우에는, 종결을 섭섭하게 여기는 현상이 오히려 필연적이라고도 할 수 있다. 종결 단계에서는 대부분의 참여자들이 집단의 구성원이 됐던 것을 만족해하며 집단에서 자유스럽게 자기의 두려움·불안·좌절·적대감과 여러 가지 생각을 무엇이든 표현할 수 있었던 것에 만족한다.

실제로 집단상담의 주요 목표의 하나는 친밀하게 돌보아주는 인간 관계가 가능하다는 것을 체험하는 것이다. 상담자는 집단 과정의 모든 단계에서 각자의 행동에 대한 자기 통찰과 생산적인 행동을 확대하도록 격려한다. 그러나 특히 종결 단계에서는 앞으로의 행동 방향에 대해 주의를 기울이도록 상기시킨다. 이 단계에서 적용되는 기본적 원리는, 집단에서 경험하고 배운 것을 일상생활에서 적용할 수 있다는 것과, 자신을 보다 더 깊이 알고, 자신과 타인을 수용하면서 살아갈 수 있다는 것이다.

집단상담자의 역할과 기법

1) 상담자의 역할

집단상담에서는 개인상담과 달리 내담자의 변화가 상담자에 의해서가 아니라 주로 다른 내담자들과의 '상호 작용'에 의해서 초래 된다. 상담자의 역할은 마치 바둑을 두는 사람이 처음에 포석을 잘하고 나중에 끝내기를 잘하면 다른 것에는 비교적 신경을 덜 쓰고도 승부를 겨룰 수 있는 것에 비유될 수 있다. 즉, 집단상담에서의 상담자는 처음부터 내담자 개개인의 문제를 다루려 하지 않고 '바람직한 집단 풍토'가 조성되도록 하면, 그러한 풍토나 분위기가 집단상담의 목표 달성을 촉진시켜 주는 것이라고 말할 수 있다. 요컨대, 초기의 집단상담에서는 앞에서 말한 바람직한 집단 기준이 형성되도록 상담자가 노력하는 것이 중요하다. 이를 위해서, 상담자는 일종의 '수위 역할'을 통해 심리적 탈락자와 지각자 등을 막으면서 집단상담의 목표와 일치하는 집단 분위기를 형성하는 '산파 역할'을 하는 것이다. 다음엔 참여자들 간의 대화가 충분히 그리고 골고루 나누어지도록 일종의 '교통순경 역할'을 하면서, 참여자-상담자 및 참여자-참여자간의 바람직한 상호 작용이 일어나도록 집단 내 대화에 생산적으로 참여하는 '시범자 역할'을 한다.

2) 상담자의 기법

집단 내 의사소통 및 감정 교류의 시범자 역할을 하면서, 상담자는 적절한 수준의 분석적 해석 등을 기법으로 활용한다. 상담자가 할 수 있는 '해석'의 대상은 대체로 집단 내 대인 관계와 전체 집단의 흐름의 두 가지로 나누어 생각할 수 있다. 대인 관계 해석의 주 대상은 전치(예 가에 대한 분노를 나에 표시), 투사(예 자기 자신의 속성을 타인에게서 발견한 양 반응하는 것), 병렬적 왜곡(예 가를 예전에 잘 알던 나인 것처럼 반응하는 것) 및 습관성 부적응적 언행 등이다. 요컨대, 대인 관계 해석에서는 집단 내 의사소통이 초점이 되고 있는 내담자의 흥미, 정감, 참여 정도 등에 주목시키고 대인 관계에서의 느낌 및 비현실적 기대를 명료화시킨다. 전체 집단 해석의 목적은 집단의 흐름(과정)의 장애물을 제거하는 것이다. 여기서 말하는 장애물은, 주로 회피, '대화를 위한 대화'로 나타나는 불안과, 자기노출을 강요하는 '순서대로 말하기' 식이나 '더 솔직히 말할 수 없나?' 식의 바람직하지 않은 집단 분위기이다. 상담자의 주요 기법은 집단에 흐르고 있는 이러한 집단적 불안과 '반(反) 상담적 분위기'를 지적하고 해석하거나, 그렇지 않은 긍정적(생산적) 분위기와 흐름을 격려하고 강화하는 것이다.

제 8 장

이상행동에 대한 이해

1. 이상행동에 대한 이해
2. 이상행동에 대한 분류 체계
3. 불안장애
4. 우울장애
5. 스트레스 관련 장애
6. 성격 장애
7. 정신분열 장애
8. 이상행동을 평가하는 척도들

Counseling

이상행동에 대한 이해

1) 이상심리학이란?

부적응 행동의 원인, 결과 그리고 이에 대한 치료에 초점을 주는 심리학의 한 영역으로서 적응행동과 부적응행동의 차이가 무엇이며, 어떻게 다른지 그리고 부적응 행동에 대한 이해를 토대로 심리학적 서비스 증진에 도움이 되는 정보들을 제공하는 학문이다.

2) 적응 행동과 부적응 행동

이상심리학에서 연구하는 행동은 개인의 실패 경험 및 부적절성과 관련이 있는데, 이는 주로 개인의 적응과정상의 실패에 기인한 경우가 많다. 적응이란, 개인이 추구하는 목표와 실제 자신의 경험간의 균형 혹은 환경이 요구하는 것과 자신의 경험간의 균형을 의미한다.

심리적으로 건강하다는 의미는 과연 무엇일까? 특히 다양한 측면에서 빠르게 변화되고 있는 현대사회에서는 무엇보다도 중요하게 요구되고 있는 것이 바로 이러한 변화와 요구에 대한 적응이라 할 수 있다. 급변하는 현대사회에서 경험하는 외부 환경의 다양한 변화뿐만 아니라 신체적, 심리적 변화에 대한 성공적인 적응과정 및 적응 수준을 유지하는 것이 심리적 건강을 유지하는데 매우 중요하다.

적응의 개념은 크게 두 가지로 나뉘어진다. 즉, 순응의 개념과 조정의 개념이다. 순응(assimilation)이란 환경의 변화에 자신을 맞추어 가는 것인 반면에, 조정(accommodation)은 자신의 적응을 위해 환경을 변화시키는 것을 말한다. 어떤 의미에서 조정과정이 순응과정보다 상대적으로 적극적인 대처 과정이라고도 볼 수 있으나, 우리는 내적·외적인 변화에 직면하여 순응이든 조정이든 적절한 대처행동을 취함으로써 자신의 심리적 안정 수준을 유지하거나 혹은 더 나은 자기 성장 과정으로 나아가는 것이 중요하다.

따라서 적응이란 사회적·물리적 환경 내에서 적절하게 대처해 나가거나 살아남기 위한 일종의 투쟁이라 할 수 있으며, 주어진 환경과 요구들에 자신을 잘 맞추고 마찰 없이 잘 지내는 것을 의미한다. 이를 위해서는 스스로의 한계를 인식하고 이에 적절히 자신을 맞추어 나가는 것이 필요하다. 이와 같이 적응이 내·외적인 요구에 맞춰나가는 과정이라 한다면, 과연 요구란 구체적으로 어떤 것일까? 생명 유지와 안정과 같은 내적인 요구뿐만 아니라 사회적으로 부과된 기대와 요구도 존재하며, 이런 외현적인 것과 함께 개인이 스스로 부모나 사회로부터 물려받은 가치체계를 스스로 내면화 시킨 요구도 있다. 이러한 요구를 어떻게 충족시키며, 충족되지 못할 때 어떻게 반응하는가에 따라 개인의 적응과 부적응이 결정된다.

행동이 부적응적이라는 의미는 개인의 취약성, 대처 능력의 부재 그리고 환경내의 이례적인 스트레스 등이 생활에 문제를 초래한다는 것이다. 이상심리학에서는 특히 개인의 부적응 과정에 주요한 관심을 두고 어떤 요인이 개인의 부적응을 유발시키는지를 확인하고자 한다. 왜냐하면 부적응을 유발하는 요인이 바로 이상행동의 원인으로 작용하게 되므로 이상행동의 예방과 치료에 중요한 정보를 제공해 주기 때문이다.

부적응의 원인에는 여러 가지가 있다. 기질적인 원인(예를 들어, 뇌손상)일 수도 있고 혹은 과거나 현재의 부정적인 대인관계 경험에서부터 개인적인 실패경험과 심리적 압박감등 다양한 일상생활상의 스트레스 사건에 이르기 까지 다양하다. 또한 부적응 행동은 경미한 심리적 불편감이나 공포감에서부터 현실에 대한 심한 왜곡 및 인지적 심리적 기능의 심한 손상에 이르기까지 다양하다.

개인의 적응 및 부적응 과정을 이해할 때는 중요한 개념이 사용되는데, 바로 취약성, 탄력성 그리고 대처 과정이다. 취약성이란 개인이 부적응적인 반응을 보일 가능성을 말하는 것으로서 유전, 성격 특성, 대처 기술의 부족, 부정적인 생활사건 및 환경적인 요인 등에 의해 영향을 받는다. 탄력성은 개인이 부정적인 환경 혹은 심리적인 여건 하에서 효과적으로 기능하고 스트레스의 부정적인 효과를 적절하게 극복해 낼 수 있는 능력을 말한다. 탄력성이 높은 사람들은 동일한 여건 하에 있는 사람들에 비해 상대적으로 유능한 대처 과정을 보여 주는 사람들이다. 대처과정에서 개인이 보여주는 다양한 대처 기술 및 행동 방식은 바로 개인의 취약성과 탄력성에 따라 다르게 나타날 수 있다.

3) 이상행동의 판단기준

이상행동과 정상행동을 어떤 기준으로 구분하며 어떻게 구분할 수 있을까? 이상행동에 대한 판단에는 몇 가지 기준이 포함된다. 대표적으로 Kazdin(1980)은 아래와 같은 네 가지 기준들을 중요하게 보았다. 각각의 기준은 나름대로 장점과 제한점을 갖고 있기 때문에 단일 기준에 근거하여 이상행동을 판단할 수는 없으며, 여러 가지 기준을 적절하게 조합하여 평가하는 것이 중요하다.

이상행동에 대한 판단기준과 문제점을 들면 다음과 같다.

<표 8-1> 이상행동의 판단기준

통계적 기준	통계적인 평균에서의 일탈정도에 근거한 판단 문제점 긍정적인 방향으로의 일탈행동(높은 지능, 창의적인 행동)도 부적응으로 판단할 오류
사회적 규범의 기준	사회적 수용가능성에 근거한 판단(통계적 기준을 전제) 문제점 도덕적, 규범적 이탈행동이나(범죄행동, 자살행동), 문화적인 상대성이 존재하는 경우(동성애), 그리고 바람직하지 못한 규범(성취지향적이고 경쟁적 행동)에 위배된다고 해서 부적응으로 판단할 오류
주관적 불편감 및 고통	개인적인 고통 정도에 근거한 판단 문제점 성격장애와 같이 주관적인 고통이 없을 수도 있는 경우나 현실검증력의 상실을 보이는 정신병적 상태인 경우는 제외될 수 있음
그 외 상식적인 기준	감정변화(원인불명의 감정 기복), 기괴함(타인이 보기에 일탈적이고 이상하게 보이는 행동), 비효율성(적응 수준의 저하, 능률의 저하, 인간관계 기능의 저하)

2

이상행동에 대한 분류 체계

1) 분류의 장점 및 단점

이상심리학에서는 한 개인의 분류는 하나의 진단으로 내려진다. 진단과정은 현재 존재하는 심리장애의 체제와 집단 분류에 기초하여 개인을 분류하는 작업이다. 따라서 심리장애에 대한 분류 작업은 개인을 평가하고 진단을 내려 분류하는 것을 말하는데 이러한 분류과정은 특

정한 심리 장애에 대한 이해를 도와줄 뿐만 아니라 장애에 대한 치료계
획을 수립하고 그 효과를 확인하는데 유용한 도구가 된다. 뿐만 아니라
치료자들과 연구자들 간의 원활한 의사소통의 도구가 되기도 한다. 진
단적 분류체계의 유용성은 이러한 분류체계가 갖춰야 할 조건들을 살
펴보면 더욱 확실하게 이해가 될 것이다. 좋은 분류체계가 갖춰야 할
조건은 첫째, 상태의 주원인이나 여러 가지 원인들에 대한 정보를 제공
해 주어야 하며, 둘째, 임상가와 연구자들 사이에 의사소통을 가능하게
하는 명확한 공통적인 용어를 포함하고 있어야 한다. 셋째, 임상가로
하여금 환자와 그의 가족들이 단기적이고 장기적인 전망을 가질 수 있
도록 도와줄 수 있고 넷째, 가능한 치료 및 예방적 접근에 대한 정보를
제공해 주어야 한다.

분류체계가 임상장면에서 다양한 측면에서 유용성을 지니고 있는
반면, 한 개인을 분류 범주내의 하나의 진단으로 구분시킨다는 것은 일
종의 꼬리표를 붙이는 것과 유사할 수 있으며, 많은 진단들이 진단적
범주 자체가 불완전하고 동일한 진단이라도 서로 다른 원인에 의해 발
병된 경우가 많아 동일한 치료가 요구되지 않는다는 점에서 단점이 있
다. 또한 진단적 분류작업에 사용된 평가 방법이나 진단적 면접이 신뢰
성이 부족하다거나, 객관성이 부족한 경우에도 문제가 된다. 예를 들어
동일한 환자를 두 사람 이상의 임상가가 동시에 진단을 내리도록 했을
때 두 사람 간의 진단 결과의 일치도가 만족할 만큼 높지 않을 가능성
이 있다. 이는 동일한 분류체계를 사용한다고 하더라도 이를 사용하는
임상가에 따라 환자로부터 얻은 구체적인 정보들을 정보처리하고 각각
의 정보에 부여하는 비중이 서로 다를 수 있기 때문이며, 개인의 주관
적인 평가 경험이 영향을 줄 수 있기 때문이다.

오늘날 흔히 사용되는 심리장애의 진단분류는 19세기 말 독일의 정
신의학자인 Kraepelin이 심리장애의 분류체계를 집대성한데서 비롯되

었다. 이전의 분류체계가 단순하고 객관성이 부족했던 것에 비해 20세기에 와서는 심리장애의 분류체계는 보다 객관화되고 정교화되어 오늘날의 심리장애 진단 분류체계를 이루게 되었다.

2) 심리장애에 대한 분류체계

가장 널리 사용되고 있는 진단 분류체계는 두 가지가 있다. 한 가지는 세계 보건기구에서 공인하는 국제질병분류체계에 포함된 정신장애 분류방식으로 1991년 10번째 개정판이 나와 있다(ICD-10 : International Classification of Disease 10th ed). 또 한 가지는 미국 정신의학계에서 출판된 정신장애의 진단 및 통계편람(DSM-IV : Diagnostic and Statistics Manual of Mental Disorders-4th Ed.)이다. 정신장애의 진단 및 통계 편람에서는 심리장애를 개념화 하는데 있어서 정신병리에 대한 어떤 특정 이론에 치우치지 않고 증상과 증후를 위주로 장애의 특성들을 정의하였다. 이러한 특징이외에도 정신장애의 진단 및 통계 편람의 가장 두드러진 특징은 다축적인 분류체계를 사용한다는 점이다. 다축적인 분류체계는 개인에게 하나의 명칭이나 진단명을 부여하기 보다는 한 개인과 관련된 다양한 정보를 요약할 수 있다. 구체적으로 정신장애에 대한 진단 및 통계 편람에 포함된 축들은 개인의 상태에 대한 생물학적, 심리학적 그리고 사회적인 측면에 대한 전반적인 정보를 제공해 주고 있다. 각 축에 대한 설명을 간략하게 소개하면 다음과 같다.

① 축 I : 증상을 위주로 하는 임상진단을 기록하는데, 예를 들어, 불안장애, 정신분열장애, 기분장애등 주요 장애를 분류·진단한다.
② 축 II : 성격장애와 정신지체를 다루는데, 하나의 성격장애 진단 기준을 모두 충족시키지 않는 부적응적인 성격 특징 및 방어기

제를 명시하게 위해 사용된다.

③ 축 Ⅲ : 일반적인 의학 상태를 기술하는데, 신체적인 장애 혹은 신체증상들을 진단한다.

④ 축 Ⅳ : 심리사회적이고 환경적인 문제를 기술하는데, 예를 들어, 부정적인 생활사건 혹은 가족 스트레스 경험의 정도를 평가한다.

⑤ 축 Ⅴ : 개인의 심리적, 사회적 그리고 직업적인 기능에 대한 전반적인 평가를 내린다.

DSM-Ⅳ에 포함된 심리장애들을 간략하게 소개하면 다음과 같다.

① 유아기, 아동기, 청소년기에 처음으로 진단되는 장애 : 정신지체, 품행장애, 주의력 결핍/과잉활동장애, 학습장애 자폐증이 있으며, 이는 주로 유아기, 아동기 및 청소년기에 시작되는 지적, 정신적, 신체적 및 발달적 장애들이 포함된다.

② 섬망, 치매, 그리고 기억 상실 장애 및 기내 인지적 장애 : 기억력 결손, 언어장애 등 정신능력의 퇴화를 보이는 장애로서 의식이 흐려지고 주의력이 저하되며 사고의 장애를 보이는 섬망, 정신능력의 퇴화를 보이는 치매 그리고 기타 약물이나 물질 혹은 의학적인 상태에 의해 야기된 경우가 포함된다.

③ 약물관련장애 : 여러 종류의 약물들(알코올, 코카인, 암페타민 등)을 복용한 경과로 사회적 또는 직업적 기능 손상을 보이는 상태를 포함한다.

④ 정신분열증과 기타 정신병적 장애 : 현실지각의 중요한 왜곡, 추론하고 말하고 합리적 또는 자발적으로 행동하는 능력의 손상 : 적절한 감정과 동기화에 의한 반응능력의 손상 등을 포함한다.

⑤ 정동 장애 : 우울증, 조증, 혹은 두상태가 번갈아 나타나는 증상

으로서 우울증은 슬픔, 우울 및 낙담이 특징이고 조증은 흥분, 안절부절 못해하는 것 및 팽창된 자긍심이 특징이다.

⑥ 불안 장애 : 오랜 기간에 걸쳐 높은 수준의 불안, 긴장 및 걱정이 지속되며, 두려워하는 상황을 회피하거나 의식적인 행위 또는 불안을 유발시키는 반복적인 생각이 수반된다.

⑦ 신체형 장애 : 어떤 의학적인 원인이 발견되지 않는 신체적 증상 들로서 신체적 질병이 있을까봐 지속적으로 걱정하거나, 정상적 으로 보이는 사람인데 사소한 또는 상상 속에서 만들어낸 신체 적인 결함에 대해 과도하게 걱정하는 상태를 말한다. 예로서 마 비, 무감각 또는 눈이 안 보이는 것 같은 운동 및 감각기능의 상 실을 보고하는 전환장애와 신체적인 상태와 관련이 없는 만성적 인 통증을 호소하는 동통장애 그리고 사소한 신체적 감각을 중 병으로 잘못 해석하는 장애가 있다.

⑧ 허위성 장애 : 환자역할을 수행하기 위한 명백한 의도를 가지고 신체적 혹은 심리적 증상을 만들어 내고 뻔한 거짓 행동과 말을 하는 경우이다.

⑨ 해리성 장애 : 기억과 정체감에 영향을 주는 갑작스런 의식의 변 화를 말한다. 해리성 기억상실(자신의 과거를 전부 혹은 특정 부분을 선 택적으로 망각), 해리성 둔주(갑작스럽게 새로운 장소로 옮겨 가서 새로운 삶을 시작해 자신이 과거에 누구였는지를 잊어버리는 경우) 및 해리성 정 체감 장애(다중 성격 장애)로 구분된다.

⑩ 성 기능 장애 및 성정체감 장애 : 성적 만족의 근원이 노출증, 관 음증 및 성적 가학증 및 피학증 등 비정상적인 경우인 변태성욕 과, 성기능의 장애 그리고 자신의 해부학적인 성에 대해 부적합 한 느낌을 가지는 성정체감 장애가 해당된다.

⑪ 섭식장애 : 신경성 식욕부전증(거식증)과 신경성 폭식증 등 섭식행

동에 있어서 장해를 보이는 경우이다.

⑫ 수면장애 : 수면의 양 혹은 질에 있어서 문제를 보이는 불면증, 과도한 수면장애등이 해당된다.

⑬ 다른 범주에 포함되지 않는 충동조절 장애 : 행동이 부적절하고 통제가 되지 않는 경우로서 자신이나 타인에게 신체적 혹은 물질적인 해를 주는 공격행동, 병적 도벽행동 및 병적 도박 행동 등이다.

⑭ 적응장애 : 부정적인 생활사건과 같은 확인 가능한 스트레스원에 대한 반응으로 나타나는 지속적인 정서적 혹은 행동 반응으로서 우울감, 불안 및 회피 행동이 주된 것이다.

⑮ 성격 장애 : 성인초기에 시작되어 종종 정상적인 개인의 관계형성을 방해하고 개인의 효율적인 기능에 손상을 입히는 지속적인 부적응 행동 및 사고 패턴을 말한다. 편집성 성격장애, 분열성 성격장애, 분열형 성격장애, 반사회적 성격장애, 경계선적 성격장애, 히스테리적 성격장애, 자기애적 성격장애, 회피성 성격장애, 의존성 성격장애, 강박적 성격장애등이 포함된다.

⑯ 정신지체 : 많은 영역에서 발달상 지체를 두드러지게 보여주는 장애로서 특정한 학습 문제뿐만 아니라 광범위하게 손상된 지적 기능이 중요한 특징이다.

불안장애

사례 1
제가 무엇 때문에 이렇게 하루 종일 불안해하고 안절부절 못해하는지 도대체 그 이유를 모르겠어요. 하루에도 수도 없이 사소한 일들이 저를 당혹하게 만들고 사소한 실수라도 한 날이라면 그것 때문에 잠도 이룰 수 없어요. 실제로 큰일이 일어난 것도 아닌데 막연히 두렵고 항상 걱정이 머리 속을 떠나질 않아요.

사례 2
한 번씩 예고도 없이 갑작스럽게 밀려드는 공포로 숨이 막히고 가슴이 터질 것 같고 당장이라도 심장마비가 일어날 것 만 같아요. 그 순간은 어떤 조치를 취해야 할지 어떻게 행동을 해야 할지 아무 생각도 떠오르지 않고 심한 공포감이 저를 휘어잡는 것 같아요.

사례 3
사람들이 많이 몰려있는 곳은 정말 두려워요. 특히 사람들 앞에서 얘기를 하거나 다른 사람들이 나를 주목하고 있는 상황은 정말 견딜 수 없을 정도로 공포스러워요. 얼굴은 달아오르고 심장박동은 마구 뛰고 온몸에 힘이 빠지면서 그냥 주저앉아 버릴 정도에요. 가능한 한 그런 자리는 어떤 핑계를 대서라도 피하려고 하죠

사례 4
아침에 출근 준비를 할 때, 저는 항상 의례적인 행동을 해야 하죠. 옷을 입을 때나 샤워를 할 때나 항상 저는 철저하게 준수하는 순서와 규칙이 있어요. 어쩌다 이 순서를 따르지 않는 경우는 다시 처음부터 해야 맘이 놓이죠. 그렇지 않으면 불안해서 견딜 수가 없고 좋지 않은 일이 생길 것만 같은 생각이 하루 종일 머리 속을 떠나질 않죠. 이런 생각과 행동이 부질없다는 것을 알지만, 그렇게 하지 않을 수가 없어요.

앞서 소개한 네 가지 사례는 모두 공통적으로 정서적으로 매우 불안하고 이 때문에 일상생활에 심한 지장을 초래하고 있다. 그러나 각 사례의 차이점은 불안을 유발시키는 자극이나 상황 혹은 불안의 원인이나 양상에 대한 것이다. 이와 같이 불안장애는 불안 증상의 양상이나 원인 그리고 불안을 유발하는 자극에 따라 각기 다른 불안 장애의 범주로 나뉘어진다.

1) 불안장애의 진단기준

DSM-IV에서는 불안장애가 ① 일반화된 불안장애, ② 공황장애, ③ 공포증, ④ 강박장애로 크게 나뉜다. 이 네 가지 불안장애 범주의 공통된 특징은 신경과민, 긴장감, 피로감, 어지럼증, 빈뇨, 가슴이 뜀, 현기증, 호흡곤란, 땀, 손발 떨림, 걱정과 근심, 불면증, 주의집중의 곤란 및 경계심 등이다.

(1) 일반화된 불안 장애(Generalized Anxiety Disorder)

일반화된 불안장애에서는 모호하고 설명하기 어려운 불안증상을 지속적으로 보이는데, 어떤 특정한 대상과는 관련이 없어 보이는 강한 공포감을 보인다. 주된 증상은 아래와 같이 네 가지로 분류될 수 있다.

① 운동긴장 : 이완을 하지 못하고 거의 항상 긴장되어 있고 긴장된 얼굴표정과 찌푸린 미간 그리고 깊은 한숨 등이 특징이다.

② 자율신경계 반응 : 교감신경계와 부교감신경계의 과도한 활동을 보여 땀을 많이 흘리고 어지럽고 가슴이 뛰고 급격한 체온 변화, 빈뇨, 높은 맥박과 호흡 등이 특징이다.

③ 미래에 대한 염려 : 자신과 가까운 사람들 혹은 자신이 소중하게 여기는 것에 앞으로 좋지 않은 일이 일어날까봐 걱정이 생긴다.

④ 과도한 경계심 : 자신의 생활에 대한 감시병 같은 자세를 보이며,
항상 잠재적인 위험에 대해 경계를 하는 것이 특징이다.

(2) 공황장애

공황장애의 특징은 증상의 정도가 아주 심하고 보통 갑작스럽게 일
어난다는 점만 제외하면 일반화된 불안장애의 특징과 유사하다. 그러
나 일반화된 불안장애와는 달리 공황장애는 항상 불안하지는 않다. 정
상적인 기능을 하다가 갑작스럽게 예기치 못한 불안 발작을 보이는 것
이 특징이다.

공황장애의 특징적인 증상으로는 다음과 같은 것들이 있다.

① 호흡이 가빠지고 숨이 막힐 것 같은 느낌

② 어지럼증, 서 있을 수 없을 것 같은 느낌

③ 떨림, 몸을 흔드는 것, 땀을 심하게 흘림

④ 목이 마르고 멀미나 복통을 호소

⑤ 무감각해 지거나 급격한 체온 변화

⑥ 가슴의 통증이나 불편감

⑦ 마치 자신이 자신 스스로나 자신의 주위로부터 유리되어 있다는
낯선 느낌

⑧ 미쳐버릴 것 같고 통제 능력을 상실할 것 같은 느낌이나 죽을
것 같은 느낌

(3) 공포장애

공포장애는 특정 대상이나 상황에 대해 지나친 공포감을 보이는 것
을 말한다. 때로는 공포자극이 실제로 존재하지 않는데도 불구하고 강
한 긴장감과 불편감을 호소하기도 한다. 공포증은 일반화된 불안발작
으로 시작될 수 있으나 이 때 불안은 특정한 대상이나 상황(뱀, 사회적

상황, 높은 곳, 폐쇄된 공간 등)에 정형화된다. 두려워하는 대상이나 상황을 일단 피할 수 있게 되면 불안은 심각한 정도까지 올라가지는 않는다. 따라서 공포증상을 보이는 사람들은 나름대로 이런 참기 어려운 공포감으로부터 자신을 보호하기 위한 방법들을 고안해 낸다. 그중 가장 대표적인 것이 회피 행동으로서 자신이 공포스러워 하는 대상이나 상황을 적극적으로 피하는 것이다.

공포증은 아래와 같이 세 가지 하위 범주로 다시 나뉜다.
① 특정 공포증 : 동물에 대한 공포증, 폐쇄공포증, 고소공포증으로
　　공포증 중에 가장 흔한 유형
② 사회 공포증 : 다른 사람과 함께 있는 상황, 다른 사람 앞에서 얘기하는 상황, 공공장소에서 식사하는 것 등이 공포의 주된 대상
③ 광장 공포증 : 낯선 상황에 직면하는 것이 공포감을 유발시키며, 공황발작을 수반하는 경우가 흔함

(4) 강박장애

강박장애를 보이는 사람들은 심각할 정도로 반복적으로 떠오르는 강박적인 생각이나 강박적인 행동으로 일상생활에 심한 손상을 보인다. 강박적인 생각으로 고통을 받는 사람들은 성적, 공격적 혹은 종교적인 생각들이 자신이 통제 할 수 없을 정도로 반복적으로 떠오른다. 강박적인 행동을 보이는 사람들은 반복적으로 일련의 행동이나 특정한 행동을 하지 않으면 안 될 것 같은 느낌이 드는 사람들로서 예를 들어 반복적으로 손을 씻는 다거나 계속 문을 확인한다거나, 특정한 규칙에 따라서만 행동을 하려고 하는 것 등이다. 강박적인 생각에는 보통 의심, 망설임, 오염에 대한 공포감 혹은 자신의 공격적인 행동에 대한 두려움(자신이 가까운 사람 누군가를 해칠 것 같은 생각), 또는 혐오적이고 수치스러운 것들이다. 강박적인 행동은 확인행동, 청결행동, 질질끄는 행동,

의심하고 지나치게 양심적인 행동들이다.

강박장애의 공통적인 특징은 다음과 같다.

① 강박적인 생각이나 강박적인 행동에 대해 개인은 스스로 끊임없이 의식하고 있다.

② 생각이나 행동이 어떤 이유로 방해받으면 엄청나게 불안한 느낌이 든다.

③ 강박적인 생각이나 행동이 자신에게는 뭔가 이질적인 것으로 느껴진다.

④ 강박적인 생각이나 행동의 불합리성이나 엉뚱함을 인식하고 있다. 개인은 이에 저항해야 한다고 느끼고 있다.

2) 불안장애의 원인과 치료

이상행동에 대한 각 심리학적 이론들은 불안장애에 대해 아래와 같이 설명하고 있다.

(1) 정신분석적 조망

일상생활 상황에 대한 대처 무능력감 및 무기력감의 지각, 사랑의 상실과 유기에 대한 두려움, 갑작스런 정서적 지지체제의 상실 그리고 의식 속으로 파고드는 수용할 수 없는 충동을 불안의 가능한 원인으로 보고 있다. 따라서 정신분석을 통해 불안에 대한 환자의 무의식적인 근원에 대해 통찰을 얻을 수 있게 도와준다.

(2) 행동적인 조망

특정한 대상에 대한 공포감은 일종의 조건형성에 의해 학습된 반응으로 보았다. 즉, 개인이 특정대상에 대해 경험한 과거 경험에 기초하여 특정 대상과 불안반응이 연합된 것으로 본다. 따라서 행동치료자들은 공포증과 강박장애를 치료할 때 노출치료를 사용한다. 두려움을 야기하는 자극을 점진적인 단계로 제시하고 이에 대해 불안과 상반되는 이완상태를 유지하도록 훈련시키는 체계적인 둔감화 기법과 자신이 두려워하는 상황을 머리 속에 상상하게 하는 내파법 그리고 두려워하는 상황에 실제 노출시키는 노출기법을 사용한다. 이런 과정을 통해 특정 대상에 대해 새로운 학습 경험을 하게 도와준다.

(3) 인지적 조망

인지적 조망에서는 불안을 유발하는 대상과 관련하여 개인이 갖고 있는 부적응적인 생각과 사고 패턴에 초점을 둔다. 개인이 갖고 있는 부적응적인 사고(예를 들어, 남들이 나를 아주 형편없게 평가할 거야. 이제 끝장이야)는 사회적인 상황에서 개인으로 하여금 심한 공포감에 휩싸이게 할 수 있다는 것이다. 이러한 개인의 사고방식은 오랫동안 지속되어 온 것으로서 인지적인 재구조화, 사고 중단하기 및 인지적인 암송 과 같은 기법을 통해 보다 적응적인 사고로 변화시키는 것이 인지치료의 목표이다.

4

우울장애

사례 1

상담을 받으러온 A는 계속 고개를 떨군채 눈을 마주치지 못했다. 한 번씩 묻는 말에 기어들어가는 목소리로 아주 짧게 혹은 뒤를 흐리면서 대답을 했다. 잦은 한숨을 내 쉬면서 두 손을 깍지를 낀 채 계속 초초한 듯 움직이고 있었다. 며칠째 잠을 못 잤다고 하는 말이 쉽게 이해가 될 정도로 눈은 충혈되어 있고 제대로 먹지도 못한 듯 기운이 하나도 없어 보였다. 상담을 하러는 왔지만, 상담을 통해 뭔가 변화하고자 하는 동기도 없어 보였고 그냥 앉아 있는 것 자체가 힘들고 곤욕스러워 보였다. 자신에 대해서는 매우 부정적인 생각과 표현을 주로 하면서 주위 사람들에 대해서는 지나칠 정도로 허용적인 태도를 취하는 것이 특징적이었고 이제 까지 살아온 자신의 40년 인생이 후회스러울 뿐이라며 눈시울을 붉혔다.

1) 우울장애의 진단기준

우울증의 주요 증상으로는 슬프고 우울한 감정, 흥미와 즐거움의 저하, 수면과다 혹은 불면증, 식욕 저하 혹은 과다(체중 변화), 주의집중의 곤란, 초조감, 비관적인 생각, 자살에 대한 생각 및 시도, 우유부단함 등이 있다.

DSM-IV에서는 주요 우울장애, 기분부전 장애로 크게 구분된다. 주요 우울장애와 기분 부전장애의 가장 큰 차이점은 만성적이고 지속적인 우울감이 특징이다. 기분부전장애는 주요 우울장애에 비해 우울증상의 심각성을 덜하지만, 그 지속성이나 재발의 가능성이 높은 것이 두드러진 특징이다. 우울장애는 단극성 장애라고도 부르는데 그 이유는 우울증과 조증이 반복되어 나타나는 양극성 장애와 구별하기 위해서이다.

최근 우울증에 대한 연구는 개인적인 차원을 넘어서 대인관계 맥락에서 우울증상의 원인과 지속 그리고 주변 사람들에게 미치는 부정적인 영향 등에 대해 논의하고 있다. 구체적으로 우울증의 파급 효과로 알려진 것은 사회적 상황에 대한 부적응과 대인관계 부적응을 들 수 있는데, 특히 가까운 사람 예를 들어 가족들과의 관계 불화가 두드러진다. 따라서 개인의 우울증상은 주변 사람들과의 관계를 악화시키고 이러한 원만하지 않은 관계 형성은 또 다시 개인의 우울증상을 심화시키는 악순환을 초래하게 된다.

2) 우울장애의 원인과 치료

우울증의 원인과 치료에 대한 각 이론들의 입장은 다음과 같다.

(1) 정신분석적 조망

상실 경험에 대처하는 과정에서 경험하는 무망감이 우울증의 주요 원인이라고 보았다. 정신분석적 치료에서는 환자들에게 상실 경험이나 무망감과 관련된 무의식적인 측면을 통찰하게 도와주거나 환자와 치료자 간의 새로운 대인관계 경험을 통해 상실감에 대한 극복과정을 도와준다.

(2) 행동주의적 조망

긍정적 강화 경험의 부족이나 스트레스 상황 혹은 대인관계 상황에서의 적절한 대처 기술이나 능력이 부족한데서 오는 것으로 보았다. 긍정적인 강화 경험이 부족한 경우에는 자신의 수행 결과에 대해 객관적으로 평가하고 이에 대해 적절한 보상으로 스스로 할 수 있게 도와주는 훈련이 필요하다. 또한 다양한 상황에서 적응능력을 증진시킬 수 있는 대처 기술의 훈련과 사회적 기술들을 집중적으로 훈련시킴으로써 자신에 대한 긍정적인 평가를 할 수 있게 하고 자신감과 유능감을 증진시키는데 목표를 둔다. 행동주의적인 조망과 관련하여 학습된 무기력 이론에서는 개인의 반응과 결과 간에 아무런 관련성이 없다는 무관성 경험이 개인으로 하여금 심한 통제 불능감이나 무기력감을 유발시킨다고 본다. 특히 이런 부정적인 상황에서 자신의 무능력이나 자신의 부적절한 성격 특성으로 그 원인을 돌리는 경우에는 더욱 심한 우울증상을 유발하게 된다고 본다. 따라서 부정적인 결과나 상황에 대해 적절한 귀인 훈련을 도와줌으로써 심한 우울증에 빠지지 않게 도와주는 상담기법이 사용된다.

(3) 인지적 조망

우울증의 주요 원인으로 비합리적인 사고, 부적응적인 신념 및 인지적 오류 등을 들고 있다. 구체적으로 자신과 주변 세상 그리고 자신의 미래에 대해 부정적인 사고를 주로 한다거나, 지나치게 완벽주의적인 사고는 우울증에 취약하게 만든다. 이외에도 중요한 사람들로부터 사랑과 인정을 받지 못하면 살 가치가 없다든지 내가 하는 모든 일에서 성공해야 살 가치가 있다는 등의 비합리적 신념에 빠진 경우는 상대적으로 우울증에 걸릴 위험이 훨씬 높다. 또한 동일한 상황에서 동일한 정보를 접한다고 하더라도 우울에 취약한 사람들은 특징적인 정보처리 과정을 거치게 된다는 점이다. 예를 들어, 한 번의 실패경험을 다른 모든 상황에서의 실패 경험으로 확대 해석하거나 과도하게 일반화를 시키는 인지적 오류를 범한다든지, 객관적인 근거나 증거가 없는 상황에서 사소한 단서에 기초하여 지레 짐작하고 부정적인 방향으로 결론을 성급하게 내려 버리는 인지적 오류를 범하는 것이 특징이다. 따라서 인지적 치료에서는 이러한 잘못된 정보처리 과정을 수정해 주고 오래된 비합리적 신념들을 논박하는 과정을 통해 적응적인 사고방식으로 수정해 주는 것이 주된 치료 과정이다.

5

스트레스 관련 장애

1) 스트레스와 이에 대한 적응 과정

스트레스의 개념은 심리적 불편감을 유발시키는 스트레스원(stressor)이라는 개념과 스트레스원에 대한 반응(stress reaction)이라는 개념으로 나뉜다. 현대사회를 살아가면서 완벽하게 스트레스로부터 벗어나는 것은 거의 불가능하다고 할 정도로 우리는 다양한 스트레스 자극과 상황에 직면하게 된다. 일상생활에서 자주 직면하게 되는 스트레스 상황에 적절하게 대처하지 못하고 이런 부정적인 결과가 누적되고 악순환을 겪게 되는 경우, 혹은 스트레스 상황이 너무나 충격적이고 견디기 힘들 정도로 심각한 경우에는 개인으로 하여금 다양한 심리적 부적응 행동을 유발하게 만든다. 스트레스에 대한 지각은 철저하게 주관적이라서 객관적으로 평가하기가 어려우며, 개인이 스트레스로 인해 받는 부정적인 영향을 정확하게 평가하기 위해서는 개인의 주관적인 기준에 근거하여 심층적으로 분석을 해야 한다. 기본적으로 스트레스에 대한 개인의 지각에 영향을 주는 요인으로는 스트레스 자극의 급작성 정도, 지속성 정도, 예측가능성의 정도, 대처 가능성의 정도 등이다. 개인은 이런 조건에 있어서 각각 차이를 보이기 때문에 동일한 스트레스 상황 하에서도 개인은 서로 다른 영향을 받게 된다. 스트레스에 대한 반응도 다양하다. 스트레스에 대한 반응은 크게 생리적 반응, 심리적 반응, 및 행동적 반응으로 구분된다. 생리적 반응으로는 주로 자율신경계의 반응을 들 수 있으며, 불안과 공포, 분노감 및 우울감등 정서적 반응과 같은 심리적 반응 그리고 의사 결정 능력의 저하, 사고 기능의 저하 및 주의집중 능력의 저하 혹은 동기 및 의욕의 저하 그리고 건강에 해로운 행동 습관 등 인지 행동적인 반응도 나타난다. 개인마다 각각 취약한 부분이 있기 때문에 스트레스에 노출되면 자신이 가장 취약한 영역의 반응을 주로 보이게 된다.

2) 스트레스 관련 장애들

(1) 외상 후 스트레스 장애

외상 후 스트레스 장애는 충격적인 외상적 경험 후 적응상 심각한 어려움을 보이는 것을 말한다. 외상은 직접적으로 경험하는 것에서부터 간접적으로 목격하는 것에까지 해당된다. 외상 후 스트레스 장애에서 임상적인 증상을 처음 보이는 시기는 외상 직후에서부터 오랜 기간이 흐른 후에 이르기까지 다양하다.

외상 후 스트레스 장애에서 두드러진 특징은 사건을 재 경험하는 경향이다. 예로서 고통스럽고 마음속으로 파고들어 힘들게 하는 기억들 그리고 재발되는 꿈 혹은 악몽이 흔히 나타난다. 고통스런 사건을 재 경험 할 때는 이에 대한 비현실적인 전조증상이 나타날 수 있는데 이런 증상이 나타날 때 사람들은 정서적으로 무감각해지고 사건에 대한 생각이 밀려드는 것을 멈출 수가 없게 된다. 이들은 스트레스 경험을 재 경험하는 것 이외에도 과도한 자율신경계의 각성, 과민성, 주의

집중의 장애 및 수면장애를 경험한다.

외상 후 스트레스 장애의 치료에서는 주로 부정적인 영향을 줄이는 것이 목표가 된다. 외상 경험의 희생자로 하여금 보다 객관적인 시각으로 볼 수 있도록 도와주고 주변 사람들에게 억눌렸던 감정과 고통을 보다 편안하게 드러낼 수 있도록 도와준다. 행동적인 치료를 통해서는 상상을 통해 두려워하는 자극에 반복적으로 노출을 시킴으로써 견뎌낼 수 있는 힘을 길러주기도 한다.

(2) 해리 장애

해리 장애는 정체감, 기억 그리고 의식 기능상의 장해 혹은 변화를 보이는 것이다. 해리 장애를 보이는 사람들은 마치 스트레스로 인해 야기된 견디기 힘든 불안과 갈등을 회피하기 위해 다양하고 극적인 방법을 사용하는 것 같다. 따라서 이들의 행동에는 갑작스럽고 일시적인 의식의 변화를 동반하는데 이는 이들의 고통스런 경험을 지워버리는 기능을 한다.

해리장애는 종종 비현실감, 소원감, 그리고 이인감을 동반하고 때때로 자신의 정체감의 상실과 변화를 수반한다.

(3) 신체형 장애

신체형 장애는 실제적인 신체적인 손상이 없는데도 신체적 불편감을 호소하는 장애이다. 신체화 장애, 전환장애 및 건강염려증 등이 이 범주에 해당된다.

이들 신체형 장애의 주요 특징은 스트레스 상황 하에서 신체적 증상이 악화가 된다는 것이며, 성격적으로 의존적이고 수동적인 면이 있으며, 환자 역할 행동에 익숙해 있는 것이 특징이다. 환자의 역할을 통해 이들은 스트레스 및 심리적 갈등으로부터 회피할 수 있으며, 자신의 의존적인 욕구를 충족시킬 수 있는 등 이차적인 이득을 얻게 된다.

① 신체화 장애 : 다양하고 만성적인 신체 증상을 반복적으로 호소
하는 것이 주된 특징이다. 그리고 증상의 표현에 있어서도 과장
되고 극적인 방식이 두드러진다. 가장 흔한 증상으로는 두통, 피
로감, 심장 두근거림, 구역질, 구토 복통, 알레르기, 월경문제와
성적인 문제등이다. 이들은 지속적으로 병원을 찾으며 의사들을
바꾸어 가면서 자신이 정말 아프다는 것을 지지해 줄 사람들을
찾는다.

② 건강염려증 : 신체적으로 발견되는 이상 소견이 없고 의학적인
증거가 없는데 자신이 심각한 질병에 걸렸다는 믿음을 지속적
으로 가지고 있는 경우이다. 이들은 질병과 관련된 지속적인 불
안 및 신체증상에 대한 집착을 보이는 것이 특징이다.

③ 전환 장애 : 마비 및 감각기관의 기능이상을 호소하는데 의학적
으로는 설명이 불가능한 경우를 말한다. 전환장애 증상의 발병
은 종종 강한 스트레스 경험에 뒤따라 나타나고 매우 갑작스럽
게 나타난다. 따라서 심리적인 갈등이 내재되어 있는 경우가 대
부분이며 이러한 증상들은 자신의 신체적 무능을 통해 좌절 경
험이나 도전적인 사건들을 회피하고자 하는 사람들에게서 나타
난다. 따라서 스트레스의 정도가 줄어들면 따라서 증상도 약해
진다.

성격 장애

성격 장애란 오랫동안 지속되는 부적응적이고 융통성 없는 행동 방식을 말한다. 이러한 장애는 대개는 아동기 또는 적어도 청소년기에 드러나며 성인기에 까지 계속될 수 있다. 이들은 특징적인 사고와 행동 양식 때문에 경직된 그리고 편협한 반응만 하기 때문에 스트레스 상황에 직면하여 반응의 폭이 제한되어 적절한 대처 반응에 심한 제한을 보이면서 부적응적인 면을 두드러지게 보이게 된다.

1) 성격장애의 분류

DSM-IV에서는 성격 장애를 크게 세 개의 범주로 나누는데 각 성격 장애의 주된 특징을 요약하면 다음과 같다.

(1) 기묘하고 괴팍한 행동

① 편집성 성격장애 : 긴장감, 경계행동, 의심이 많음, 악의를 품은 행동

② 분열성 성격장애 : 위축된 정서 표현, 사회적인 고립행동

③ 분열형 성격장애 : 사고, 외모 및 행동이 다른 사람들과 조화를 이루지 못하고 특이함, 정서적으로 이탈되어 있고 고립되어 있음

(2) 연극적인, 정서적인 혹은 변덕이 심한 행동

① 반사회성 성격장애 : 조정적이고 착취적임, 부정직하고 신의가

없음, 죄책감이 결여되어 있고 사회적 관계를 습관적으로 위배
하는 행동, 아동기에 이런 행동의 전력이 있음, 법적으로 빈번
하게 문제를 일으킴
② 경계선 성격장애 : 혼자 있는 것을 견디지 못함, 강렬하고 불안정
한 기분과 대인관계, 만성적인 분노, 약물 및 알코올 남용
③ 연기성 성격 장애 : 유혹적인 행동, 즉각적인 충족을 원하고 항상
안심시켜 주기를 원하는 강한 지지 욕구, 급작스런 기분 변화,
피상적인 정서
④ 자기애적 성격 장애 : 자기에게만 열중함, 특별한 대접과 아첨을
기대함, 자신이외 다른 사람이 주목 받는 것을 시기함

(3) 불안한 또는 두려워하는 행동

① 회피성 성격 장애 : 쉽게 마음이 상하고 당혹해 함, 가까운 친구
가 거의 없음, 새롭고 스트레스가 될 수 있는 경험을 피하기 위
해 늘 해오던 방식을 고집함
② 의존성 성격 장애 : 다른 사람들이 결정을 대신 내려 주기를 원함,
항상 조언을 원하고 안심시켜주기를 원함, 버림받을까봐 두려워함
③ 강박적 성격 장애 : 완벽주의적임, 지나치게 양심적임, 우유부단,
지엽적인 세부에 집착, 경직됨, 애정표현을 못함

2) 성격장애의 치료

성격장애가 있는 많은 사람들이 자발적으로 치료를 받으러 오지 않
는다. 성격 장애가 있는 사람들은 어떤 문제의 원인이 자기 자신이 아
닌 환경에 있다고 생각하기 때문에 임상적인 도움을 받으러 오지 않을
수도 있다. 또한 이들 대부분이 부분적으로 적절한 적응행동을 보이고

최소한의 기능을 보이고 있기 때문에 주변에서도 치료를 권하지 않는 경우가 많다.

이들을 치료하기 위해 여러 접근의 치료 기법들이 사용되는데, 다른 심리장애들에 비해 상대적으로 치료가 어렵고 장기적인 치료기간이 요구된다. 예를 들어 주장 훈련이나 체계적 둔감화 같은 행동 기법, 인지적인 접근 및 정신분석적인 기법들이 많이 사용된다. 이외에도 대인관계 맥락에서의 적응능력을 키워주고 다른 사람들에게 미치는 자신의 부적응적인 행동에 대한 자각을 중점적으로 다루기도 한다.

7

정신분열 장애

1) 정신분열장애의 진단 기준

정신분열장애의 주요 특징은 다음과 같다.
① 독특한 방식의 사고와 독특한 내용의 사고
② 환경에 대한 지각 및 정서 반응의 변화
③ 자신과 주변 환경 간의 구분이 불분명함
④ 동기의 수준 및 기능 수준 그리고 신체 운동 및 활동 수준의 변화

정신분열장애의 증상을 양성 증상과 음성증상으로 나누기도 하는데 이는 임상장면에서 환자에게 적절한 치료 계획을 적용하는데 중요한 정보를 제공해 주기 때문에 임상적인 유용성을 지닌다.
정신분열장애의 양성 증상은 다음과 같다.
① 망상
② 환각
③ 혼란된 말
④ 혼란된 행동과 기괴한 행동

망상이란 반대되는 명백한 증거가 있더라도 변하지 않는 현실에 대한 잘못된 해석이다. 망상증상은 정신분열증 이외에 다른 심리 장애에서도 나타나지만, 망상의 내용은 장애에 따라 다르다. 정신분열 장애에서 주로 나타나는 망상은 여러 가지 기괴한 특성을 지진 내용이 많다. 예로써 '다른 사람들이 나를 박해하고 있다', '다른 사람들이 나를 통제하고 있다', '내 생각이나 말이 다른 사람들 혹은 방송 매체를 통해 알려지고 있다'는 등이다. 이에 비해 우울증에서 나타나는 망상의 내용은 근거 없는 죄책감이 주된 것으로서 자신이 처한 나쁜 상황에 대해 당연히 받아들이고 자신이 입은 피해에 대해 그럴만한 이유가 분명히 있다

고 부적절하게 믿는 것이다. 조증 상태에서는 자신에 대한 과대한 능력 감과 자신감이 주된 내용이 된다.

환각 증상은 환청, 환시와 같은 흔한 것에서부터 촉감과 관련된 환각이나 냄새와 관련된 환각을 보이기도 한다.

혼란된 사고는 정신분열증의 가장 두드러진 특징으로 생각된다. 혼란된 말은 흔히 연상의 이완이라는 증상으로 표현되는데 이는 말하는 사람의 생각이 다른 사람들에게는 관련이 없어 보이고 이해 할 수 없는 방향으로 화제를 옮겨가는 현상이다. 이외에도 말의 내용이 매우 빈약하고 그 내용도 매우 모호하고 반복적이고 상투적인 말을 많이 사용하며, 혹은 반대로 지나치게 추상적이고 이해할 수 없는 괴변을 늘어놓기도 한다.

혼란된 행동은 행동의 예측 불가능성, 목표지향적 행동의 변화, 일상생활 활동의 수행에서의 어려움, 사회적 또는 대인관계기능의 손상들로 표현된다. 이들의 행동은 예측 불가능할 정도로 충동적이고 주변 상황과 무관해 보인다. 행동의 목표나 동기가 갑자기 상실 된 것처럼 행동을 하기 때문에 갑자기 사람들을 만나지 않으려 하거나 학업성적이 갑작스럽게 떨어지거나 위생상태가 갑자기 나빠지기도 한다.

정신분열 장애의 음성 증상은 다음과 같다.

① 밋밋한 정동

② 말의 궁핍

③ 방향성과 동기의 상실

④ 에너지의 상실

⑤ 즐거운 느낌의 상실

양성 증상이 행동의 과다 현상이라고 한다면 음성 증상은 일종의 행동의 결함이다. 필요한 행동이 그 정도에 아주 못 미칠 정도로 낮은 수준으로 저하됨을 의미한다. 둔화된 정서, 언어 및 말의 내용의 빈곤, 방향성의 결여 등이 있다. 구체적으로 다른 사람들과의 시선접촉을 피하고 움직임과 표정이 없는 얼굴, 슬픈 얘기를 하면서도 얼굴과 말에는 감정이 느껴지지 않는다. 또한 냉담하고 거의 모든 것이 무관심해 보이며, 단조로운 말투와 알아듣기 어려울 정도의 낮은 목소리가 특징이다. 질문에 대한 대답이 나오기 까지는 한참이 걸리며, 말 도중에 단절되는 현상이 나타나기도 한다. 그리고 전반적으로 운동속도가 느려지고 자발적인 운동이 감소되고 사회적인 관계나 참여에 관심이 없어지게 된다.

정신분열증이 하위 유형은 편집형, 긴장형, 와해형 및 미분형으로 나뉘어진다.

편집형 정신분열증은 일차적으로 인지적 손상이 두드러지고 망상과 계속적인 심한 의심이 특징이다. 망상적 사고가 있더라도 어느 정도의 지적 기능은 영향을 받지 않을 수도 있으며, 어떤 환경에서는 편집형 정신분열증 환자들이 비교적 잘 기능하고 있는 것처럼 보이기도 한다. 긴장형 정신분열장애는 운동정지 또는 혼미에서부터 맹목적인 과도한 행동에 이르기 까지 정신운동 측면에서의 혼란이 특징이다. 얼굴 찡그림, 다른 사람의 행동이나 버릇 말등을 반복적으로 모방하기 계속적으로 말하고 고함지르는 행동 등을 보인다. 와해형은 표현이 지리멸렬하고 전반적으로 와해되고 둔화된 행동 그리고 극단적으로 부적절한 정서가 특징이다. 장소를 가리지 않고 대소변을 보기, 낄낄거리고 상황에 맞지 않는 감정 표현 등을 보인다.

2) 정신분열증의 원인과 치료

유전적 요인 및 다른 생물학적인 요인들이 정신분열증에 대한 취약성과 관련이 있다. 또한 스트레스를 유발하거나 지지를 제공하는 환경

적인 요인들이 스트레스 대처 과정에 취약한 면이 있는 사람들로 하여
금 정신분열증을 유발하게끔 할 수 있다.

　정신분열장애의 요인으로 유전적인 요인을 밝히려는 연구들이 가
계 연구, 쌍생아 연구 및 입양 연구 등을 통해 이루어 졌다. 구체적으
로 연구결과들을 살펴보면, 일생을 통해 정신분열 장애가 나타날 위험
성은 가족내 환자인 사람과 공유하고 있는 유전자 비율이 높을수록 증
가되었다. 또한 쌍생아 연구에서는 일란성 쌍생아의 경우 이란성 쌍생
아에 비해 한쪽이 정신분열증에 걸린 경우 나머지 한쪽도 걸린 위험성
즉, 일치율이 더 높았다. 또한 입양 연구에서도 양부모와의 일치율보다
친부모와의 일치율이 더 높게 나타나 유전적인 요인의 중요성을 보여
주었다. 이와 같이 정신분열증 환자의 가족 중에 정신분열증에 걸리는
사람이 많다는 사실이 알려져 있으나, 이런 현상이 유전적인 요인에 의
한 것인지 가족의 환경적인 요인에 의한 것인지는 명확하지가 않다. 예
를 들어 일란성 쌍생아인 경우는 이란성에 비해 보다 유사한 가정환경
을 제공받을 가능성이 있으며, 보다 유사한 스트레스를 경험할 가능성
이 높을 수 있다.

　이외에도 정신분열증의 원인을 명확하게 확인하기 위한 방법으로
위험집단들을 표집하여 연구하는 방법이 있다. 정신분열증의 발병 가
능성이 높은 위험 집단 내에서 이후에 정신분열증이 실제로 발병한 구
성원과 그렇지 않은 구성원들을 비교하여 차이를 분석해 보는 것이다.

　정신분열증에 대한 치료방법으로는 항정신병 약물치료, 사회적 기
술 훈련, 가족 치료 등이 많이 사용된다. 항 정신병 약물치료는 가장
전형적인 정신분열장애 치료 방법이다. 대부분의 경우 약물은 현재의
정신병적인 증상을 억제하거나 제거해 주지만, 재발이나 다른 새로운
정신병 증상의 유발은 통제하지 못하는 제한점이 있다. 일반적으로 조
기에 항정신병 약물치료를 받으면 정신병 증상이 단축될 뿐만 아니라

장기화도 막을 수 있다. 그러나 항정신병 약물의 부작용의 위험이 아직 남아 있다. 이외에 입원환자들을 대상으로 사회학습이론에 기초하여 다양한 사회적 기술훈련들을 많이 적용한다. 이런 훈련은 증상을 경감시키고 사회적 적응을 도와주어 재입원의 가능성을 줄일 수 있다. 예를 들어 독립적인 생활에 필요한 자기 관리 기술이나 대인관계에서 매우 기본적인 의사소통 기술을 훈련시킨다. 정신분열장애 환자들은 또한 행동치료 기법을 통해 주의집중 능력을 키우고 중요한 사회적 단서에 초점을 두고 변별할 수 있는 능력을 증진시킬 수 있다.

가족 치료는 정신분열장애 환자의 재발 방지와 적응 기능을 촉진시키는데 효과적이다. 가족 내의 부적절한 의사소통 및 부적응적인 감정 표현이 서로 오가는 경우는 환자가 퇴원 후 가족으로 돌아가서도 상대적으로 재발의 위험이 매우 높다는 연구 결과들이 있다. 따라서 치료과정에 대한 가족들의 교육과 적절한 의사소통과 감정 교류를 위한 가족 훈련이 요구된다.

8

이상행동을 평가하는 척도들

1) Beck의 우울증 척도

다음은 일상생활에서 경험할 수 있는 여러 가지 어려움들을 항목별로 묶어 놓은 것입니다. 각 항목에 속한 4개의 문장들을 모두 자세하게

읽어보신 다음, 오늘을 포함하여 지난 일주일 동안 자신의 상태를 가장
잘 나타내준다고 생각되는 문장에 O 표시를 해주시기 바랍니다.

1) ① 나는 슬프지 않다.
   ② 나는 슬프다.
   ③ 나는 슬픔에서 벗어나기가 어렵다.
   ④ 나는 너무나 슬프고 불행해서 도저히 견딜 수 없다.

2) ① 나는 미래에 대해서 비관적이지 않다.
   ② 내 미래에 대해서 약간 비관적이다.
   ③ 나는 미래에 대해 기대할 것이 기의 없다.
   ④ 내 미래는 아주 절망적이고 나아질 가망이 전혀 없다.

3) ① 나는 실패자라고 생각하지 않는다.
   ② 나의 다른 사람들보다 더 많이 실패한 것 같다.
   ③ 나는 일을 돌이켜 보면 생각나는 것은 실패뿐이다.
   ④ 나는 인간으로서 완전한 실패자인 것 같다.

4) ① 나는 전과 같이 일상생활에 만족하고 있다.
   ② 나는 일상생활은 약간 만족스럽지 못하다.
   ③ 나는 요즈음 어떤 것에서도 거의 만족을 얻지 못한다.
   ④ 나는 모든 것이 다 불만스럽고 만사가 지겹다.

5) ① 나는 별로 죄책감을 느끼지 않는다.
   ② 나는 죄책감을 느낄 때가 많다.
   ③ 나는 죄책감을 느낄 때가 아주 많다.
   ④ 나는 항상 죄책감을 느낀다.

6) ① 나는 벌을 받고 있다고 생각하지 않는다.
   ② 나는 어쩌면 벌을 받고 있는지도 모르겠다.
   ③ 나는 벌을 받고 있는 것 같다.
   ④ 나는 지금 확실히 벌을 받고 있다고 생각한다.

7) ① 나 자신에게 실망하고 있지 않다.
   ② 나 자신에게 실망하고 있다.
   ③ 나 자신이 많다.
   ④ 나는 나 자신을 증오한다.

8) ① 나는 내가 다른 사람보다 못한 것 같지는 않다.
② 내 약점이나 실수에 대해서 나 자신을 탓하는 편이다.
③ 나는 내가 잘못한 일이 있을 때 대부분 나를 탓한다.
④ 내 주변의 모든 안 좋은 일을 항상 내 탓으로 들린다.

9) ① 나는 자살 같은 것은 생각하고 있지 않다.
② 나는 자살하고 싶은 생각이 가끔 든다.
③ 나는 자살하고 싶은 생각이 자주 든다.
④ 나는 기회만 있으면 자살하겠다.

10) ① 나는 평소보다 더 울지는 않는다.
② 나는 평소보다 더 많이 운다.
③ 나는 요즈음 항상 운다.
④ 나는 전과는 달리 울고 싶어도 너무 지쳐서 울 수도 없다.

11) ① 나는 요즈음 평소보다 더 짜증을 내는 면은 아니다.
② 나는 평소보다 더 쉽게 짜증이 난다.
③ 나는 요즈음 항상 짜증이 난다.
④ 나는 전과는 달리 너무 지쳐서 짜증조차 나지 않는다.

12) ① 나는 다른 사람들에게 여전히 관심을 가지고 있다.
② 나는 평소보다 다른 사람들에 대한 관심이 줄었다.
③ 나는 다른 사람들에 대한 관심이 거의 없어졌다.
④ 나는 다른 사람들에 대한 관심이 완전히 없어졌다.

13) ① 나는 평소처럼 결정을 잘 내린다.
② 나는 결정내리는 것이 전보다 약간 힘들다.
③ 나는 결정내리는 것이 전보다 훨씬 힘들다.
④ 나는 이제는 아무 결정도 내릴 수가 없다.

14) ① 나는 평소보다 내 모습이 더 보기 싫어진 것 같지는 않다.
② 내 모습은 호감을 받을 수 없게 변해버린 것 같다.
③ 나는 나이 들어 보이거나 호감을 못줄 것 같아 걱정이다.
④ 내 모습이 형편없이 추하다고 확신한다.

15) ① 나는 평소처럼 일을 할 수 있다.
② 어떤 일을 하려면 평소보다 더 힘이 든다.
③ 무슨 일이든 하려면 무척 힘이 든다.
④ 나는 전혀 아무 일도 할 수가 없다.

16) ① 나는 평소처럼 잠을 잘 수 있다.
② 나는 평소처럼 잠을 자기가 약간 어렵다.
③ 나는 평소보다 한두 시간 가량 더 일찍 깨고 다시 잠들기가 어렵다.
④ 나는 평소보다 두 시간 이상 더 일직 깨고 다시 잠들 수 없다.

17) ① 나는 평소보다 더 피곤하지는 않다.
② 나는 평소보다 더 쉽게 피곤해진다.
③ 나는 무엇을 해도 언제나 피곤해진다.
④ 나는 너무나 피곤해서 아무 일도 할 수가 없다.

18) ① 내 식욕은 평소와 다름없다.
② 나는 요즘 평소보다 식욕이 좋지 않다.
③ 나는 요즈음 식욕이 많이 벌어졌다.
④ 나는 요즈음 전혀 식욕이 없다.

19) ① 요즈음 체중이 별로 줄지 않았다.
② 전보다 몸무게가 2킬로그램 가량 줄었다.
③ 전보다 몸무게가 5킬로그램 가량 줄었다.
④ 전보다 몸무게가 7킬로그램 가량 줄었다.

▗ 현재 체중을 조절하고 있는 중이다. (예   아니오)

20) ① 나는 전보다 건강에 대해 더 걱정하지는 않는다.
② 나는 여러 가지 통증, 소화불량 또는 변비 등으로 건강이 걱정된다.
③ 나는 건강이 걱정되어 딴 일을 생각하기 어렵다.
④ 나는 건강이 너무 걱정되어 딴 일은 생각조차 할 수 없다.

21) ① 나는 성(性)에 대한 관심이 예전과 같다.
② 나는 평소보다 성(性)에 대한 관심이 줄었다.
③ 나는 요즈음 성(性)에 대한 관심이 상당히 줄었다.
④ 나는 성(性)에 대한 관심을 완전히 잃었다.

우울증 척도(CES-D)

아래 항목을 잘 읽어 보시고 지난 일주일 동안 다음과 같은 일들을 얼마나 자주 겪었는지 표시해 주십시오.

		전 혀 없었다	한두번 않 은	많 이 있었다	매 일 있었다
1.	평상시에는 아무렇지도 않던 일들을 가지고도 귀찮게 느껴진다.	1	2	3	4
2.	입맛이 없었다.	1	2	3	4
3.	가족이나 친구들을 만나보고 얘기도 했지만 계속 기분이 좋지 않았다.	1	2	3	4
4.	나는 다른 사람들과 마찬가지로 착한편이라고 생각한다.	1	2	3	4
5.	내가 하는 일에 마음을 집중시키기가 어려웠다.	1	2	3	4
6.	기분이 우울했다.	1	2	3	4
7.	내가 하고자 하는 일 모두가 어렵다고 느껴졌다.	1	2	3	4
8.	나는 미래에 대해 희망적으로 느꼈다.	1	2	3	4
9.	내 인생은 실패였다고 생각한다.	1	2	3	4
10.	두려움을 느꼈다.	1	2	3	4
11.	잠을 시원하게 못잤다.	1	2	3	4
12.	행복한 편이었다.	1	2	3	4
13.	평상시보다 대화를 적게 했다.	1	2	3	4
14.	외로움을 느꼈다.	1	2	3	4
15.	사람들이 다정하지 못하다고 느꼈다.	1	2	3	4
16.	생활을 즐겁게 느꼈다.	1	2	3	4
17.	울었던 적이 있다.	1	2	3	4
18.	슬픔을 느꼈다.	1	2	3	4
19.	주위 사람들이 나를 싫어한다는 생각이 들었다.	1	2	3	4
20.	무슨 일이든 제대로 할 수가 없었다.	1	2	3	4

4, 8, 12, 16번은 역채점 1 → 0, 2 → 1, 3 → 2, 4 → 3
총점 24점 기준

2) 사회불안 및 회피 검사

다음 문항들은 사람들이 대인관계 상황에서 접하는 상황들로 구성
되어 있습니다. 각 문항들을 잘 읽고, 그러한 상황에서 자신이 일반적
으로 느끼는 바를 적절하게 나타내었으면 ＿＿ 에 O 표시를, 그렇지
않다면 ＿＿＿에 X 표 하시오. 될 수 있으면 오래 고민하지 마시고,
빠짐없이 답해 주십시오.

＿＿ 1) 익숙치 않은 대인관계상황에서도 편안함을 느낀다

＿＿ 2) 사교적이어야 하는 자리는 피한다

＿＿ 3) 낯선 사람들과 함께 있을 때 쉽게 마음을 편하게 가질 수 있다

＿＿ 4) 특별히 사람들을 피하고 싶은 생각은 없다

＿＿ 5) 사교적인 모임에서 나는 자주 당황함을 느낀다

＿＿ 6) 사교적인 모임에서 대개는 편안함을 느낀다

＿＿ 7) 이성에게 말을 걸 때 대체로 마음이 편하다

＿＿ 8) 사람들과 잘 알지 못하면 그들에게 말을 거는 것을 피하려 한다

＿＿ 9) 새로운 사람과 만날 기회가 오면 자주 거기에 응한다

＿＿ 10) 남녀가 같이 있는 일상적인 모임에서 자주 신경이 예민해지고
        긴장된다

＿＿ 11) 잘 모르는 사람들과 함께 있을 때 대체로 신경이 애민해진다

＿＿ 12) 많은 사람들과 같이 있을 때 보통 편안함을 느낀다

＿＿ 13) 나는 자주 사람들로부터 멀리 떨어져 있고 싶어진다

＿＿ 14) 모르는 사람들 속에 있으면 보통 마음이 편치않다

＿＿ 15) 사랑들 처음 만날 때 대체로 편안함을 느낀다

___ 16) 사람들에게 소개될 때면 나는 긴장하고 마음을 졸인다

___ 17) 방에 낯선 사람이 꽉 차 있을 때도 나는 꺼리김없이 들어간다

___ 18) 여러 사람들이 모여 있는데 다가가서 어울리는 것을 피한다

___ 19) 윗사람들이 나와 이야기하기를 원하면 나는 기꺼이 이야기한다

___ 20) 많은 사람들과 있으면 자주 마음이 불편해진다

___ 21) 사람을 피하려는 경향이 있다.

___ 22) 파티나 친목회에서 사람들에게 말을 건네는 것을 꺼리지 않는다

___ 23) 많은 사람들과 함께 있으면 종처럼 편한 마음을 가지기가 힘들다

___ 24) 사교적인 약속을 끽하려고 자주 핑계를 생각해 낸다

___ 25) 나는 때때로 사람들을 서로 소개시켜주는 책임을 맡는다

___ 26) 공식적인 사교상의 일은 피하려고 한다

___ 27) 사교적인 약속이면 그것이 무엇이든지 대개 잘 지키는 편이다

___ 28) 다른 사람들과 함께 있을 때 쉽게 편안해진다.

총점 : _______ 점
(채점방법 : 문항을 읽으면서 사회적 접촉을 회피하는 방향으로 응답한 개수를
세면 그것이 총점임. 16점이상이면, 개선방안을 생각해 볼 필요가 있음)

제9장

자신과 타인에 대한 이해

1. 성격 유형검사(MBTI)에 대한 소개
2. 성격 유형의 탐색

Counseling

성격 유형검사(MBTI)에 대한 소개

1) 성격 유형검사란?

MBTI(Myers-Briggs Type Indicator)는 C.G. Jung의 성격 유형이론을 바탕으로 Catherine Briggs Myers가 이후 계속적으로 연구 개발한 인간 행동의 이해를 위한 성격 유형검사 이다. MBTI는 95문항으로 구성되어 있으며, 검사결과를 통해 4가지 성격 유형 지표(type indicator)에 근거하여 개인의 성격 특성을 확인해 볼 수가 있다. 4가지 성격 유형 지표는 각각 외향성-내향성/감각-직관/사고-감정/판단-인식의 차원이다. 개인은 4가지 지표에 대한 자신의 행동 선호성을 확인해 볼 수 있으며, 이러한 행동에 대한 기본적인 지표는 자신뿐만 아니라 타인에 대한 이해 더 나아가 대인관계를 이해하고 증진시키는데 중요한 정보를 제공해 줄 수 있다.

MBTI의 바탕이 되는 성격 이론의 요점은 인간의 행동이 겉으로 보기에는 예측하기 힘들고 변화무쌍하지만 근본적으로 일관성을 갖고 있다는 점이다. 이와 아울러 각 개인은 누구나 자신만의 독특한 개성과 잠재력을 지니고 있으며 세상을 지각하고 판단하는 방법이 각자 서로 다를 수 있다는 점이다. 개인의 행동상 일관성과 독특성은 성격을 보다 깊이 있게 이해하는데 바탕이 되며 타인과의 관계를 이해하고 원만하게 하는데 도움이 될 수 있다.

구체적으로 성격 유형검사를 통해 개인이 사물, 사건, 사람 그리고 생각들을 인식하는 방법과 이에 근거하여 판단을 내리는 방법들을 확

인해 볼 수 있다. 그러므로 성격 유형검사의 실시 목적은 이러한 인식
과 판단과정에서 나타나는 사람들의 근본적인 선호성을 알아내고 각자
의 선호성이 개별적으로 그리고 복합적으로 어떻게 작용하는지를 확인
하여 이를 통해 가신의 관심, 가치관, 동기 및 흥미분야 등을 확인해
볼 수 있다. 이러한 작업은 개인적인 차원에서 잠재능력을 개발하고 자
신의 약점을 보완하기 위한 정보를 얻을 수 있으며, 대인관계 차원에서
는 서로간의 선호성의 차이로 발생되는 갈등과 문제점들을 이해하고
이를 토대로 조화로운 관계 형성으로 이끄는데 도움을 얻을 수 있다.

2) 성격 유형검사의 내용

MBTI에는 개인의 선호성을 나타내는 4가지 지표가 있는데 각 지표
는 인식, 판단 기능과 관련된 네 가지 기본적인 선호성 중 하나를 대표
한다. 이 선호성은 주어진 사람들이 무엇에 주의를 기울이는가 뿐만 아
니라 그들이 인식한 것에 대하여 어떻게 결론을 내리는가에 영향을 준
다. 다음은 네 가지 선호성의 영역과 이에 근거하여 나타날 수 있는
16가지 성격 유형의 구분이다.

(1) 외향성-내향성 : 주의 집중의 방향과 에너지의 원천

이는 개인이 외향적인지 내향적인지를 나타내는 지표이며 서로 상
호 보완적인 면을 지니고 있다. 외향성인 사람들은 주로 외부 세계와
외부 환경에 초점을 두는 경향이 있다. 사람들과의 상호작용을 통해 에
너지를 충전하며 외부 상황에 대해 도전적이고 많은 활동에 참여하므
로 활동적이고 사교적인 특성을 지닌다. 광범위한 분야에서 흥미를 느
끼며 세상을 이해하기 위해 외적경험을 필요로 하고 먼저 행동으로 체
험하려는 경향이 있다. 내향적인 사람들은 주로 내적인 세계에 주의를

두고 있어 인식과 판단과정에 있어서 자신의 내부세계나 개념에 초점을 두는 경향이 있다. 이들은 사람들과의 관계를 즐기지만 개인의 공간과 시간을 필요로 하고 이를 통해 에너지가 충전된다. 세상을 이해하기 위해 먼저 생각하고 이해하려는 성향이 있으며, 소수의 사람과 깊은 관계를 맺으며 침착하고 조용해 보인다.

(2) 감각-직관 : 정보 수집(인식) 기능

이 지표는 개인이 선호하는 정보 수집 방법 및 인식 방법을 말한다. 감각형은 오관에 의존하여 외부의 정보를 받아들이는 반면 직관형은 직관 혹은 육감에 의해 사물을 인식하는 성향을 지니고 있다. 감각형은 자신의 내·외부 세계에 무엇이 존재하고 현재 어떠한지에 대한 정보를 감각기관을 통해 상세하게 받아들이는 경향이 있다. 현재 이 상황에 무엇이 주어졌는지를 알려고 하고 이를 처리하려고 하므로 현실적이고 실용적인 특성을 지닌다. 또한 대체로 현실을 있는 그대로 즐기고 순서에 입각하여 일처리를 하고 근면성실한 장점이 있는 반면 구체적인 사실에 주의를 기울이느라 전체를 간과할 소지가 있다. 직관형은 감각기관에 의해 들어온 정보차원을 넘어서서 미래의 가능성이나 사건에 대한 전체적인 관계와 의미를 파악하는데 중점을 두고 있다. 일처리 방식에 있어서도 새로운 것을 추구하고 자신의 상상력과 영감을 사실 그 자체보다 더 중요한 가치로 두고 있다. 현대에 머무르기 보다는 미래지향적이고 변화와 다양성을 즐기는 반면 상황에 대한 정확하고 상세한 정보를 간과해 버릴 수 있는 약점이 있다.

(3) 사고-감정 : 의사결정(판단) 기능

이 지표는 개인이 선호하는 판단방법을 말한다. 즉, 판단을 할 때 사실과 논리에 근거를 두고 객관적인 가치에 따라 하는 경우와 이보다는 개인적 가치와 인간 중심적인 가치에 근거하여 결정을 내리는 경우로 나뉘어진다. 사고형은 일관성과 타당성을 중시하므로 자신이 가지는 선호가치와 관계없이 일반적으로 수용되는 객관적인 원리원칙에 입각하여 결정을 내린다. 따라서 옳고 그름, 진실에 대한 판단을 중시한다. 감정형은 인간중심의 가치에 기초를 두고 결정을 내리는 경향이 있으며, 객관적인 기준보다는 자신의 주관적인 가치와 자신과 타인에게 어떤 영향을 줄 것인가를 고려하여 판단을 내리게 된다. 객관적인 진리보다는 보편적인 선(goodness)을 선호하고 인간관계에 있어서의 조화를 중시한다.

(4) 판단-인식 : 외부 세계에 대한 태도/행동 양식

이 지표는 외부 세계를 받아들이는 방식이나 외부 세계에 대한 개인의 태도를 나타내는 지표로서 개인의 생활양식 및 행동양식을 반영해 준다. 판단형은 생활을 조절하고 통제하기를 원하여 계획을 세우고 질서있게 살아가는 경향이 있다. 따라서 구조화되고 조직화된 상황을 선호하고 일을 미리 계획하고 준비하여 정해진 기간 내에 마무리 짓는 것을 철저히 지킨다. 반면 인식형은 상황에 맞게 자율적으로 융통성 있게 생활하는 것을 선호한다. 삶을 통제하기 보다는 이해하려고 노력하고 자신의 순간적인 적응 능력을 믿고 일의 과정을 즐긴다. 다양한 기회를 즐기고 애매한 상황에서도 잘 적응해 나가는 성향을 지니고 있다. 정해진 시간 내에 일을 처리하지 못하는 경우도 있으나 상황에 따라라 자발적으로 개방적으로 적응해 나가는 장점이 있다.

3) 성격유형검사의 활용

MBTI의 활용은 크게 교육분야, 진로지도, 상담장면, 팀 빌딩, 그리고 의사소통 분야를 들 수 있다. 특히 교육 분야에서는 학생들의 적성 확인 및 잠재력 개발 과정에서 중요한 개인적인 정보를 얻을 수 있으며, 생활 지도 및 적응 촉진과 관련된 상담과정에서도 또한 도움이 된다. 뿐만 아니라 상담자 입장에서 자신에 대한 보다 심층적인 이해와 분석은 도움을 주는 과정에서 내담자를 보다 정확하게 이해하고 상담 계획을 보다 효율적으로 수립할 수 있으며, 원활한 상담과정을 이끌 수 있게 도와준다. 이외에도 산업 장면에서 직원 교육이나 훈련 그리고 사무의 효율성을 증진시키는 과정에서 팀 빌딩과 의사소통 훈련과 관련되어 성격유형검사를 활용할 수 있다. 구체적으로 효율적인 직원배치와 능률적인 업무 활동을 위해 도움이 될 수 있다. 즉, 각 유형에 적절한 업무 수행을 맡긴다든지, 서로의 성격 유형에 대한 이해를 바탕으로 직원들 간의 원활한 의사소통과 사무 진행을 기대할 수 있다. 예를 들어 다양한 유형들로 각 부서의 직원들을 구성함으로써 다른 시각에서 다양한 사고들을 모을 수 있으며, 각 유형의 장점에 초점을 두고 서로의 의견에 대한 존중감을 갖게 될 수 있다. 또한 이전에 의사소통에 있어서 어려움을 초래한 원인들을 확인할 수 있으므로 서로에 대한 배려와 이해를 기초로 한 인간관계 형성에 도움이 될 것이다. 아울러 개인적으로 볼 때 자신의 주어진 역할을 수행하는데 있어서 자신이 가진 장점과 약점들을 잘 개발하고 보완함으로써 자기개발에 긍정적인 영향을 줄 것이다.

성격 유형의 탐색

1) 심리기능 유형

(1) _ST_ : 사실적 실질적인 유형

감각기능을 통해 수집하고 증명할 수 있는 사실에 관심이 높다. 객관적 사고를 신뢰하고 논리적 추리과정을 선호하기 때문에 수집된 사실을 통해 의사결정을 내릴 때 인정에 매이지 않고 논리적 분석을 통해 결정을 내린다.

(2) _SF_ : 온정적 우호적인 유형

감각기능을 통해 직접 수집할 수 있는 사실에 관심이 높으며 판단을 내릴 때에는 개인의 주관성이나 개인적인 온정을 바탕으로 한다. 이것은 주관적인 판단(감정기능)을 신뢰하기 때문이다. 이들은 자기 자신이나 상대방에게 어떤 영향을 줄 것인가를 중시한다.

(3) _NF_ : 열정적 통찰적인 유형

따뜻한 온정의 소유자이며 직관적 통찰을 인간관계에 사용하려고 한다. 구체적인 상황에는 관심을 두지 않지만 새로운 일, 일어날 가능성이 있는 일, 알려질 수 있는 진리, 복잡한 커뮤니케니션, 상징적 의미 이론적 관계 등에 관심이 많다.

(4) _NT_ : 논리적 창의적인 유형

가능성, 이론적 관계, 추상적인 것에 초점을 두면 인정에 얽매이지 않은 객관적이고 합리적인 분석을 바탕으로 판단한다. 인간적인 요소가 그다지 중요하지 않은 기술적, 과학적, 이론적 분야에서의 가능성을 추구한다.

2) 심리기질 유형

(1) _S_J : 현실적 의사결정자

환경에서 질서정연한 것으로 추구하며 조직적이고 신뢰할 수 있고 보수적인 경향을 띤다. 과거 경험을 바탕으로 문제를 해결하고 모호한 것을 싫어한다.

(2) _S_P : 적응력 있는 현실주의자

현재에서 새로운 경험을 추구하며 자기 주변 세계에 대한 호기심이 많다. 상황이 어떻게 되든 적응해 나갈 수 있으며, 직접적인 상황을 잘 관찰한다.

(3) _N_P : 적응력 있는 혁신가

인습에 얽매이지 않으며 울타리에 갇혀 있지 않으려고 하는 자유분방한 정신의 소유자이다. 늘 새로운 것을 찾고 새로운 가능성에 잘 적응해 나간다.

(4) _N_J : 비젼을 가진 의사결정자

추진력이 있고 완고하며 확고 부동하다. 내적인 비젼을 통해 설정한 목표를 성취하려고 한다.

3) 학습 유형

(1) IN_ _ : 사려깊은 혁신가

아이디어, 추상적인 이론등과 같은 이해를 요하는 지식 그 자체에 관심을 기울인다. 내성적이고 학구적이며 비실용적이다.

(2) EN_ _ : 행동지향적인 혁신가

변화를 추구하며 가능성이나 새로운 것을 추구할 수 있는 도전의 기회를 좋아한다. 사고의 폭이 넓고 새로운 것을 좋아한다.

(3) IS_ _ : 사려깊은 현실주의자

신중하고 차분하며 실제적이고 사실적인 문제를 다룬다. 적용과 응용을 잘하고 상황을 잘 포착한다. 어떤 아이디어든지 사실을 통해 입증할 수 있는지 검토해 본다.

(4) ES_ _ : 행동지향적인 현실주의자

활동적이며 현실적인 행동가이며 가장 실용주의적이다. 실용성이 있고 직업 적용이 가능한 것에 대한 학습효과가 높다.

4) 대인 행동 유형

(1) E_T_ : 행동지향적인 사고형

활동적이고 정력적이다. 객관적이며 합리적, 분석적, 논리적인 방법으로 일처리 하는 것을 좋아한다. 행동과 판단이 신속하며 결단력이 있다.

(2) E_F_ : 행동지향적인 협조자

사교적이며 우호적이고 동정적이다. 상대방의 기쁨과 복지를 위해 일을 처리하려고 한다. 타인과 함께 하는 일을 좋아하며 정열적이다.

(3) I_F_ : 사려깊은 협조자

조용하고 배려가 깊다. 깊고 지속적인 가치에 관심이 많다. 깊은 인간관계를 선호하며 수용적이다.

(4) I_T_ : 사려 깊은 논리추구형

조용하고 명상적인 사람들이다. 사물이나 사건의 원인과 결과를 설명하는 기본원리에 관심이 많다. 다른 사람들과의 사교에 소극적이며 정확하고 철저한 것을 좋아한다.

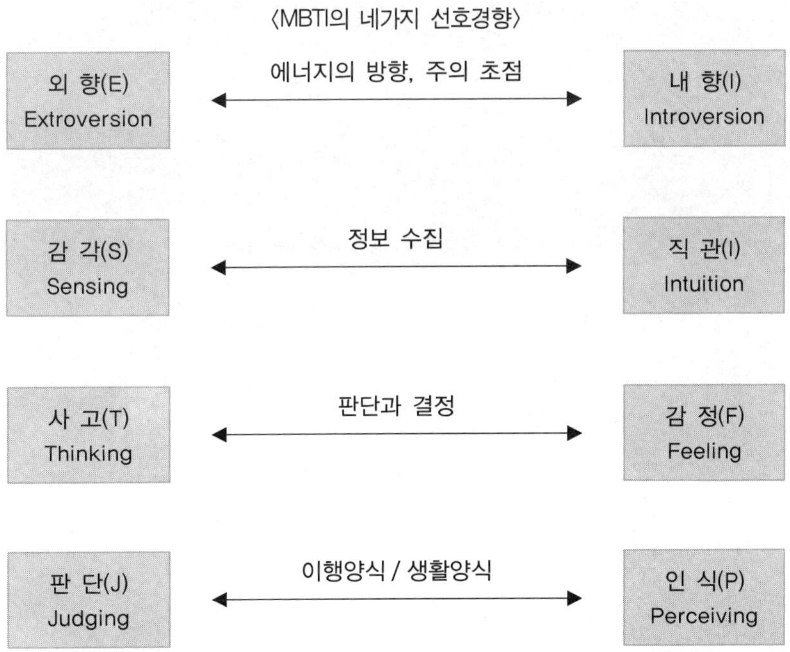

대표적 표현들(Some Key Words)	
외 향 성 (Extraversion)	내 향 성 (Introversion)
활 동 적	반 영 적
외 부 로	내 부 로
사 교 적	말이 적은
사람들과 더불어	개인적 공간
다 수	소 수
표 현 적	조 용 한
넓 이	깊 이

대표적 표현들(Some Key Words)	
감 각 (Sensing)	직 관 (Intuintion)
세 부 적	패 턴
현 재	미 래
실 리 적	상 상 적
사 실 적	개 혁 적
차 례 로	임의대도
안내에 따라	예감에 따라
일 관 성	다 양 성
즐 김	바 램
노 력	영 감
유 지	변 화

대표적 표현들(Some Key Words)	
사 고 (Thinking)	감 정 (Feeling)
머 리	가 슴
객 관	주 관
정 의	조 화
초 연	관 심
비개인적	개 인 적
비 판	감 사
분 석	공 감
정확, 철저	설 득
원리원칙	가 치 들

대표적 표현들(Some Key Words)

판　단 (Judgement)	인　식 (Perception)
조　　직	유 연 성
체　　계	흐름 / 유동
조　　종	체　　험
결 정 적	호 기 심
임 의 적	자 발 성
마　무　리	개 방 성
계　　획	기 다 림
마　　감	발　　견
생 산 적	수 용 적

〈Jung의 심리적 유형론과 네가지 행동유형〉

감응적

표　출	우　호
주　도	분　석

비감응적

<네 가지 행동 유형의 특성 Ⅰ>

강　점	설득력 / 아이디어	경청능력 / 팀워크	
약　점	비체계성 / 부주의	과민반응 / 우유부단	
기본욕구	인정·칭찬	수용·안정	
일 처 리	신속 / 자율	여유 / 이완	
강　점	관리능력 / 리더십	계획성 / 문제해결	
약　점	정서적둔감 / 성급함	완벽주의 / 비판적	
기본욕구	결과·효율	정보·안전	
일 처 리	신속 / 명확	여유 / 체계	

<네가지 행동 유형의 특성 Ⅱ>

완　화 중　지	• 다른 사람이나 그룹으로부터 칭찬을 얻고자 하는 태도	• 새로운 일이나 다양한 활동을 통해 변화하지 않고 현실에 안주하려는 태도
개발특성	• 자기주장, 갈등의 협과 같은 직접적인 의사 표현의 기술과 행동	• 협상과 다양함을 추구하는 직접적인 의사표현의 기술과 행동
완　화 중　지	• 다른 사람이나 상황을 통제하려는 특성	• 불필요한 완벽주의와 약점에 집중하는 태도
개발특성	• 경청, 질문, 긍정적인 칭찬을 통해 다른 사람을 지지하는 태도	• 공감적 경청, 긍정적 칭찬과 같은 반응으로 다른 사람을 지지하려는 태도

참고 문헌

김계현(1996). 상담심리학. 학지사.

김기석(1991). 상담과 심리치료. 중앙적성출판사.

김정희, 이장호(1996). 현대심리치료. 중앙적성출판사.

김충기, 김현욱(1993). 상담과 심리치료의 원리와 실제. 성원사.

박경애(1997). 인지, 정서, 행동치료. 학지사.

안창일, 박경(1997). 상담과 심리치료의 제기법. 중앙적성출판사.

이근후, 박영숙(1987). 정신분석학. 하나의학사.

이근후, 박영숙(1987). 정신치료의 행동요법. 하나의학사.

이근후, 최상섭, 박영숙, 이미경(1989). 행동치료의 이론과 실제. 하나의학사.

이성진, 홍준표(1995). 행동수정의 원리. 교육과학사.

이장호, 김정희(1996). 집단상담의 원리와 실제. 법문사.

이형득(1992). 집단상담의 실제. 중앙적성출판사.

이형영, 이귀행(1996). 정신분석의 발달. 하나의학사.

한승호(1991). 카운슬링의 이론과 실제. 집문당.

홍경자(1996). 정신건강적 사고. 이문출판사.

Acker, M., & Holloway, E. L. (1986). *The use of supervision matrix.* An expert from supervision workshop :The matrix model, Oregon Association of Counselor Education and Supervision. Covallis, OR. Feb.

Allmaier, E. M., & Johnson, B. D. (1992). Health-Related applications of counseling psychology: Toward health Promotion and disease prevention across the life span. In S. D. Brown, & R. W. Lent(Ed.), *Handbook of counseling psychology, (2nd Ed.), 315-348.* New Yorll: Wiely.

American Psychiatric Association (1979). *DSM-III.* Washington D. C. : American Psychiatric Association.

American Psychiatric Association (1987). *Diagnostic and statistical manual of mental disorders (3rd Ed., revised).* Washington D. C. ; American Psychiatric Association.

American Psychiatric Association (1993). *DSM-IV draft criteria.* Washington D. C. : American Psychiatric Association.

American Psychiatric Association (1994). *DSM-IV.* Washington D. C. : American Psychiatric Association.

Ansbacher, H. L., & Ansbacher, P. R. (1964). *Individual psychology of Alfred Adler.* New York: Haper & Row.

Bandura, A (1977). *Social learning theory.* Englewood Cliffs, N, J. :Prentice-Hall.

Barlow, D. H., Hayes, S. C., & Nelson, R. O. (1984). The scientist practitioner: Research and accoutability in clinical and educationnal settings. New York: Pergamon Press.

Bartlett, W. E. (1983). A Multidimensional framework for the analysis of supervision of counseling, *The counseling Psychologist, 11(1),* 9-17.

Beck, A. T. (1976). *Cognitive therapy and the emotional disorders.* New York: Meridian.

Beck, A T., Rush, A J., Shaw, B. F., & Emery. G. (1979). *Cognitive therapy of depression.* New York: Guilford Press.

Bedrosian, R. C. (1983). *Cognitive Therapy in the Family System.* In Arthur, F, (Ed.), Cognitive Therapy with Couples and Groups. New York : Plenum Press.

Beier, E. S., & Young. D. M. (1980), Supervision in communications analytic therapy. In A K. Hess (Ed.), *Psychotherapy Supervision: Theory, research, and practice.* New York: John Wiley & Sons.

Bernard, J. M. (1979). Supervisory training: A discrimination modes. *Counselor Education and Supervision, 19,* 60-68.

Blocker, D. H. (1983). Toward a cognitive developmental approach to counseling supervision, *The Counseling Psychologist, 11,* 17-84.

Blustein. D. L (1992). Toward the reinvigoation of tile vocational realm of counseling psychology. *The Counseling Psychologist, 4,* 712-723.

Bordin, E. S. (1983). A working alliance based model of supervision, *The Counseling Psychologist, 12,* 36-42.

Boscolo. L., Cecchin, G., Hofaman, L.,& Penn, P. (1987). *Milan systematic family therapy.* New York :Basic Books, Inc.

Bowen, M. (1982). *Family therapy in clinical practice.* New York: Jason Aronson.

Brehm, S. S. (1985). *Intimate relationships.* New York. Random House.

Brem, S. B., & Smith, T. W. (1986). Social psychological approaches to psychotherapy and behavior change. In S. Garfield, & A. E. Berlin(Ed.). *Handbook of psychotherapy and Behavior change(pp 69-126).* New York: Wiley.

Brown, S. D., & Lent, R. W. (1992). Handbook of counseling psychology(2nd E4). New York:Wiley.

Carson, R. C.. Busher, J. N., & Coleman. J. C. (1988). *Abnormal psychology and modern life (8th Ed.).* Glenview, III. : Scott Foresman.

Carter, L. , & Minirth, F. (1993). *The anger workbook.* Nashville: Thomas Nelson.

Chlapman, E. N. (1976). *Career search: A personal pursuit.* Chicago :Science Research Associates.

Corcoran, K., & Fischer, J. (1987). Measures for clinical practice. New York : The Free Press.

Cormier, I. S., & Bernard, J. M. (1982). Ethical & legal responsibilities of clinical supervisors, *The Personal and Guidance,* 486-491.

Crane, R. D., Newfield, N., & Armstrong, D. (1984). Predicting divorce at marital therapy intake: Wives distress and the marital status inventory. *Journal of Marital and Family Therapy, 10(3),* 305-312.

Crites, J.0. (1990). *Career mastery inventory.* Boulder, CO :Crites Career Consultants, Inc.

Crooks, R., & Baur, K. (1983). *Our sexuality(3rd).* Benjamin/cummings.

Davision, G. C., & Neale, J. M. (1996). *Abnormal Psychology, (6th Ed).* New York:John Wiley.

Deffenbacher, J. L. (1992.) Counseling for anxiety management In S. D.

de Shazer. S. (1985). *Keys fo solusion in brief therapy*. New York: W. W. Norton & Company.

Dies, R. R (1980). Group psychotherapy: Training and supervision. In 4. K. Hess(Ed.), *Psychotherapy supervision: Theory, research, and practice*. New York : John Wiley & Sons.

Ellis, A. (1962). *Reason and emotional in psychotherapy*. New York : Lyle-Stuart.

Ellis, M. V., & Dell. D. M. (1986 . Dimensionality of supervisor Roles : Supervisors perceptions of supervision, *Journal of couseling psychology, 33,* 282-291.

Elkin, I. (1994). The NIMH treatment of depression collaborative research program :where we began and where we are. In A. E. Bergin, & S. L. Garfield, *Handbook of Psychotherapy and Behavior Change,* (4th Ed.), 114-139. New York: John Wiley.

Endicolt, J., & Spitter, R. L. (1978). A diagnostic interview: The schedule for affective disorders and schizophrenia, *Archives of Genanal psychiatry, 35,* 837-844.

EInstein, N. (1982). Cognitive therapy with couples, *American Journal of family Therapy, 10,* 5-16.

EveretL C. A. (1980). Supervision of marriage and family therapy. In A. K. Hess(Ed.), *Psychotherapy supervision, Theory, research, and practice*. New York :John Wiley & Sons.

Feinler, E. L., & Ecton, R. B. (1986). *Adolescent anger control :Cognitive-behavioral techniques*. New York :Pergamon.

Filsinger, E. E., & Lewis, R. A (1981). *Assessing Marriage: New behavioral approaches*. Bevefy Hills, CA: Sage Publications.

Fisher, J.. & Gochros. H. L. (1977). *Handbook of behavioral therapy with sexual problems*(Volume 1, Volume II). New York : Pergamon.

Fisher, a , & Ury, W. (1981). *Getting to yes*. Houghton Mifflin Co.

Forsyth, D. R., & Ivey, A. E. (1980). Microtraining: An approach to differential supervision. In A K. Hess (Ed.), *Psychotherapy* supervisionr: *Theory, research, and practice.* New York: John Wiley & Sons.

Freud, S. (1949). *An outline of psychoanalysis.* New York : W. W. Norton.

Fuqua, D. R., & Newman, J. L. (1989). An examination of the relations among career subscales, *Journal of Counseling Psychology, 36.* 395-400.

Gibson, R. L , & Mitchell, M. H. (1990). *Introduction to counseliug and guidance* (3rd Ed.). New York: Macmillan.

Glassi, J. P., & Bruch, M. A. (1992). Counseling with social interaction problems: Assertion and social anxiety. In S. D. Brown, & R W. Lent (Ed.), *Handbook of counseling psychology*(pp.757-F92). New York: Wiley.

Goldenson, R. M. (1986). *Longman dictionary of psychology and psychiatry.* New York : Longman.

Gottman, J. M. (1979). *Marital interaciton.* New York: Academic Press.

Greenberg, J. S. (1987). *Comprehension stress management*(2ud Ed.). Dubuque, Iwoa : WCB.

Guralnilt, D. B. (1980) . *Webster's New World Dictionary* (2nd ED.). New York: Simon and Schuster.

Hahlweg, K. ,& Revenstorf, D. (1984), Effects of behavioral marital therapy on couples communication and problem-solving shills, *Journal of Counseling and Clinical Psychology, 53(4),* 553-566.

Haley. J. (1973). *Uncommon therapy.* New York: Norton.

Haley, J. (1976). *Problem-Solving Therapy.* New York: Harper & Row Publishers.

Haley, J. (1983). Marriage or Family Therapy, *The Ameriocan Journal of Family Therapy, 22,* 3-14.

Hamilton, M. (1960). A rating scale for depression, *Journal of Neurology, Neurosurgery and Psychiatry, 23,* 56-61.

Harvey, D. F., & Brown. D. R (1988). *An experiential approach to organization development* (3rd Ed..). Englewood Cliffs, NJ:

Prentice-Hall.

Heiman, J. A , LoPiccolo. L., & LoPiccolo, J. (1981). The treatment of sexual dysfunction. In A. S. Gurman, & D. P. Kniskern, *Handbook of family therapy*, Brunner/Mazel.

Hellriegel, D., Slocum, J. W.,& Woodman, R. W. (1989). *Organizatioanl behavior* (5th Ed). New York: Haper & Row.

Heppner, P. P., & Frasier, P. A (1992). Social psychological process in psychotherapy : Extrapolating basic research to counseling psychology. In S. D. Brown, & R. W. Lent. (Ed.). *Handbook of counseling psychology*, pp.141-176. New York: Wiley.

Heppner, P. P., Kivlighan, JR., D. M., & Wampold, B. E. (1992). *Research disign in counseling.* Pacific Grove, CA: Brook/cole.

Hergenhahn, B. R. (1984). *An Introductiona to Theories of Parsonalily* (2nd Ed.). New Jersey : Prentice-Hall, Inc.

Hess. A K. (Ed.) (1980). *Psychotherapy supervision: Theory, research, and practice.* New York : John Wiely & Sons.

Hill, C. E., Carter, J. L, & Farrell. M. K. (1983). A case study of the process and outcomes of the timelimited counseling, *Journal of Counseling Psychology, 30,* 3-18.

Hogan, R. A. (1964). *Issues and approaches in Supervision. Psychothrapy, : theory research and practice,* 1, 139-141.

Hollow, S. D., & Kendall, P. C. (1980). Cognitive self-statements in depression : Development of an automatic thoughts questionnaire, *Cognitive Therapy add Research, 4,.383-397,*

Holloway, E. L. (in press). *A Strategic approach to supervison.* SAGE

Holmes, T.H., & Rahe, R.H. (1967). The social readjustment rating scale, *Journal of Psychological Research,* 11.

Hunt, D. E. (1971). Matching models in education : The coordination of teaching methods with student characteristics. Toronto : *Ontario Institutes for studies in Education.*

Ivey, A. E. (1980). *Counseling and psychotherapy: Skills, theories and pracitice*. Englewood Cliffs, New York :Prentice-Hall.

Ivey. A. E. (1989). *Developmental counseling and therapy: Constructivism and microcounseling*. Presentation at Jagellonian University. Crakow, Poland.

Ivey, A E. (1990). Systematic counselor/therapist training: "Training as treatment" and directions for the future, *The Counseling Psychologist, 19(3),* 428-435.

Jacobson, E. (1934). *You must relax*. New York: Whittleset House.

Jacobson, N.S., Elwood, R., & Dallas, M. (1981). The behavioral assessment of marital dysfunction. In D. H. Barlow (Eds.) *Behavioral assessment of adults disorders*. New York: Guilford Press.

Jacobson, N.S., & Moore, D. (1981). Spouses as observers of the events in their relationship, *Journal of Counseling and Clinical Psychology, 49,*269-277.

Jacobson, N.S., Waldron, H., & Moore, D. (1980). Toward a behavioral profile of marital distress, *Journal of Consulting and Clinical Psychology, 45,* 695-108.

Kagan, N. I. (1980), Influencing human interaction-eighteen years with IPR. In A K. Hess(Ed.), *Psychotherapy supervision: Theory, research, and practice*. New York :John Wiley & Sons.

Kagan, N.I., & Kagan, H. (1990). IPR-A Validated model for the 1990s and beyond, *The Counseling psychologist, 18(3),* 436-440.

Kaplan, H.S. (1975). *The illustrated manual of sex therapy*. Quadrangle.

Kim Berg, I., & Miller, S. (1992). *Working with the problem drinker: A Solution-focused approach*. New York: Norton.

Kim, K. H.. & Kim. B. W. (1996). Cognitive and behavioral aspects in the career development of Korean college students. *The SNU Journal of Education research, 6,* 1-9.

L Abate, L., & Milan, M. A. (1985). *Handbook of social skills training and research*. New Yorkl:J ohn Wiley & Sons.

Lau, R. R., & Ware, J.F. (1982). Refinement in the measurement of health-specific locus-of-control beliefs. *Medical Care, 20,* 77-88.

Lewinsohn, P.M., Weinstein, M.S. & Alper, T.(1970). A behavior approach to the group treatment of depressed persons: Methodological contribution, *Journal of Crinical Psychology,26,* 525-532.

Libert, J., & Lewinsohn, P. M. (1973). The concept of social skill with special reference to the behavior of depressed persons, *Journal of Consulting and Clinical Psychology,40,* 304-312.

Liberl. J., Lewinsohn, P. M., & Javorek, F. (1973). *The construct of social skill: An empirical study of several measures on temporal stability, internal structure, validity, and structural generalizability.* Unpublished manuscript, University of Oregon, Eugene, OR.

Linehan, M. M. (1980 . Supervision of behavior therapy. In A K. Hess(Ed.), *Psychotherapy supervision: Theory, research, and practice.* New York: John Wiley & Sons.

Littrell, J. M., Lee-Burden, N., & Lorenz.J. (1979). Theory and application: A developmental framework for Counseling Supervision. *Counseling Education and Supervision, 19,* 129-136.

Locke, H., & Wallace, K. M. (1959). Short maritaladjustment and prediction tests: Their reliability and validity, *Journal of Marriage and the Family, 21,* 251-255.

Lofquist L. H. & Dawis, R.V, (1984). *Adjustment to work.* New York: Meredith.

Loganbitl. C. , Hardy, E., & Delworth. U. (1982). Supervision: A conceptual model, *The Counseling Psychologist, 10,* 3-15.

Macphillamy, D. J.. & Lewinsohn,p. M. (1974). Depression as a function of levels of desired and obtained pleasure. *Journal of Abnormal Psychology, 83,* 651-657.

Macphillamy. D. J., & Lewinsohn, p. M. (1976). *Manial for the Pleasant Events Schedule.* Unpublished manuscript, University of Oregon, Eugene, OR

Magolin, G. (1979) . Conjoint marital therapy to enhance anger management and reduce spouse abuse, *The American Journal of Family Therapy, 7*, 13-23.

Magolin, G., & Wampold, B. E. (1981). A sequential analysis of conflict and accord in distressed and nondistressed marital partners. *Journal of Consulting and Clinical Psychology, 49*, 554-567.

Marllman, H. L., Notarius, C. I., Stephen, T., & Smilh. T. (1981) . Behavioral observation systems for couples: The current status. In E. E. Filsinger, & R. R. Lewis (Ed.), *Assessing mmarriage : New behavioral approach,* 234-262. Beverly Hills, CA: Sage Publication.

Maslow, A. H. (1954) . *Motivation and Personality.* New York: Harper & Row.

Masters, W. H., Johnson. V. E., & Kolodny. R. C.(1970). *Sex and human loving.* Boston: Little, Brown and Company.

Matarazzo, R. G. , & Patterson, D. R. (1986). Methods of teaching therapeutic skills. In S. Garfield. & A. E. Berlin(Eds.), *Handbook of psychotherapy and behavior change,* pp821-843.

McNamara, K. (1992) . Depression assessment and intervention : Current status and future directions. In S. D. Brown. & R. W. Lent (Ed..), *Handbook of counseling psychology,* pp 691-718. New York: Wiley.

Meichenbaum, D. (1977). *Cognitive-Behavior Modification: An Integrative Approach.* Plenum.

Meichenbaum, D. (1985). *Stress inoculation training.* New York : Pergamon.

Minuchin, S. (1974). *Families and family therapy.* Cambridge : Harvard University Press.

Moldawsky, S. (1980). Psychoanalytic psychotherapy supervision. In A. K. Hess(Ed.), *Psychotherapy supervision : Theory, research, and practice.* New York: John Wiley & Sons.

Mueller, W. J., & Kell, B. L.(1972). *Coping with conflict: Supervising counselors and psychotherapists.* New Jersey: Drentice Hall Inc.

01son, D. H. (1951). Family typologies: Bridging family research and family therapy. In E. E. Filsinger, & R. A. Lewis(Ed.). *Assessing marriage: New behavioral approach.* Beverly Hills, Ca : Sage Pub.

Parsons. F. (1909). *Choosing a vocation.* Boston: Houghton.

Patterson, G. R., Hops. H., & Weiss. R. L. (1975). Interpersonal skills training for couples in early stages of conflict. *Journal of Marriage and the Family,* 295-303.

Phillips, S. D. (1992). Career counseling: Choice and implementation. In S. D. Brown, & R. W. Lent.(Ed.), *Handbook of counseling psychology,* 513-548. New York: Wiley.

Reber, A. S. (1985). *Dictionary of Psychology.* London: Penguin.

Rehm, L. P. (1977). A self-control model of depression, *Behavior Therapy, 8,* 787-804.

Rice, L. N. (1980). A client-centered approach to the supervision of psychotherapy. In A. K. Hess (Ed.), *Psychotherapy supervision: Theory, research, and supervision.* New York: John Wiley & Sons.

Robins, L. N., Helzer. J. S., Crougham, J., & Ratliff, K.(1981). National Institute of Mental Health diagnostic interview schedule, *Archives of General Psychology, 38,* 381-389.

Rogers, C. R. (1951). *Client-Centered Therapy.* Boston : Houghton Mifflin Company.

Rosenbaum, A, & 0 Leary. K. D.(1986). The Treatment of Marital Violence. In Jacobson, N. S., & Gutman, A. S. (Eds.), *Clinical handbook of marital therapy,* 385-406.

Rounds, J. B., & Tinsley, H. E. A. (1984). Diagnosis and treatment of vocational problems. In S. D. Brown, & R. W. Lent(Ed.), *Handbook of counseling psychology,* pp137-l77. New York: Wiley.

Russell, R. K., & Petrie, T. A. (1992). Academic Adjustment of college students: Assessment and counseling. In S. D. Brown, & R. W. Lent (Ed.), *Handbook of counseling psychology,* 485-512. New York: Wiley.

Sager, C. J., Kaplan, H. S., Gundlach, R. H., Kremer, M. Lenz, R., &

Royce, J. R. (1971). *The marriage contract. Family Process, 10,* 311-326.

Seligman. M. E. P, Abramson. L. Y., Semmel. A., & Von Baeye, C. (1979). Depressive attributional style, *Journal of Abnormal Psychology, 88,* 242-247.

Slovenko, R. (1980). Legal issues in psychotherapy supervision. In A. K. Hess(Ed.), *Psychotherapy supervision : Theory, research, and practice.* New York : John Wiley & Sons.

Sluzki, C. E. (1978). Marital therapy from systems theory perspective. In T. J. Paolino, & B. S. McCrady (Ed.), *Marriage and marital therapy: Psychoanalytic, behavioral and systems theory perspective.* New York : Brunner/Mazel.

Spanier, G. B.. & Cole, C. L. (1976). Toward clarification and investigation of marital adjustment, *Interpersonal Journal of Sociology of the Family, 6,* 121-146.

Spanier, G. B., & Filsinger, E. E. (1983). The Dyadic Adjustment Scale. In E. E. Filsinger(Ed.), *A Source Book of Marriage and Family Assessment.* Beverly Hills: Sage.

Sperry, L. (1995). *Handbook of diagnosis and treatment of the DSM-IV personaliy disorders.* New York: Bruner/Mazel.

Spielberger, C. D. (1980). *The Test Anxiety Inventory.* Palo Alto. CA: Consulting Psychologist Press.

Spielberger, C. D., Gorsuch, R., & Lushene, a. (1970). *Manual for the State-Trait Anxiety Inventory.* Palo Alto, CA: Consulting Psychologist Press.

Stanton, M. D. (1981). Marital therapy from structural/strategic viewpoint In S. G. Pirooz (Ed.), *The handbook of marriage and marital therapy,* New York: SP Medical & Science Book.

Stoltenberg, C. (1981). Approaching supervision from a developmental perspective : The counselor complexity model, *Journal of Counseling Psychology, 39,* 59-65.

Stuart, R. B. (1969). Operant-interpersonal treatment for marital discord, *Journal of Consulting and Clinical Psychology, 33*, 675-682.

Super, D. E. (1957). *The psychology of careers.* New York: Harper & Row.

Super, D. E. (1973). The Work Values Inventory. In D. G. Zytowski(Ed.), *Contemporary approaches to interest measurement.* Minneapolis : University of Minnesota Press.

Super, D. E, & Nevill, D. D. (1986). *The Values Scale.* Palo Alto, CA:Counseling Psychologists Press.

Super, D. E., Tompson, A, S., Lindeman, R. H., Myers, R. A, & Jordaan, J. P.(1985). *Adult Career Concerns Inventory.* Palo Alto: Consulting Psychologists Press.

Talmon, M. (1990). *Single session Therapy.* CA: Jossey-Bass Publishers.

Truax. C. B., & Carkhuff, R. R. (1967). *Toward effective counseling and psychotherapy : Training and practice.* Chicago: Aldine.

Walton. R E., & Mckersie, R. B. (1965). *A Behavioral theory of labor relations.* New York: McGraw-Hill.

Wampold. B. E., & Kim, K. H. (1989). Sequential analysis applied to counseling process and outcome : A case study revisited, *Journal of Counseling Psychology, 36,* 357-364.

Weeks, G. R., & L, Abate, L. (1982). *Paradoxical psychotherapy: Theory, practice with individual, couples, and families.* New York : Brunner/Mazel.

Weiss, R. L., Hops, H., & Patterson. G. A.(1973). A framework for conceptualizing marital conflict: Atechnology for altering it, some data for evaluating it. In F. W. Clark. & L. A. Hamerlynck(Ed.), *Critical issues in research and practice : Processings of the Fourth Banff Intetnational Conference on Behavior Modification.* Champaign, IL: Research Press.

Weiss, R. L., & Perry, B. A. (1979). *Assessment and treatment of marital dysfunction.* Eugene, OR: Oregon Marital Studies Program.

Wolpe, J. (1958). *Psychotherapy by Reciprocal Inhibition.* Stanford, Calif:

Stanford University Press.

Yalom, I. D. (1975). *The Theory and practice of group*. New York: Basic Books.

Yin, R. K. (1984). *Case study research: design and methods*. Lindon: SAGE Publication Inc.

Young, D. M., & Beier, E. G. (1982). Being asocial in social places: Giving the client a new experience. In J. C. Anchin, & J. Kissler., (Ed.), *Handbook of interpersonal psychotherapy*. 262-273.